푸드큐레이터 2급자격 시험서

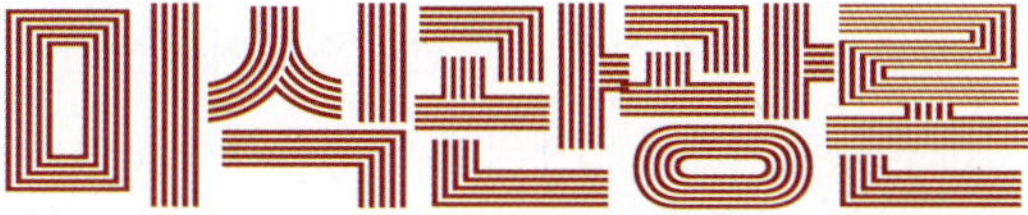

미식관광론

기획에서 운영까지

머리말

미식관광이 생소했던 10여 년 전 한국미식관광협회에서는 미식관광의 발전 가능성과 이를 이끌어나갈 전문인력 양성의 필요성을 확신하고 『푸드큐레이터: 음식관광 기획부터 해설까지』를 발간하였습니다. 이후 미식관광은 관광 분야에서 중요한 특수목적관광으로 주목받게 되었고 나아가 식자원을 활용한 다양한 미식경험 상품의 발전이 이루어져 왔습니다. 그 시간 동안 우리 협회는 미식관광에 관심있는 분들과 학계와 업계의 관련 전문가가 모여서 교육, 연구뿐 아니라 다양한 미식관광을 기획하는 등 꾸준히 이 분야에 대한 지식의 향상과 깊이있는 통찰을 해왔습니다. 이번에 출간하게 된 『미식관광론』이 그 노력과 발전의 가운데에 있으며 앞으로도 미식관광 분야의 신뢰할 수 있는 나침반 역할을 할 것으로 믿습니다.

현재까지의 발전에 대해 돌아보고, 미래를 향한 새로운 비전을 모색하면서 우리 협회는 이 책을 통해 독자에게 미식관광을 포함한 다양한 미식경험의 중요성과 이해를 높이고자 미식경험 자원을 새롭게 정의하고 활용 방법을 다루었으며, 음식을 제대로 음미하기 위한 맛 체험 부분을 강조하였습니다. 또한 상품개발자에게는 기억에 남는 미식체험 상품 기획과 실행에 도움을 주고자 다양한 미식체험 사례, 구체적인 기획과 실행 가이드라인, 스토리텔링을 통한 차별우위 전략 노하우를 제시하는 등 이론뿐만 아니라 실제 적용 가능한 지식의 전달에 주력하였습니다.

그동안 다양한 분야의 교수, 전문가, 회원들의 노력과 지원 덕분에 『미식관광론』은 미식관광에 대한 더욱 풍부하고 다채로운 내용으로 여러분 앞에 서게 되었습니다. 우리는 이 책이 관광 · 문화 · 식음료 관련 학계 및 산업에서 중요한 역할을 할 것이라 기대하며, 여러분의 피드백과 조언을 환영합니다.

마지막으로 우리 협회는 진정한 미식경험을 원하는 독자와 그러한 경험을 제공하고자 노력하는 실무자들과 함께 앞으로도 지속가능한 미식경험의 여정을 계속 이어나갈 수 있기를 희망합니다.

2024년 봄
저자 일동

차 례

CHAPTER  미식관광 자원의 유형

Part 3 미식관광 해설론

CHAPTER  미식관광 해설과 기호학

Part 5 미식관광 창업

부록

Part 1

미식관광과 상품기획의 이해

CHAPTER

1 미식관광의 이해

본 장에서는 관광시장 트렌드와 미식관광의 독특한 특징 및 미식관광의 중요성을 살펴보고, 미식관광 전문가로서 푸드큐레이터의 역할과 관련 진로에 대해 알아본다.

1. 관광시장 트렌드와 미식관광

1) 초개인화 시대, 여행경험의 나노화

현대적 의미의 관광觀光은 사진 찍을 '곳'이나 사진 찍을 '것'을 찾아 떠나는 활동이라고 할 수 있다. 뻔하지 않고, 새롭고, 특별하고, 개념 있고, 그곳에 가야만 경험할 수 있는 것을 기대하며 여행을 떠나는 관광객이 많아지고 있다. 특히 자기의 취향에 맞는 맞춤 여행을 즐기는 개별여행객Foreign Independent Tour or Travel, FIT과 특별한 관심사나 취미를 주제로 여행을 떠나는 특수목적관광객Special Interest Tourism or Tourist, SIT이 늘고 있으며, 최근에는 빵지순례와 같이 여행 콘텐츠 자체가 목적이 되는 원포인트 여행one point travel도 증가하고 있다. 미식관광은 미식이라는 콘텐츠 자체가 여행의 목적이 되고 지역 식문화와 연계된 체험 활동을 하는 대표적인 특수목적관광이다.

2) 로컬관광, 로컬힙 트렌드

대규모 관광지보다는 지역의 독특하고 매력적인 자원과 콘텐츠를 선호하는 로컬관광 수요가 늘어나며 지역 특성이 반영된 공간이나 로컬푸드local foods, 굿즈goods에 대한 관심 또한 높아지면서 '로컬힙local hip'이라는 신조어가 생겼다. 도심의 미식관광은 음식문화에 관심 있는 사람들이 소그룹 도보여행을 하는 것이 일반적인 반면, 로컬에서 즐기는 미식 체험은 로컬힙 트렌드를 이끌 수 있는 매력적인 콘텐츠이다. 광장시장에 문을 연 '제주위트 시장-바'는 제주맥주를 주제로 '로컬미식여행' 팝업을 열어 Z세대의 관심을 끌었다. Z세대는 X세대와 영 밀레니얼young millenial을 제치고 로컬관광 의향이 가장 높은 세대여서 로컬힙 트렌드는 앞으로도 계속될 것으로 예상되며, 이에 따라 독특한 미식관광 콘텐츠 개발 수요 역시 더욱 많아질 것이다.

3) 일상의 모든 순간이 여행

요즘 소비자들은 여행을 특별한 날 떠나는 것이 아니라 일상 속에서 짧게, 자주, 계획

없이 떠나며 즐기는 경향이 있고, 자유로운 일정 속에서 색다른 액티비티activity를 기대한다. 특히 로컬 방문 시 지역 특산물 체험이나 현지 음식 체험에 가장 관심이 많아 미식관광 시장은 전망이 밝으며, 여행 중개 플랫폼과 액티비티 플랫폼의 급성장으로 과거보다 자유롭게 현지에서 색다른 여행이 가능해졌다. 국내 여행 중개 플랫폼에 가이드를 동반한 미식투어 상품이나 식음료 관련 체험상품들이 판매되고 있으나 해외와 비교해 프로그램이 다양하지 못하고 지역도 서울, 제주 등 특정 도시나 지역에 집중되어 있다. 지역별로 특색 있는 미식투어 콘텐츠만 개발된다면 언제든지 판매할 수 있는 환경이므로 앞으로 미식관광 상품을 기획하고 운영하는 푸드큐레이터의 역할이 기대된다.

4) 모두에게 열린 여행

관심을 가져야 하는 관광 트렌드 중 하나는 관광 취약계층까지 누릴 수 있는 모두에게 열린 여행이 늘어나고 있다는 점이다. 무장애 관광인프라 구축, 반려동물 여행상품 및 서비스 증가, 비건 여행상품 제공 등 장애인, 액티브 시니어active senior, 채식주의자, 반려동물 양육 가구 등도 이제는 자유롭게 관광을 할 수 있는 여건이 조성되고 있다. 예를 들어, 반려동물 전성시대를 맞이하여 관광시장에서도 펫 테마파크, 펫 펜션, 펫 호텔, 펫 카페 & 레스토랑 등이 생겨나고 있고, 펫츠고 같은 반려동물 동반 여행사 및 펫 프랜들리 관광도시까지 생기고 있다. 이는 미식관광의 핵심 고객층도 다양해진다는 것을 의미하며 이들 관광객의 니즈를 충족시킬 수 있는 미식관광 상품기획이 필요할 것으로 보인다.

5) 미식을 찾아 떠나는 여행

여행에서 빼놓을 수 없는 현지 음식 체험은 관광객들의 주된 관심사 중 하나이다. 부킹닷컴에서 조사한 자료(2023)에 의하면 응답자 3명 중 2명은 '로컬 음식을 맛보는 것'에 관심이 매우 높았으며, 5명 중 4명은 세계 여러 나라의 향토 요리와 로컬 음식을 경험하면서 미식여행을 즐기고 싶다고 응답했다. 지역으로 관광객을 유인하기 위해서는 로컬 맛집과 지역 고유의 독특한 음식문화를 경험할 수 있는 그 지역만의 독특한 미식관광 콘텐츠 개발이 더욱 중요해질 것으로 보인다.

6) 쉼과 회복, 힐링여행

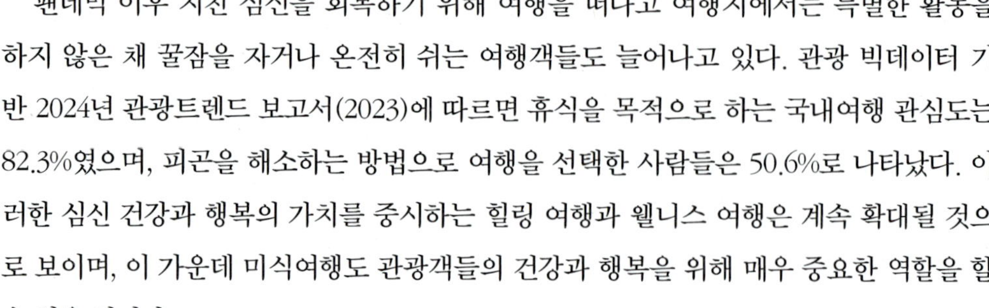

팬데믹 이후 지친 심신을 회복하기 위해 여행을 떠나고 여행지에서는 특별한 활동을 하지 않은 채 꿀잠을 자거나 온전히 쉬는 여행객들도 늘어나고 있다. 관광 빅데이터 기반 2024년 관광트렌드 보고서(2023)에 따르면 휴식을 목적으로 하는 국내여행 관심도는 82.3%였으며, 피곤을 해소하는 방법으로 여행을 선택한 사람들은 50.6%로 나타났다. 이러한 심신 건강과 행복의 가치를 중시하는 힐링 여행과 웰니스 여행은 계속 확대될 것으로 보이며, 이 가운데 미식여행도 관광객들의 건강과 행복을 위해 매우 중요한 역할을 할 수 있을 것이다.

2024년 관광트렌드 전망 및 분석 보고서

부킹닷컴 2024 여행트렌드

한국문화관광연구원 2023-2025 관광트렌드 분석 및 전망

7) 착한 소비, 지속가능한 여행

필必환경의 시대에 가치소비를 지향하는 개념 있는 소비자들이 늘어나면서 지속 가능한 여행, 책임여행, 착한여행, 친환경여행, 공정여행, 지속가능한 해외봉사여행social trips 등에 대한 관심도 높아지고 있는 추세이다. 기후변화로 인한 위기감이 계속 고조되고 있고 환경 이슈에 대한 관심이 증가하고 있어 '친환경,' '비건,' '제로웨이스트,' '비치코밍beach combing' 등 일상 속에서 환경을 보호하려는 노력이 확산되고 있다. 한국미식관광협회는 미식관광을 "여행을 통해 지역 음식 문화를 개념 있게 즐기며 개인의 행복과 세상을 이롭게 하는 모든 미식 체험활동"으로 정의하며, 먹거리로 지역을 살리고 세상을 바꿀 수 있다는 철학을 바탕으로 미식관광이 가장 친환경적이며 개념 있는 여행이라고 보고 있다.

2. 미식관광의 개념과 특징

1) 미식과 미식관광의 개념

과거에는 미식美食이 소수의 사람만 즐기는 특별한 음식 또는 특별한 음식을 먹는 행위를 의미했다면 현대의 미식은 단순히 비싸고 좋은 음식을 먹는 행위보다는 다양한 관점과 충분한 지식을 가지고 음식을 먹거나 만들거나 탐구하는 과정이다. 이에 미식 활동이란 음식에 대한 폭넓은 지식과 오감을 모두 활용하여 진정한 맛을 경험하며 즐거움과 행복을 누리는 활동을 의미한다. 국제슬로푸드협회가 설립한 미식과학대학에서도 과거 1980년대에는 미식을 와인을 중심으로 음식을 페어링하는 Eno-gastronomy 와인미식으로 정의하였지만 시대의 흐름에 따라 Eco-gastronomy, Neo-gastronomy, 그리고 최근에는 New-gastronomy로 정의하면서 미식의 개념을 확장하였다. 초기의 미식은 생명다양성토종 품종을 존중하며 지역의 정체성, 전통성, 진정성 있는 음식을 보존 · 계승하고 소비자들에게 맛에 대한 교육을 통해 진정한 맛을 즐기게 하는 것이 중요했다. 하지만 New-gastronomy는 먹거리를 둘러싼 환경과 식품공정성, 식량주권 이슈까지 포함한 인식을 가지고 있으면서 음식을 개념 있게 즐기는 동시에 개인뿐만 아니라 세상을 이롭게 하는 데에도 무게를 두는 방향으로 미식을 정의하고 있다. 이러한 미식의 정의를 바탕으로 미식가美食家란 먹거리 전반에 대한 관심과 식견을 가진 개념 있는 음식 애호가라고 할 수 있으며 지속가능성, 다양성, 로컬푸드 등에 관심을 가지고 음식을 즐기는 사람들이라 할 수 있다.

홀Hall과 미첼Mitchell은 미식관광을 "특수목적관광의 하나로서 지역 산지를 방문하고 음식 축제에 참여하거나 음식점이나 특정 장소에서 음식을 시식하며 로컬 식문화를 체험해 보는 것이 여행 동기를 자극하는 중요한 요소로 작용하는 관광"이라고 정의했다. 세계미식여행협회World Food Travel Association는 "음식을 통해 즐거움을 찾는 문화관광의 하나로 음식 관련 이벤트, 요리학교 방문, 로컬푸드마켓 및 음식점과 와이너리 관련 체험을 모두 포함하며, 유명 음식점이 아니더라도 현지에서의 독특하고 기억할 만한 미식경험을 하는 행위"라고 정의하고 있다. 캐나다관광청은 미식관광에 대해 "음식, 와인과 관련된 독창성과 진정성을 찾기 위한 활동"으로 정의하면서 로컬 음식 축제, 농촌관광 활동, 요리 교실, 주말농장, 과수원 수확체험, 지역특산품 구매, 음식·와인·맥주관광, 향토음식체험, 로컬 음식점에서의 식사, 농부시장 등에서의 활동이 모두 포함됨을 강조하고 있다.

이와 같이 미식관광은 학자나 조직에 따라 다양하게 정의하고 있으나 목적지의 식문화 관련 체험이나 활동이 여행의 주요 동기이자 목적이며 그 지역에서만 맛볼 수 있는 다양하고 독특한 미식경험을 통해 여행의 즐거움을 찾는 행위임을 공통적으로 강조하고 있

세계미식
여행협회

다. 본 서에서는 한국미식관광협회가 정의한 "미식관광은 여행을 통해 지역 음식문화를 개념 있게 즐기며 개인의 행복과 세상을 이롭게 하는 모든 미식 체험활동"을 사용하고자 한다. 유사한 단어로는 음식관광food tourism, 컬리너리투어리즘culinary tourism 등이 있다.

한국미식
관광협회

2) 미식관광의 효과

이색적이고 독특한 체험을 선호하는 관광객들이 늘어나고 있는 가운데 지역 음식이 가지는 관광자원으로서의 매력과 발전 가능성은 매우 크다. 미식관광은 향토 식문화 자원이 풍부한 우리나라 농·어·산촌 지역의 경제 활성화를 위한 최고의 솔루션이 될 수 있다. 이는 음식 관련 산업농·축산업, 식품산업, 외식서비스업 등과 관광 관련 산업이 만나 기존에 별도로 활용되던 자원들을 융합하여 부가가치를 더함으로써 상생 관계가 형성되어 시너지를 창출하기 때문이다. 지역을 방문하는 관광객들이 증가하면 다양한 지역 사업체들의 매출이 늘고, 지자체의 세금 수입 역시 증가하여 지역 경제가 발전하게 된다.

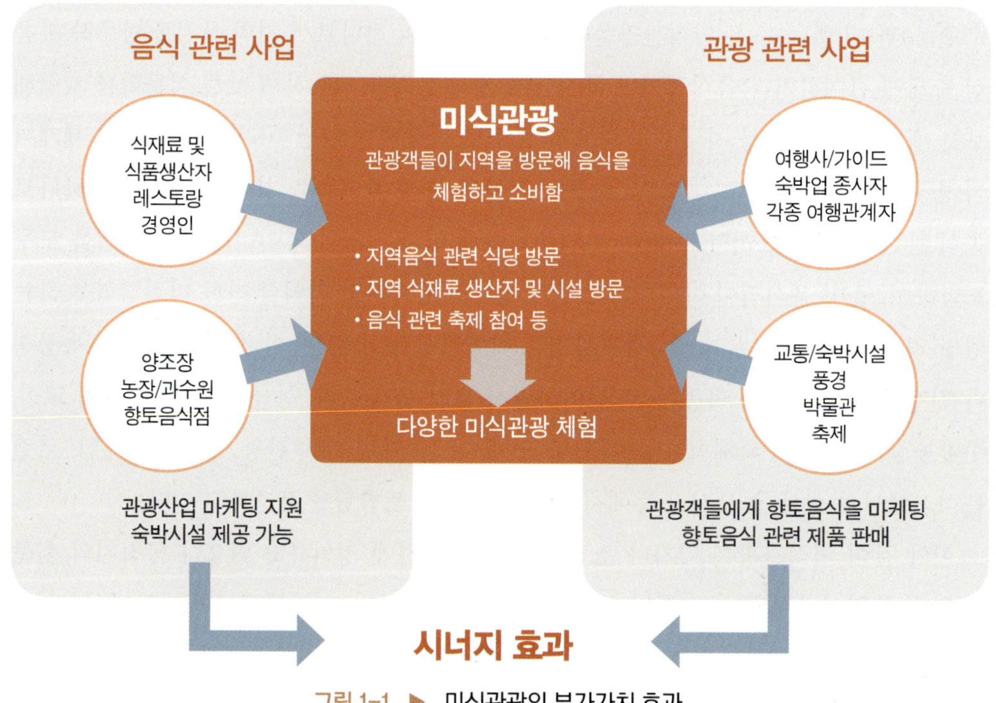

그림 1-1 ▶ 미식관광의 부가가치 효과

일반 관광과 달리 미식관광이 경쟁력을 가질 수 있는 환경과 특징은 다음과 같이 정리해 볼 수 있다.

- 모든 관광객은 여행하는 동안 필수적으로 '음식'을 소비하게 된다. 특히 '미식'은 관광객의 선호활동 상위 세 가지 중 하나로 항상 포함되고 있을 만큼 미식관광 시장 수요는 매우 크다.
- 미식관광에 대한 관심은 모든 연령대에서 높아지고 있다.
- 만족스러운 음식 경험은 여행 만족도 제고 및 관광지에 대한 호감도를 높인다.
- 각 나라와 지역의 문화를 경험할 수 있는 문화 관광자원 가운데 관광객이 가장 쉽고 친근하게 접할 수 있는 것이 바로 '로컬 음식'이다.
- 지역의 음식은 지리적 특성 및 그 지역의 고유한 문화와 역사가 담겨 있는 최고의 차별화된 관광자원이다.
- 음식만이 유일하게 인간의 오감을 자극할 수 있는 체험자원이다.
- 음식 체험은 장소에 따라, 계절에 따라, 만드는 사람에 따라 다양한 특성이 있기 때문에 같은 지역이라도 새로운 음식 체험을 위한 재방문이 가능하다.
- 관광객의 여행목적지 선택에서 로컬 음식 체험이 첫 번째 동기요인이 될 수도 있다.
- 지역 미식관광 경험은 로컬푸드 및 농업 · 농촌의 중요성을 알리고 일반 소비자를 개념 있는 미식가와 음식시민[1]으로 만드는 데 큰 역할을 할 수 있다.

3) 미식관광의 공간적 범위와 콘텐츠

미식관광을 위한 공간적 범위는 크게 로컬 미식관광과 도심 미식관광 범위 두 가지로 나누어 설명할 수 있다. 로컬 미식관광은 로컬이라는 공간적 범위 안에 있는 식食 관련 1, 2, 3차 산업이 서로 유기적이고 종합적으로 융합하여 혁신적인 상품을 만드는 6차 산업의 대표적 모델이다. 여기서 로컬의 의미는 지역 특성, 자연경관, 문화적 요소, 토종 작물, 전통 조리법 등이 반영된 식 관련 체험자원들이 공존하는 공간적 개념이다. 이러한 지

1) 음식시민food citizen이란 음식이나 식품을 단순히 소비하는 사람이 아니라 음식이 개인의 건강과 지역사회, 지구 환경에 어떤 영향을 미치는지 성찰하고 의식하며 음식이나 식품을 대하는 사람을 말한다.

역공간 범위에 포함된 농장, 과수원, 농가, 로컬음식점, 로컬푸드마켓, 전통시장, 식품가공공장, 주요 식재료, 토종작물, 향토 음식, 식품명인, 지역 음식전문가, 요리 교실 등 다양한 지역 자원을 엮어서 독특한 '지역 미식관광 콘텐츠'를 개발해야 한다.

그림 1-2 ▶ 지역 미식관광 네트워크

대표적인 사례로 와인관광이 유명한 지역에 가보면 경관이 아름다운 포도밭1차 산업이 있고, 가공공장과 저장창고2차 산업를 방문할 수 있으며, 와인과 함께 음식을 먹을 수 있는 레스토랑과 와인매장, 체류 관광을 가능하게 하는 숙박시설3차 산업이 잘 갖춰져 있다. 포도밭은 경관이 매력적이며, 와인매장이나 와이페어링이 가능한 레스토랑, 와인 생산 지역임을 연상케 하는 콘셉트의 숙박시설 등으로 관광객에게 오래 기억에 남을 만한 체험과 서비스를 제공하고 있다.

도심 미식관광의 공간적 범위는 보통 가이드를 동반한 미식투어의 경우 도보로 2~4시간 반경에 있는 지역을 의미하며, 그 지역 내에 있는 미식 관련 체험자원들을 하나의 콘셉트로 엮어 미식투어 프로그램을 기획하게 된다.

미식관광 콘텐츠로는 가이드를 동반하는 미식투어 외에도 요리교실, 차·커피·와인 산지투어, 로컬마켓투어, 식농체험, 팜다이닝farm dining, 공연과 함께하는 다이닝dinning theater, 양조장 투어brewery tours, 도심의 바, 클럽 또는 펍 투어bar, club & pub tours, 길거리음식 투어street food tours, 팜파티farm party 또는 팜피크닉farm picnic, 농산물 수확체험 등 매우 다양하다. 이러한 개별 콘텐츠는 그 자체만으로 독립적인 미식관광 프로그램이 되기도 하지만 여러 콘텐츠를 하나의 콘셉트로 연결하여 복합 투어프로그램으로 운영예 가이드 동반한 마켓투어+요리교실할 수도 있다. 또한 동일한 지역이라도 미식관광 테마에 따라 활용되는 미식 자원 유형과 자원의 조합에 따라 매우 다양한 미식관광 콘텐츠를 기획할 수 있다.

4) 미식관광객의 유형과 특징

관광객 중에는 여행의 목적 자체가 지역음식을 맛보고 경험하며 즐기는 것일 만큼 음식 관련 활동에 매우 높은 관심을 가진 경우가 있는 반면, 무엇을 먹을지에 관해서는 전혀 관심이 없고 음식 관련 체험에도 흥미가 없는 경우도 있다. 미식관광객은 음식이 관광의 1차적 또는 2차적 주요 관심사인 관광객을 의미한다. 관광할 때 음식의 관심 정도에 따라 시장을 세분화하면 [표 1-1]과 같다.

표 1-1 ▼ 음식에 대한 관심 정도에 따른 관광시장 유형

유형	특징
음식이 1차 관심인 그룹	음식이 관광 동기의 주 관심사여서 음식에 높은 관심을 보이고 특정 레스토랑, 시장 등을 주요 관광 목적지로 찾는 그룹이다. 관광 활동 대부분이 음식과 관련되어 있으며, 음식 전문가나 음식문화에 관심이 많은 음식 애호가들이다.
음식이 2차 관심인 그룹	방문 목적이 일반관광이거나 비즈니스 여행이지만 현지 음식에도 관심이 있어 로컬음식점이나 시장을 방문하고 관련 체험 등을 즐긴다.
음식에 관심이 낮거나 무관심한 그룹	일반 관광객인 이들은 여행 중 음식점에서의 식사는 단지 끼니를 해결하는 행위로 인식하는 경향이 있다.

미식관광은 음식에 대한 호기심과 탐구심에서 시작된다. 맛있는 음식과 함께 문화를 탐구하고 경험하고자 하는 사람들은 다음과 같은 특징을 가진다.

- 새로운 시도를 두려워하지 않는 탐험가
- 여행지에서 진지한 활동을 선호
- 교육 및 소득 수준이 높은 편
- 독립적이고 적극적이며 자발적인 성향
- 쌍방향 소통과 체험활동 선호
- 리크리에이션 및 여가활동을 즐기는 편
- 지역에서만 즐길 수 있는 독특하고 진기한 체험 상품 선호
- 일반관광객보다 여행 시 지출하는 비용이 훨씬 높은 편

최근 우리나라를 방문하는 외국인들은 가장 한국적이며 한국에서만 경험할 수 있는 미식관광 상품을 많이 찾는다. 우리에겐 특별하지 않은 마장동 축산시장, 노량진 수산시장, 전통시장도 외국인들에게는 낯설지만 진기한 풍경들이다. 심지어 길거리에서 파는 호떡이나 달고나, 팥빙수 등도 훌륭한 미식관광 자원이 될 수 있는 것도 이런 음식들이 한국인의 일상생활의 일부이며 외국에서는 찾아볼 수 없는 독특한 식문화이기 때문이다.

3. 미식관광의 범위

미식관광은 다양한 속성을 가진 창조적 융복합 관광으로 지역 '문화관광'의 일부이자 식재료 산지를 방문하며 체험하는 '자연관광', '전원관광'에 속하기도 하고, 음식 와인 지역 특산물을 주제로 열리는 축제에 참여하는 '축제관광'도 관련이 있다. 또한 학교나 요리교실에서 현지 음식 조리법을 배우고 와인이나 전통주 시음을 통해 식음료 지식과 스킬을 습득하므로 '교육관광'에도 속한다. 훌륭한 서비스가 제공되는 분위기 있는 레스토랑을 다니며 로컬 음식을 즐기는 '식도락관광'이며, 공간적 개념으로는 농촌과 도시 모두 체험이 가능하므로 '도시관광' 및 '농촌관광'의 특징을 가지고 있다.

미식관광 상품을 기획할 때 일반 관광상품 기획과 가장 다른 점은 미식관광의 근간은 미식자원의 본질적 특성상 1차 산업인 농업이 매우 중요하다는 것이다. '요리의 시작은

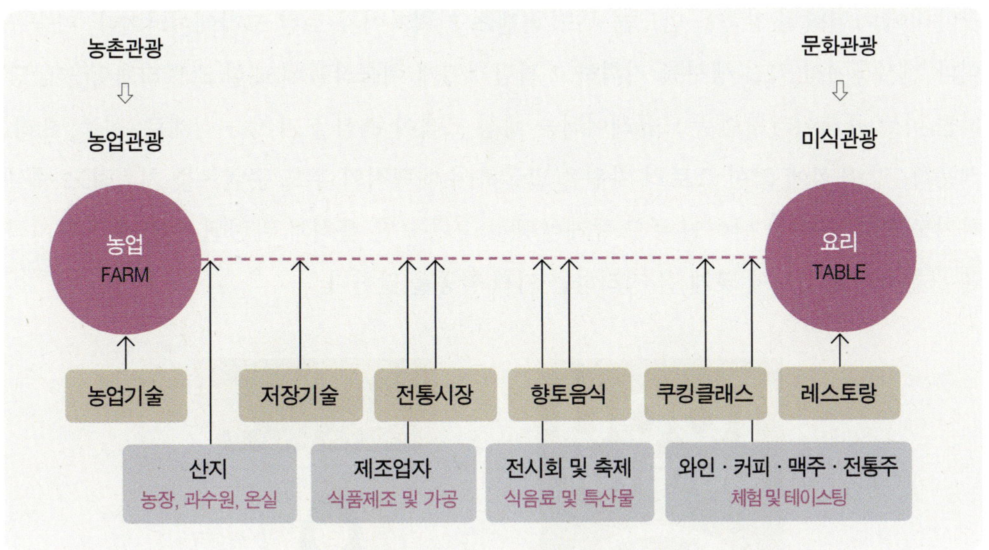

그림 1-3 ▶ 미식관광의 범위

농업이며 농업의 완성은 요리다'라는 말처럼 요리에 사용되는 식재료는 모두 자연에서 얻어지며, 식재료는 요리로 완성될 때 진정한 가치를 인정받을 수 있다. 따라서 미식관광에서는 신선한 식재료를 생산하는 1차 산지 방문, 식재료나 음료가 가공되는 과정을 체험할 수 있는 식품 제조공장 견학2차 산업, 그리고 요리사의 창작 요리를 경험할 수 있는 레스토랑 방문3차 산업 등 모든 과정이 미식투어 상품을 구성하는 자원이며, 이들이 지역 기반으로 융합하면 6차 산업형 미식관광상품이 탄생한다.

4. 푸드큐레이터의 역할과 전망

1) 푸드큐레이터와 푸드큐레이팅

푸드큐레이터food curator는 음식과 식문화에 대한 폭넓은 이해를 바탕으로 소비자가 원하는 정보를 수집하고 차별화된 가치를 가진 유 · 무형 상품 및 공간을 기획하여 소비자에게 전달하는 전문가이다. 또한 푸드큐레이터는 지역 음식문화의 숨겨져 있는 가치를 찾아내어 차별화된 상품을 만드는 푸드 콘텐츠 기획자이자 로컬 크리에이터이다. 미술관이나 전시장에서 직접 행사를 기획하고 관람객에게 예술작품에 대한 스토리텔링을 담당하는 아트 큐레이터처럼 푸드큐레이터는 핵심 고객이 관심을 가지는 식재료, 식품, 요리, 식문화, 및 음식에 얽힌 스토리 자원을 발굴하여 매력적인 푸드 콘텐츠를 기획하고 해설하기도 한다. 유사한 단어인 푸드 큐레이팅food curating은 음식과 관련된 많은 생각과 지식을 관찰하여 콘셉트에 맞게 잘 정리하는 기획 활동을 말한다.

그림 1-4 ▶ 한국미식관광협회의 푸드큐레이터 자격증

2) 푸드큐레이팅 성공 요소

여행지에서의 식사 체험은 필수적인 관광 활동이며, 여행 동기에 따라 미식경험의 정도는 다르겠지만 기억에 오래 남을 미식경험은 '무엇을' 먹었느냐보다 '누구와' 함께 '어떤 분위기'에서 '어떤 스토리'를 들었느냐가 더 중요하다. '미식'보다는 '경험' 자체가 차별화된 상품이 될 수 있다는 의미이다. 따라서 잊지 못할 고객경험을 제공하기 위해서는 '제품'을 팔려고 하기보다는 고객이 기꺼이 사고 싶은 '상품'을 기획하고, '이성'보다는 '감성'적으로 접근해야 하며, '얼마나 우수한가'보다는 '얼마나 독특한가'를 강조해야 한다. '지역의 특색 있는 음식' 그 자체가 핵심 상품이지만 이것이 잘 팔리는 상품의 충분 조건은 아니므로, 지역 '음식'을 토대로 서비스를 제공하는 '사람'과 서비스 '제공 과정', '분위기'를 전략적으로 설계하여 현지에서의 경험을 차별화하도록 한다.

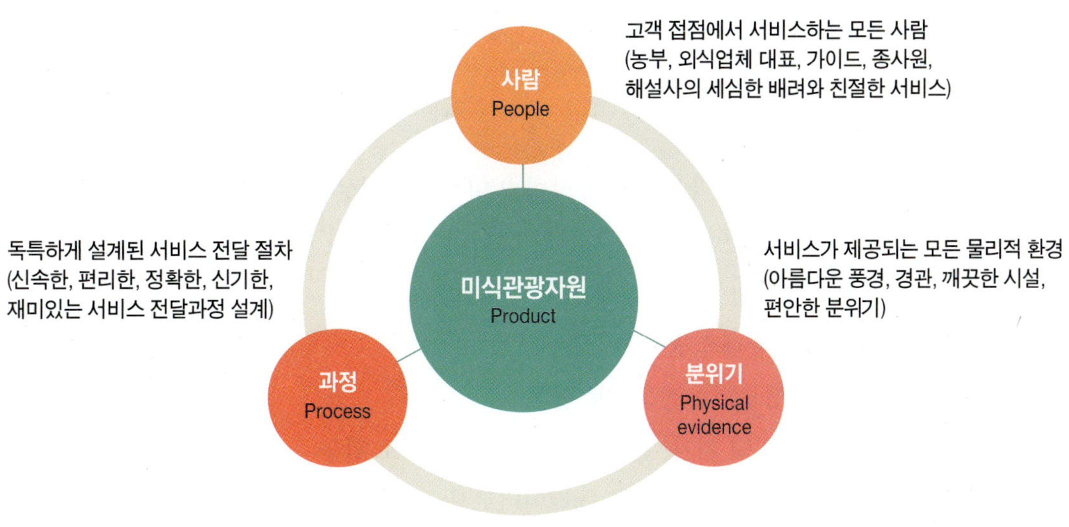

그림 1-5 ▶ 푸드큐레이팅 성공 요소

3) 진로 분야

푸드큐레이터는 식자원 관련 전문지식과 경험, 그리고 기획 및 커뮤니케이션 스킬을 다양한 분야에서 활용할 수 있다. 푸드큐레이터라는 이름은 자신의 관심 분야나 경력, 적성 등을 고려하여 원하는 일과 고객들에게 제공하고 싶은 다양한 음식 가치를 얼마든지 담을 수 있는 매력적인 이름이다. 미식관광이라고 하면 여행사나 관광가이드 진로를 떠올리는 경우가 많은데 미식관광 자원론, 기획론, 해설론을 학습하면서 얻은 지식과 노하우는 기존의 식품, 외식, 조리, 관광을 단편적으로 공부한 것보다 다양한 분야로 진출하는 데 도움이 될 것이다.

자신만의 미식투어 프로그램으로 1인 창업도 가능하고, 외식창업, 로컬 크리에이터, 푸드 콘텐츠 기획자, 미식 전문 미디어 콘텐츠 크리에이터, 음식평론가, 식품·외식기업의 마케터, 도시와 농촌을 잇는 팜투테이블 프로그램 기획자, 식경험 기획자, 식음료 공간 기획자까지 정말 다양한 활동을 할 수 있고 새로운 직종도 창조할 수 있다. 이들 활동의 핵심 역량은 음식·식품의 원산지부터 식재료에 대한 지식과 음식 맛까지 '음식 관련 풍부한 지식과 경험' 그리고 '기획력'에 있다는 사실을 기억해야 한다. 다음은 활동할 수 있는 분야의 예시이다.

- 여행 중개 플랫폼airbnb, myrealtrip, viator, klook 등에 미식투어상품 판매1인 창업
- 미식투어 전문회사 창업
- 미식투어 전문여행사 취업
- 정부 지자체 행사 VIP 미식투어, 프라이빗 미식투어 해설사
- 로컬크리에이터, 농촌기획자, 6차산업 코디네이터, 지역 미식관광 콘텐츠 기획자, 향토음식해설가로 활동
- 관광객 대상 쿠킹클래스 운영
- 지역 음식 맛 체험미각교육 전문가로 활동
- 미식관광 전문 PD 및 기자, 편집인, 유튜버, 블로거로 활동
- 박물관 음식문화, 음식역사 전문 큐레이터로 활동
- 식품 및 음식 관련 전시회, 박람회, 국제회의, 음식축제 등의 이벤트 기획자로 활동
- 식품 유통기업의 MD머천다이저
- 호텔 F&B 및 외식업체의 마케터
- 지자체 미식관광 마케팅 홍보 담당
- 학술연구 분야음식인문학자, 음식역사학자, 음식기호학자 등

CHAPTER

2

미식경험 상품기획과 운영

미식경험을 주요 주제로 관광상품을 만드는 것은 일반 관광상품과는 다른 접근이 필요하다. 이미 알려져 있는 자원을 활용하기보다는 숨어있는 자원을 발굴하여 새로운 관점으로 체험 내용을 개발함으로써 개인여행이나 일반 관광여행에서는 경험할 수 없는 기억에 남는 음식체험이 주된 활동이 되어야 한다. 따라서 신선한 콘셉트를 정하고 그에 맞는 창의적 내용 구성과 철저한 준비과정이 필요하다. 본 장에서는 성공적인 미식경험 상품의 개발과 운영에 필요한 기본적인 기획 및 운영 과정에 대해서 알아본다.

1. 미식경험 상품의 종류와 특징

미식경험 관련 상품은 좁게는 지역의 특산물을 맛보게 하는 것부터 넓게는 음식의 생산 과정에 포함될 수 있는 유형 · 무형의 요소들을 모두 경험하게 하는 것까지 다양하게 구성될 수 있다. 즉, 미식경험 상품은 식재료 산지에서부터 지역의 유형 · 무형의 다양한 차원의 음식 관련 자원을 방문, 체험하며 지역 식문화를 개념 있게 즐길 수 있는 종합상품으로서 가장 대표적인 것이 미식관광이라고 할 수 있다. 미식경험을 중심으로 한 상품을 개발하기 위해서는 미식과 관련된 상품의 범위를 이해할 필요가 있으며, 미식경험을 위한 상품의 종류와 특징은 다음과 같이 정리해 볼 수 있다.

1) 미식 유형상품

미식 관련 유형 상품은 소비자가 만나게 되는 다양한 형태의 식품 관련 상품으로서, 지역의 식자원을 소재로 하여 재배-가공-판매되는 1차 농수축산물부터 2, 3차 가공품에 이르는 식재료, 식가공품, 음식 등을 모두 포함한다. 최근 로컬푸드에 대한 소비자의 관심이 높아지고 있으나 우리나라 로컬식품의 이미지나 상품성은 소비자의 욕구를 채우는 데 부족한 것이 현실이다. 이에 상품성을 높인 로컬식품이 필요하며 푸드큐레이터는 상품성 있는 유형상품 기획에 초점을 두어 소비자와의 연결을 도모하는 마케터로서의 역할에 집중할 수 있도록 해야 한다. 이러한 성과를 달성하기 위해서는 로컬식재료 기반의 다양한 상품개발, 판매식품의 품질 일관성 유지, 차별화된 브랜딩, 투명하고 신뢰성 있는 유통망 확보, 소비자와의 관계 형성을 위한 소통 부분에서의 경쟁력 있는 전략이 뒷받침되어야 한다.

2) 미식 체험상품

체험상품은 로컬 식음료와 관련된 교육과 체험, 서비스 등을 포함한다. 로컬푸드 콘텐츠를 활용한 요리교실, 미각교육과 식생활 교육 등 미식체험 교육서비스, 농어촌 중심의 로컬 미식투어, 식농체험수확체험, 팜파티, 팜다이닝, 로컬 식음료 관련 축제 등 다양한 관광적 요소들과 융합한 체험 서비스 등이 포함될 수 있다. 이러한 무형상품은 지역 방문을 유도하거나 유형상품을 구매하게 하는 데 직간접적 요인으로 작용하고 있어 푸드큐레이터는 상품의 주제와 관련하여 관련 자원의 수집–구성–홍보 및 판매 차원에서 짜임새 있는 기획으로 지역의 (재)방문 유도, 지역 상품 구매 유발 등 소비자의 행동을 긍정적으로 변화시킬 수 있도록 해야 한다.

3) 미식 공간상품

로컬푸드상품을 구매하거나 미식 관련 체험을 하는 공간은 그 지역의 정체성을 나타내고 소비자와의 소통을 위한 전략적 장소로서 그 중요성이 증가하고 있다. 즉, 특정 프로그램을 운영하거나 소비하는 공간이라는 단순한 개념을 넘어서 미식체험 공간, 로컬식문화 체험공간으로서의 의미가 커지고 있어 미식문화 소비의 감각적 경험을 제공하는 공간상품으로서 중요한 의미를 지닌다고 할 수 있다. 따라서 단순히 지역에 존재하는 공간을 활용하는 것이 아니라 로컬미식의 이미지와 스토리를 체험하면서 유형상품이나 독특한 미식 경험을 소비하는 전략적 공간 연출이 필요하다.

지역에서의 중요한 미식 관련 공간은 전시장, 음식축제장소, 식음료 판매점과 음식점 등 미식체험과 식품판매를 목적으로 하는 기존 공간뿐 아니라 지역의 농수축산물과 관련된 모든 장소를 포함한다. 예를 들면 농작물 재배지, 목장, 가공공장, 팝업 다이닝 또는 팜파티가 가능한 공간, 농부시장, 식농체험 학습공간 등이 포함될 수 있다. 이러한 공간들은 관광객들이나 소비자들에게 미식과 관련된 다양한 감각기관을 자극하는 중요한 공간이며 지역의 미식 정체성을 제대로 경험하게 하는 필수적 상품인 것이다. 그러므로 푸드큐레이터는 로컬 식문화 연출에 중점을 둔 공간상품의 중요성을 반드시 인지해야 한다. 즉, 지역의 유형제품이나 체험상품을 판매함에 있어서 로컬 식문화의 이미지를 담은 공간을 적극 활용하여 다른 지역과 차별화할 수 있는 통합적 미식체험을 제공할 수 있도록 해야 한다.

다음 [표 2–1]은 실제 푸드큐레이터가 관여할 수 있는 미식 관련 상품기획 범위를 활용되는 자원에 따라 나누어 요약한 것이다.

표 2-1 ▼ 자원 유형에 따른 미식 관련 상품기획의 범위

유형 자원 중심	• 농촌 식자원을 소재로 하여 생산 · 제조 · 판매되는 식재료, 식가공품, 음식상품 기획
무형 자원 중심	• 식재료, 식품, 음식, 요리, 식문화, 미식관광 관련 미디어 제작 기획 • 미각교육, 식생활교육, 요리교육 등 먹거리 관련 교육서비스 기획
유형 체험 자원 중심	• 로컬 미식투어, 컬리너리투어 기획 • 식음료 외식 브랜드 기획
유형 체험 공간 자원 중심	• 지역 경관이나 공간을 활용한 팝업 다이닝 또는 팜파티 기획 • 농부시장, 식농체험 학습공간 기획 • 전시, 박람회, 음식축제 관련 이벤트 기획

2. 미식경험 상품기획의 범위

소비자에게 지역의 다양한 미식체험을 제공하기 위하여 푸드큐레이터는 식음료를 둘러싼 다양한 상품기획의 범위를 생각해볼 필요가 있다. 현대의 소비자는 단순하게 먹고 마시는 일에 감동하지 않는다. 특히 미식체험을 목적으로 하는 미식관광객이라면 그 체험은 독특해야 하며 기억에 남는 것이어야 한다. 또한 구매하는 제품 또한 기능적인 측면보다는 감성을 자극할 수 있어야 하고 라이프스타일에 부합해야만 한다. 따라서 본 서에서는 통합적 미식체험을 위한 서비스디자인 측면에서 미식경험 상품기획의 범위를 다음과 같이 구분하고자 한다.

1) 식음료 제품 디자인Food product design

식음료 제품 디자인 기획은 식재료를 활용한 제품기획으로서 제품 제조에서 포장까지 상품으로 만들고자 하는 식품이나 음료를 새로운 디자인이 필요한 물체로 간주하여 전반적인 기획을 진행하는 것이다. 따라서 기획하고자 하는 식음료를 새로운 상품의 재료로 보고 사용성, 상업성, 모양, 네이밍, 포장 등 다양한 부분에서 업그레이드하거나 완전히 새로운 상품을 만드는 것을 말한다. 이때 푸드큐레이터는 신제품 디자인 측면에 초점을 맞추어 상품기획을 하되 식재료에 대한 직접 변형이 필요한 경우 식품과학자와의

협업도 고려해야 한다.

2) 식음료 관련 굿즈 디자인Goods design about food

식품업계의 굿즈 전략

식음료 관련 굿즈 디자인 기획은 음식에서 영감을 얻은 물건의 디자인 기획에 관한 것을 말한다. 일반적으로 재료로서의 식음료는 이 범주에 포함되지 않지만, 이 기획을 통해 주제로 하고 있는 로컬 식음료에 대한 메시지를 강조하거나 특성화하는 데 사용될 수 있다. 즉 식음료와 관련된 굿즈goods에 대한 기획이라고 말할 수 있으며 잘 디자인된 굿즈는 소비자의 로컬 미식경험의 기억을 강화시키고 즐거운 경험을 이어가게 하는 매개체로 활용될 수 있다.

3) 식음료 공간 디자인Space design for food

식음료 공간 디자인 기획은 식사 환경이나 식음료 제품을 마주하게 되는 모든 환경의 디자인을 말하며 인테리어, 조명, 온도, 음악, 서비스 종사자의 복장 및 태도 등을 포함한다. 또한 식음료를 고려한 공간 디자인이란 주방, 카페, 베이커리, 음식점, 그 외 조리교육 공간, 미식체험을 위한 모든 공간을 생각해볼 수 있다. 이 부분의 기획이 중요한 이유는 식재료에 대한 이해, 즐거운 미식체험의 강화에 직결되기 때문이다. 따라서 식음료 공간에 대한 기획을 위해서는 그 공간에서 체험하게 될 식음료 특성에 대한 이해가 필수적이다.

4) 식사 및 테이스팅 경험 디자인Eating & tasting experience design

식사 및 테이스팅 경험 디자인 기획은 소비자들이 음식과 상호작용하는 모든 테이스팅 및 식사 상황의 디자인 기획을 의미하며 음식의 준비–제공 및 음식 관련 스토리를 전달하기 위해 필요한 다양한 계획이 포함되어야 한다. 이를 위해서는 앞서 설명한 소비자가 경험하게 되는 미식체험 상품의 모든 측면이 고려되어야 하므로 가장 복잡한 상품기획 중의 하나이다.

미식경험 상품기획 중에서 식음료 제품 디자인, 식음료 관련 굿즈 디자인 등 유형 자원 중심의 상품기획을 하는 경우 일반적으로 ■ 아이디어 회의를 거쳐 ■ 아이디어들의 실현 가능성을 확인하여 제품화시킬 아이디어 및 콘셉트를 결정한 후 ■ 고객의 니즈, 상품 개발 목적에 부합하는 시제품을 개발하고 ■ 개발상품에 대한 소비자 패널 대상의 사전 테스트를 실시하여 상품을 최종 개선하여 ■ 본격적인 상품을 생산하는 과정으로 진행된다. 이때 상품 판매를 위한 마케팅가격, 판매 유도 및 홍보방안 전략도 함께 개발한다.

미식관광과 팜투테이블 체험과 같이 미식경험을 위주로 진행하는 상품들은 위에서 설명한 여러 가지 상품 기획 중 경험 콘셉트에 맞는 유형 · 무형 상품을 두세 가지 선택하여 직접 구성을 하거나 기존 상품을 일부 수정하여 상품 이미지에 맞는 조합을 할 수 있도록 유연한 기획이 필요하다. 이후부터는 미식경험 상품기획 프로세스에 대해서 구체적으로 알아보도록 하겠다.

3. 미식경험 상품기획의 프로세스

성공적인 미식경험 상품을 기획하기 위해서는 '기획'의 기본 내용을 숙지하는 것이 가장 중요하다. 푸드큐레이터로서 이용할 수 있는 다양한 자원들을 목적에 맞게 배치하고 활용하기 위해서는 '기획'의 개념을 통해 단계를 이해할 수 있기 때문이다.

상품기획은 창의성을 바탕으로 콘셉트에 적합한 상품요소들을 활용한 내용 개발을 통해 차별화된 결과를 계획하는 수단으로서 이를 통해 작은 변화에도 민감하게 반응하는 고객들을 위해 미식경험 상품에서 즐겁고 독특함을 느낄 수 있도록 설계하는 것이 목적이다. 특히 미식경험 상품기획은 앞서 설명한 다양한 미식체험 상품들을 유기적으로 통합하여 가치있는 상품을 만드는 데 초점을 맞춰야 하며, 창의적 아이디어 못지않게 현실적이고 논리적 사고를 바탕으로 실현 가능성에 무게를 두어야 한다. 즉 창의적 미식경험 상품을 합리적이고 체계적으로 실행할 수 있도록 절차나 순서를 함께 생각해야 하는 것이다. [그림 2-1]은 미식경험 상품 콘셉트 설정을 위해 필요한 확인 및 결정 사항들이다.

그림 2-1 ▶ 미식경험 상품 콘셉트 설정을 위한 확인 및 결정 사항

미식경험 상품기획은 특정 사업체의 새로운 미식관광 상품개발뿐만 아니라 지역 식문화, 식품 홍보를 위한 지자체 홍보용 프로젝트 제안, 식품판매 증진을 위한 잠재고객 대상의 미식체험 마케팅 상품 제안 등 다양한 목적으로 진행될 수 있다. 본 서에서는 미식관광 상품기획에 초점을 맞추어 개발 단계를 설명하고자 한다.

미식관광 상품기획은 지역환경과 자원을 고려하여 방법론에 맞게 디자인하고, 이를 실행, 평가하는 단계로 이루어진다. 이때 투입 요소는 지역환경과 다양한 자원이 포함되고, 상품개발 과정에는 주제 개발과 구체적인 미식관광 프로그램 기획이 포함되어야 한다. 이후 실행과 평가를 거쳐 상품을 보완하여 지속적으로 운영할 수 있는 미식관광 상품으로 정착할 수 있다. [그림 2-2]는 미식관광 상품기획의 주요 과정이다.

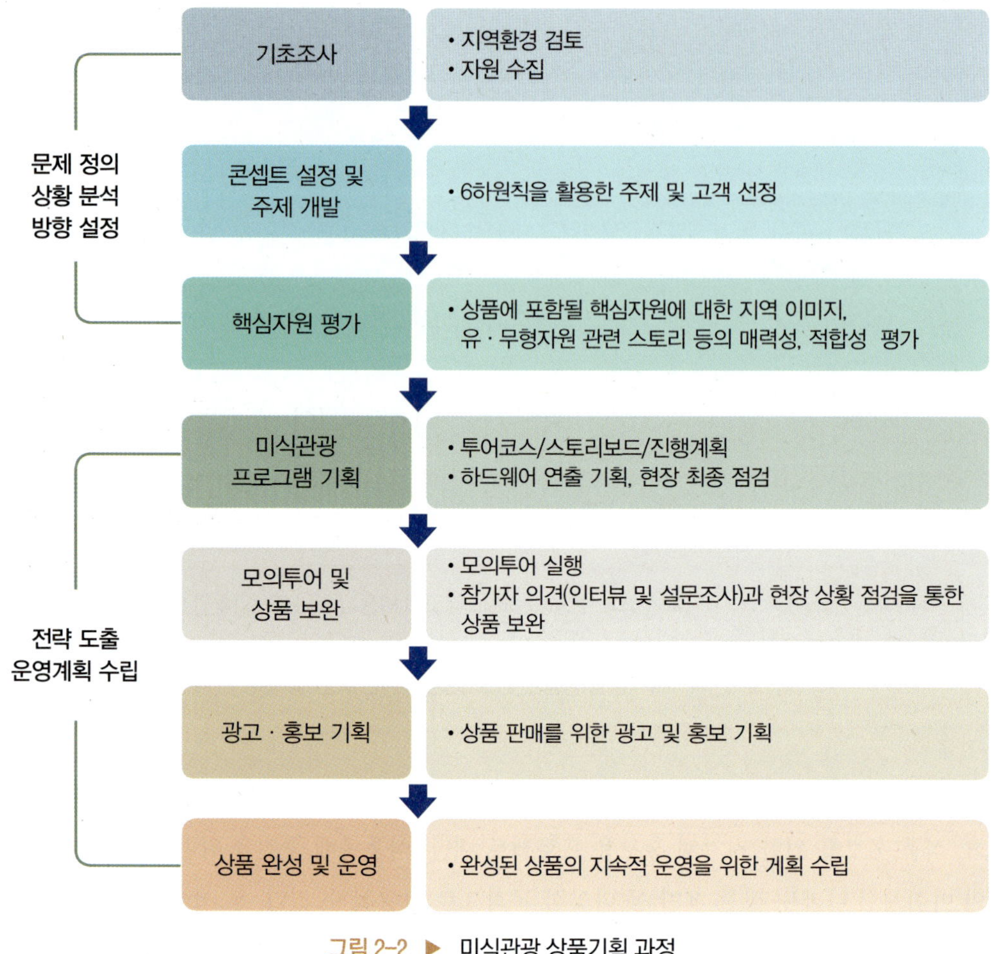

그림 2-2 ▶ 미식관광 상품기획 과정

1) 기초조사

미식관광 상품기획을 위해서 제일 먼저 해야 할 일은 지역 환경의 검토와 활용할 수 있는 자원의 수집이다. 기본적인 기초조사를 통해서 주요 대상을 위한 미식관광상품의 주제와 내용이 결정될 수 있기 때문이다.

(1) 지역 환경 검토

지역 환경 검토는 기획하고자 하는 지역의 유명한 점, 유명한 이유 등을 탐색하는 데에서 출발할 수 있다. 또한 지역의 지리적 · 역사적 배경과 더불어 그 지역의 전반적인 환경을 살펴보아야 한다. '그 지역만의~'와 같이 유일하거나 특색 있는 환경은 미식관광에 있어 특별함을 더해주는 핵심 또는 부가 요소가 될 수 있다. 지역의 역사와 문화를 연계한 미식관광은 성공 확률이 높기 때문이다.

흔히 지역 음식을 소개할 때 "물 좋고 토양이 비옥하고 자연이 깨끗하여 ○○○가 맛있다"는 식의 표현은 구체성이 떨어지며 듣는 이에게도 새롭거나 재미있는 감동의 포인트가 없다. 따라서 다른 지역과 차별화되는 환경에 대한 특별하고 숨어있는 정보와 이야기의 발굴이 필요하다. 안동 헛제삿밥, 특정 지역의 종가음식, 사찰음식 등을 주제로 한 미식관광상품의 경우 양반, 종가, 사찰문화라는 독특함을 가지고 상품화가 이루어진 예이다. 그러나 반드시 역사적이고 전통적인 환경만이 좋은 미식관광의 소재가 되는 것은 아니다. 예를 들어 종로구 낙원동 뒷골목에 있는 근대 주택, 세탁소, 찻집, 수제막걸리와 전을 파는 작은 주막들은 다른 곳에서는 볼 수 없는 풍경과 맛을 가진 곳이다. 특징적인 문화배경은 없지만 이 지역이 역사적으로 어떻게 생겨났는지, 사람들에게 어떤 의미가 있는 곳인지, 현재 가게를 운영하는 사람들은 어떤 사람들인지 등 골목이 생겨난 일화나 옛 이야기, 최근 핫플레이스hot place가 된 이야기까지 다양한 지역 배경 스토리도 미식관광 상품기획 시 중요한 자원으로 작용하게 된다.

'낙원동'의 창지개명 스토리

(2) 식 관련 자원 수집

지역환경의 검토와 함께 상품 내용의 핵심 요소로 작용할 수 있는 식食 관련 자원 수집은 미식관광 상품기획 방향에 매우 중요한 부분이다. 어떤 자원이 존재하느냐에 따라 미식체험의 방법과 범위가 결정될 수 있기 때문이다. 더군다나 현재 관광객들은 그 어느 것보다 감성을 중요시하고 있다. 이것은 음식, 식재료, 레스토랑과 같은 유형 자원 이외에도 특별한 농사법을 고집하는 농부의 이야기, 셰프가 가진 요리 철학과 기술, 노포의 운영 비법과 스토리 등 무형적 자원이 차별화 포인트로 부각될 때가 많아졌다는 이야기이다. 따라서 푸드큐레이터 입장에서 상품화 요소로 가능성이 있는 식 관련 자원 수집 시 유형 · 무형 자원을 골고루 수집하되 되도록 알려져 있지 않은 독특한 자원을 찾도록 노력해야 한다. 지역 주민에게는 일상적이고 특별한 것이 아니더라도 다른 지역과 차별화되는 특이한 사항이라면 미식관광기획을 위한 자원으로서 높은 가치를 지니고 있을 가능성이 많다.

앞 장에서 설명했지만 기본적으로 검토하고 수집해야 할 지역환경과 자원으로는 다음 [표 2-2]와 같은 분야와 자원을 포함한다.

표 2-2 ▼ 기초조사 분야

검토 및 수집 분야	세부 자원
자연, 문화일반	지리적 환경, 풍토 및 계절, 지역문화
산업자원, 관련 인물	작물(식재료), 가공방법, 인물
식 가공과정, 식 행태	조리법, 상차림, 먹는 예절 등

2) 주제 개발

미식관광 기획은 우선 콘셉트를 명확하게 정하는 것으로부터 시작한다. 같은 지역이라도 미식관광의 목적과 대상에 따라서 여러 가지 주제가 나올 수 있기 때문이다. 중요한 것은 다양한 자원 중에서 주제에 맞는 적절한 자원의 선택과 집중이다. 동일한 내용으로 개념화할 수 있는 콘셉트를 가지고 주제를 개발하여 그 주제에 부합하는 내용과 관련된 장소와 자원을 엮어 미식관광 프로그램을 개발해야 한다. 이때 주제가 명확히 전달될 수 있도록 미식관광의 특징을 드러낸 제목을 만들어 보는 것도 도움이 된다. 상품을 개발하면서 자연스럽게 상품명도 수정이 되겠지만, 영화 제목처럼 미식관광상품의 주제가 상품명에 함축적으로 담겨 있으면 관광객의 주의를 끄는 데 유리할 뿐더러 콘셉트의 방향에 맞춰 투어 기획을 하는 데에도 기준을 삼을 수 있어 도움이 된다.

주제 개발 시 막연히 불특정 다수를 위한 미식관광 상품을 기획한다면 좋은 결과를 기대하기 어렵다. 따라서 최근 사람들이 관심 있어 하는 음식이나 지역, 관광형태 등에 대하여 기본적인 조사를 해보는 것이 필요하며, 미식관광 잠재고객의 니즈를 파악해 보는 것도 매우 중요한 일이다. 최근에는 소비자들이 관심 있어 하는 음식, 활동, 장소, 문화에 대한 니즈 등을 파악하기 위해서 빅데이터 분석 도구를 많이 활용하기도 한다.

이렇게 고객의 니즈를 파악하게 되면 특정 미식관광 프로그램을 위한 필요 자원의 우

사례 1 주제에 맞춘 함축적 미식관광 상품명 사례

다음은 지역 미식관광 상품의 콘셉트를 결정한 후 주제에 맞춘 함축적 상품명을 결정한 사례이다. 강조된 부분은 미식관광 프로그램의 주제에 해당하는 것으로서 푸드큐레이터는 사용된 단어의 의미를 해석하고 이를 반영한 투어를 기획하고 실행할 수 있어야 한다.

1. 맛과 이야기를 찾아 떠나는 지리산

지역	진주, 함양, 하동 (지리산 일대)
활용 가능 자원	지리산, 산 관련 활동(명상, 산채 경험, 트래킹) 지리산 식재료, 지리산 부근 지역의 향토음식
상품명	맛과 이야기를 찾아 떠나는 지리산
미식관광상품 개발 방향	지리산과 식재료, 지역음식을 주제로 한다. 즉 지리산에서 나는 계절 식재료와 이 지역에 사는 주민들이 만들어 먹는 특별한 음식을 맛보고 거기에 얽힌 이야기를 듣는다. 전문가와 산채 캐보기, 지역민으로부터 약이 되는 음식 이야기 듣기, 몸과 마음을 정화하는 음식체험과 명상 등 다양한 활동을 '지역의 맛과 이야기'에 초점을 맞추어 개발한다.

2. Adventurous Appetites

지역	스페인 마드리드 지역
자원	마드리드, 로컬 레스토랑, 타파스 위주의 지역 음식
상품명	Adventurous Appetites
미식관광상품 개발 방향	외국인을 위한 스페인의 타파스 문화를 알리기 위한 프로그램으로서 'adventurous' 즉, 모험심이 강한 미식관광투어임을 강조한다. 지역주민이 먹는 다양한 타파스 시식과 더불어 유명인이 좋아한 타파스와 장소를 주제로 한 투어상품으로 여러 로컬 레스토랑에서 지역 타파스 메뉴를 다양하게, 조금씩 맛보고 스토리텔링을 듣는 것이 핵심인 상품이다.

선 순위를 정할 수 있고 같은 자원이라도 어떤 점에 초점을 맞추어 조사해야 하는지 기준을 설정하여 체계적으로 자원 조사를 하는 데에도 도움이 된다.

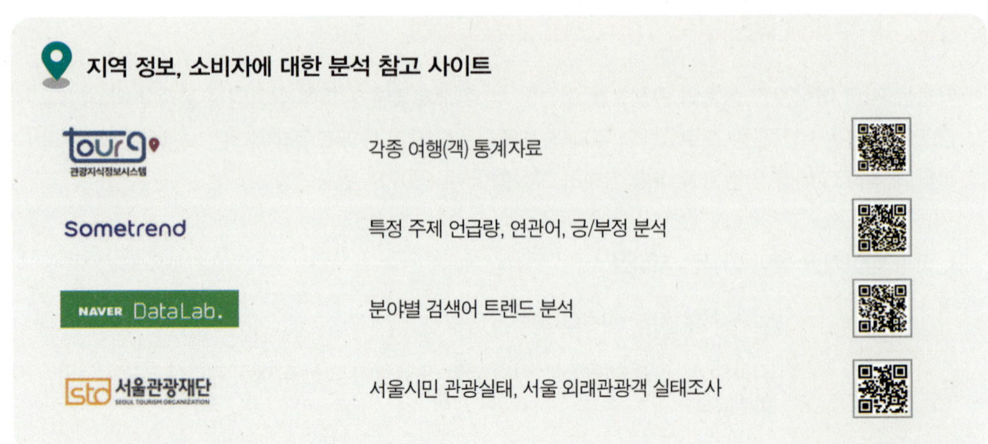

또한 주제를 개발할 때에는 다음 [표 2-3]의 6가지 사항을 고려하여 기준을 잡고 내용을 확장해 나가는 것이 바람직하다. 이와 같은 6가지 사항은 매우 기초적 사안이지만 이를 고려하면서 기획을 진행한다면 프로그램 구성이 콘셉트에 맞추어 일관성을 유지하는 데 도움이 되며 같은 지역을 배경으로 미식관광 상품을 만들더라도 다양한 주제의 상품을 기획하는 것도 가능하다.

표 2-3 ▼ 미식관광 주제 개발에 필요한 6가지(5W1H) 질문

주요 질문	가능 질문(1)	가능 질문(2)
What	무엇을 체험하게 할 것인가?	무엇을 보여줄 것인가??
When	언제 진행할 것인가?	언제 고객에게 선 보일 것 인가?
Where	어디에서 체험이 진행되는가?	어디를 구체적으로 보여줄 것인가?
Who	누구를 대상으로 기획할 것인가?	누구를 대상으로 기획할 것인가?
How	어떤 형식으로 체험하게 할 것인가?	어떤 형식으로 보여줄 것인가?
Why	왜 그곳에서 체험해야 하는가?	왜 그곳을 보여주려고 하는가?

사례 2 5W1H 입각한 미식관광상품 주제 개발의 사례

1. 미식관광상품

주제	부모님과 떠나는 용산 속 세계 미식여행	
What	무엇을 체험하게 할 것인가?	용산에서 즐기는 여러 나라 이색 음식문화
When	언제 진행할 것인가?	봄, 가을 위주
Where	어디에서 체험이 진행되는가?	독일, 스페인, 이탈리아, 중국 전통 음식을 제공하는 용산지역 레스토랑 및 이색적 문화체험이 가능한 공간
Who	누구를 대상으로 기획할 것인가?	20~30대 자녀와 부모님
How	어떤 형식으로 체험하게 할 것인가?	다양한 나라의 전통음식 체험, 관련 문화 스토리텔링, 이국적 사진 찍기 등을 통한 여러 나라의 문화체험
Why	왜 그곳에서 체험해야 하는가?	신용산 일대는 일상 속에서 세계 여러 나라의 다양한 문화와 미식체험이 가능한 지역

2. 팜투테이블 상품

주제	자연 속에서 즐기는 빨간 맛, 오미자가 궁금해!	
What	무엇을 체험하게 할 것인가?	천지수향 농장에서 즐기는 빨간 맛, 오미자 팜투테이블 체험
When	언제 진행할 것인가?	오미자 수확시기인 9월
Where	어디에서 체험이 진행되는가?	오미자 밭, 요리체험장/교육장
Who	누구를 대상으로 기획할 것인가?	어린이 동반 가족
How	어떤 형식으로 체험하게 할 것인가?	오미자 수확과 맛 체험, 요리 체험, 놀이로 구성한 가족 식농 체험
Why	왜 그곳에서 체험해야 하는가?	산골짜기 청정계곡에서 자연의 도움으로 익은 오미자를 활용한 다양한 식경험을 즐길 수 있으며, 먹거리가 내 식탁에 오르기까지의 전 과정을 경험하고, 아이들과 함께 안전하게 휴식을 취할 수 있는 공간

3) 대안 자원 평가를 통한 핵심 자원 결정

주제 개발이 어느 정도 진행되었다면 주제에 적합하고 프로그램 구성에 필요한 이용 가능 핵심 자원들을 추출해야 한다. 다시 말해 식 관련 자원 수집 과정에서 어느 정도 인지된 그 지역의 자원 영역에서 기획하고 있는 미식관광 프로그램 콘셉트와 일치하는 대안 자원들을 찾고 이를 직간접적으로 평가하는 과정이 필요하다.

대안 자원을 선택하기 위해서는 먼저 기획 대상 지역에 대한 이미지 조사를 진행해 본다. 보통 지역 이미지는 간단하게 형용사로 도출해 낼 수 있다. 예를 들어 안동은 '고전적, 중후한, 유교적'과 같은 이미지를 갖는 데 반해, 제주도는 '자연의, 독특한, 이국적인' 등과 같은 지역 이미지를 갖고 있다. 이러한 지역 이미지를 알아보는 과정은 미식관광 프로그램의 주제나 콘셉트 개발에 도움을 준다. 이 과정에서 다양한 지역 이미지들 중 기획하는 미식관광 프로그램에 적합한 이미지를 선정하고 이와 관련된 자원들을 추출할 수 있다.

지역 이미지가 주제 개발을 위한 큰 틀을 제시한다면 미식관광 프로그램에 포함시킬 핵심 자원을 알아보는 일은 이보다 구체적으로 구성요소를 진단하는 작업에 해당한다. 이를 위해 잠정적으로 활용될 수 있는 유형·무형의 자원을 고루 조사하여야 한다. 핵심 자원에 대한 기초조사는 인터넷 탐색, 기획자의 경험에 의존한 데스크 리서치로 이루어지게 되며, 이때 체험하고자 하는 구체적 내용에 따라 2~3가지의 대안을 설정할 필요가 있다. 주제에 맞는 적합한 자원으로 보일지라도 제약사항의 발생으로 인해 실제 투어 구성요소로 포함시키기 불가능한 경우가 많기 때문이다. 따라서 잠정 자원에 대해서는 데스크 리서치 이후 기획자가 직접 체험해 보거나 방문하여 자원의 활용 가능성, 스토리 발굴, 기획 주제에 따른 적합성 등 대안 자원의 평가를 통해 미식관광 프로그램에 포함시킬 최종 자원을 확정해야 한다.

사례 3 미식투어의 주제 개발, 자원 이미지 탐색, 대안평가 과정의 사례

1. 5W1H에 따른 주제 개발

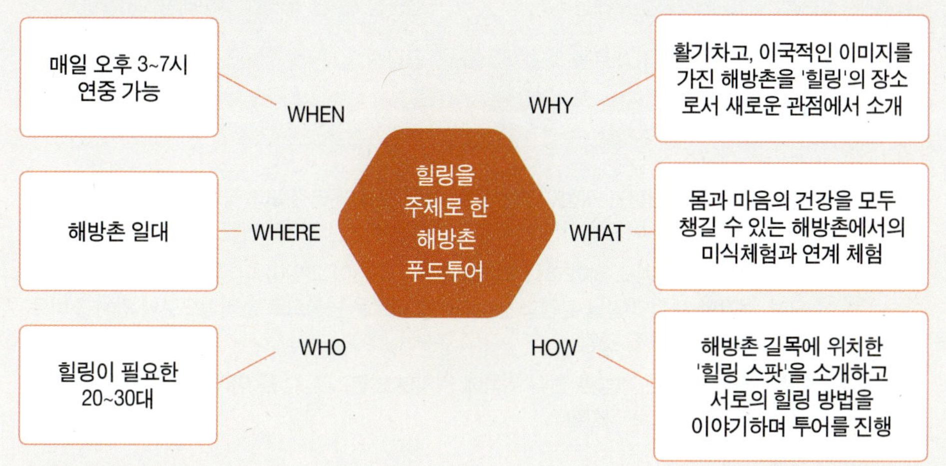

2. 자원 이미지 결정

지역 이미지	유형자원	무형자원
자유로운 평화로운 고즈넉한 활기찬	남산타워 신흥시장 108계단 해방교회 세계 음식 루프탑 카페	세계 문화 박목월 선생님(시인) 젠트리피케이션 노을 야경 한류

3. 현장답사를 통한 대안 자원 평가

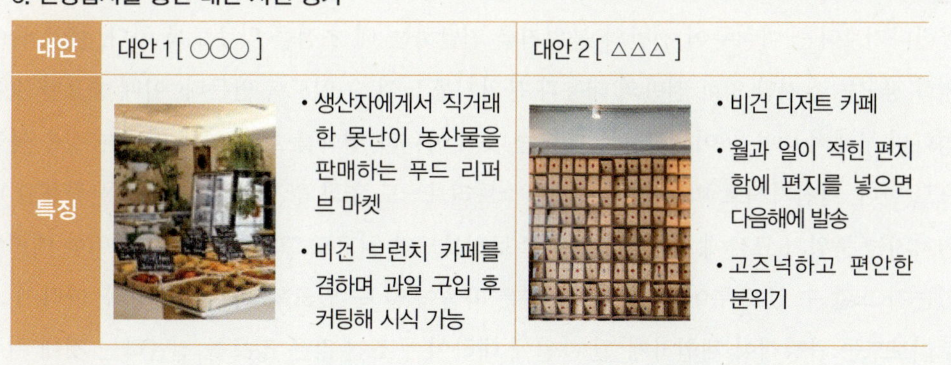

대안	대안 1 [○○○]	대안 2 [△△△]
특징	• 생산자에게서 직거래한 못난이 농산물을 판매하는 푸드 리퍼브 마켓 • 비건 브런치 카페를 겸하며 과일 구입 후 커팅해 시식 가능	• 비건 디저트 카페 • 월과 일이 적힌 편지함에 편지를 넣으면 다음해에 발송 • 고즈넉하고 편안한 분위기

자원 평가	적합성	●●●●●	인지도	●●●○○	적합성	●●●●○	인지도	●●●●○
	접근성	●●●●●	오래됨	●●○○○	접근성	●●●●○	오래됨	●●○○○
	공감성	●●●●●	새로움	●●●●●	공감성	●●●●●	새로움	●●●○○
선정 여부	○				×			
선정 이유	• '카페' 공간과 '미래편지 작성'이라는 단순 체험 요소의 연결보다 직거래한 못난이 농산물을 소개하고, 이를 이용해 만든 음식을 판매하는 식공간의 스토리텔링 요소가 더 뛰어남 • 테이스팅 체험 시에도 케이크 등 디저트류보다 못난이 과일이 더 흥미롭게 다가올 수 있으며, 건강한 제철 과일을 환경과 생산자에게 이로운 방향으로 소비함으로써 가치 소비로서의 '힐링' 요소가 될 것임 • 이외에도 △△△은 해방촌 언덕 위쪽에 위치한 반면, ○○○은 아래쪽에 있어 언덕을 오르는 첫 번째 코스로 적합함							

4) 미식관광 프로그램 기획

자원 평가 과정을 통해 프로그램에 활용될 핵심자원이 결정되었다면 본격적으로 자원에 대한 활용방법, 스토리보드 개발 등의 프로그램 기획이 이루어져야 한다. 정교하게 기획된 미식투어는 실제 진행에서 시행착오를 줄이고 관광객에게 수준 높은 서비스 제공을 가능하게 한다.

우선 미식투어의 스토리보드는 어디에 가서 무엇을 볼 것인가에 대한 단순한 정보를 제공한다기보다는 미식투어 전반의 분위기를 전달하는 데 초점을 맞추도록 한다. 예를 들어 영화 광고는 짧지만 영화 전반의 내용과 분위기를 느낄 수 있도록 만든다. 이때 중요한 것은 영화의 구체적 내용을 이해하도록 만드는 것이 아니라 영화를 보고 싶게 만드는 것을 목적으로 한다. 마찬가지로 미식투어를 위한 스토리보드도 영화 광고처럼 각 자원을 활용할 때 펼쳐지는 분위기 묘사에 집중함으로써 스토리보드만 읽고도 그 미식투어가 어떠한 매력이 있는지 느낄 수 있고 투어에 참가하고 싶은 마음이 들 수 있도록 개발해야 한다. 따라서 스토리보드는 관광객이 체험하게 될 자원에 대하여 무조건 많은 정보를 전달하는 것에 치중하여 작성해서는 안 된다. 자원을 이용한 체험이 미식투어의 주제와 어떻게 연결되어 있고 어떤 즐거움과 의미를 제공하는지 직관적으로 느낄 수 있도록 콘텐츠를 어떻게 바라볼 것인가를 제시해 주는 방향으로 작성하는 것이 바람직하다. 또한 전체적인 프로그램 내용을 고려하여 각 자원에 대한 스토리나 활용 비중을 정하는 것도 중요한 사안이다. 이와 더불어 각 코스에서 경험이나 활동에 필요한 하드웨어예 테이스팅 노트들도 함께 계획되어야 한다.

이상의 조건들을 모두 고려한 좋은 프로그램을 기획한다고 해도 언제나 그리고 누구에게나 좋을 수는 없다. 미식관광은 식자원을 주로 활용하기 때문에 계절을 고려해야 하고 지역이나 대상에 따라서 시간을 달리하는 것이 상품성을 높이는 방법이 될 수도 있다. 실제로 이태원이나 강남 등 대도시는 저녁 시간이 더 화려하고 구경거리가 많다. 반면 여름철 농가에서 즐기는 블루베리 따기 체험 같은 프로그램은 너무 뜨겁지 않은 오전 시간대가 가장 바람직하다고 할 수 있다. 이 밖에 프로그램 진행에 무리가 없는 참가 인원을 결정하고 이에 따른 필요 진행요원의 기술 정도와 인원수 결정도 세심하게 이루어져야 한다.

이 외에 기획단계에서 진행요원의 구체적 직무 기술서, 복장 기준드레스 코드 등과 같이 순조로운 투어에 필요한 세부사항들까지 계획함으로써 보다 더 완성도 높은 프로그램을 만들 수 있어야 한다. 마지막으로 투어에 필요한 실비와 인건비를 산정하고 투어 가격 결정에 활용하도록 한다.

사례 4 스토리보드 작성 사례

1. ○○○ 상점(소요시간 45분)

스토리텔링 포인트

- 투어 주제 설명
  - 자극적인 음식, 콘텐츠만 소비하는 현대인들의 건강한 라이프스타일을 장려하고자 기획된 투어임을 설명
- 못난이 농산물 소비의 필요성 및 장점 설명
  - 국내 농식품 폐기율은 14%로, 약 20조 원의 경제적 비용 발생
  - 탄소 절감, 유기농·무농약 농산물을 저렴한 값으로 구매 가능
  - 저렴한 가격이면서 환경에도 긍정적인 영향을 주므로 가치소비로써 '힐링' 활동이 될 수 있음

체험 요소

- 아이스 브레이킹 타임
  - 스트레스 체크리스트를 통해 각자 힐링을 위해 투어에 참여한 이유와 투어의 목표를 점검

테이스팅

- 테이스팅 메뉴(시기별로 변동 가능)
  - 못난이 샤인머스켓
  - 못난이 오렌지
  - 못난이 토마토
- 큐레이션 및 스토리텔링
  - 최근 유행하는 탕후루에 주로 사용되는 과일을 선정해 맛을 비교
  - 자극적인 단맛에 익숙해진 투어자들에게 신선한 과일 본연의 맛을 일깨워 줌
- 사장님과의 대화
  - 창립 이유, 못난이 농산물 직거래 방식, 메뉴 철학 등에 대한 설명 듣기

사례 5 미식투어에 필요한 하드웨어 준비

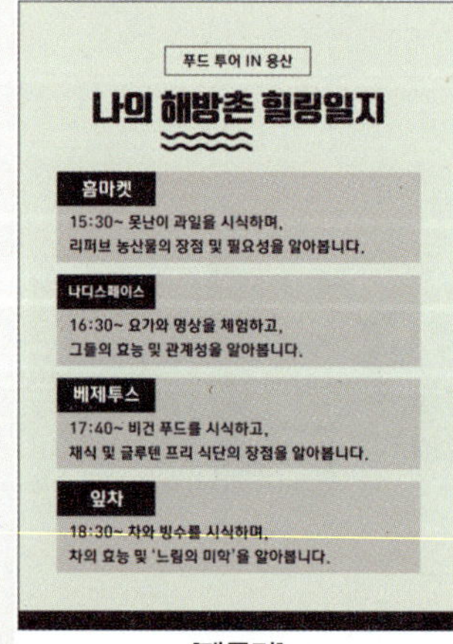

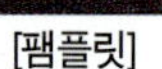

[팸플릿]

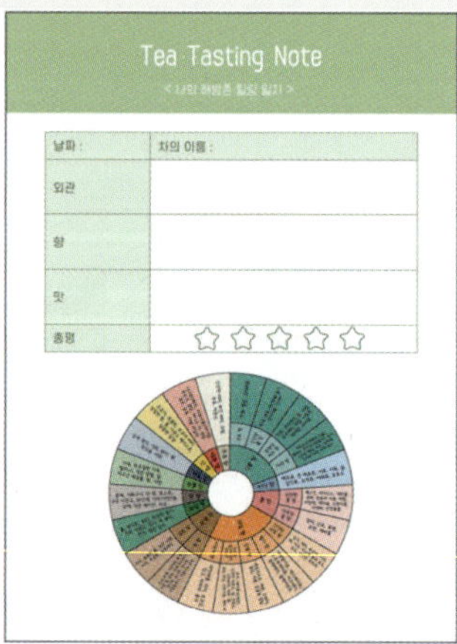

[티 테이스팅 노트]

팸플릿

- 투어자들이 투어 중 이동 장소와 체험 활동을 확인할 수 있도록 팸플릿 제공

티 테이스팅 노트

- 시음 시 필요한 자료
  -테이스팅 순서에 따라 노트 구성
- 테이스팅 과정에 익숙지 않을 투어자들을 위해 참고할 수 있는 향-맛 차트 제공

5) 모의투어 실행 및 상품 보완

프로그램 기획을 마치고 나면 참여자와 진행자의 입장에서 실제 투어 상황과 동일한 방식의 모의투어를 반드시 실시해 보아야 한다. 모의투어 시에는 목표고객층과 유사한 참여자를 초청 또는 모집하여 투어를 진행하는 것이 바람직하다. 실전과 마찬가지로 참여자들에게 사전에 안내해야 할 사항모이는 시간과 장소, 주차안내, 일정표 등을 정리하여 제공하고, 현장에서 배포할 자료도 확인한다.

사례 6 모의투어 진행 후 평가 도구 및 평가 사례

참여자 설문

1. 푸드투어의 미식경험은 새롭고 특색이 있었나요?

   5 4 3 2 1

2. 푸드큐레이터의 설명은 적절했나요?

   5 4 3 2 1

3. 본 푸드투어에 대한 만족도는 어떠신가요?

   5 4 3 2 1

투어 중 느꼈던 좋은점과 인상을 공유해 주세요.

운영자 입장에서는 모의투어를 진행하면서 방문현장 활동내용 중 기획에서 간과한 부분이 없는지, 이동 중에 방해가 되는 주변 환경은 없는지, 자원활용이나 업체 방문에 문제가 없는지 등 미식투어 코스 전체에 대한 점검이 필요하다. 실제 미식투어 진행이 단독 가이드 주도로 이루어지더라도 모의투어에서는 진행 인원을 추가로 투입하여 전체적인 투어 진행상황과 참가자 반응 등을 주의 깊게 관찰하고 메모하는 등의 모니터링이 필요하다. 이를 통해 참가자들의 불편했던 사항, 개선점 등에 대한 평가와 의견을 함께 검토분석하여 판매 전 최종 미식투어 프로그램의 수정 및 보완에 활용하도록 한다. 특히 프로그램의 보완은 미식투어의 완성도를 높이기 위해서 시간적 여유를 갖고 반드시 실행해야 하는 부분으로서, 투어 시작 전 뿐만 아니라 본격적인 투어가 진행되는 중에도 지속적으로 이루어져야 한다. 더군다나 미식투어에 활용된 자원들은 얼마든지 변할 수 있기 때문에 한 번 보완한 것으로 끝나는 것이 아니라 정기적으로 프로그램을 수정하고 업그레이드하여 진부한 미식관광 프로그램이 되지 않도록 유의한다.

6) 미식관광 상품의 광고 및 홍보 계획

미식관광 상품의 판매 준비가 완료되었으면 상품의 광고 및 홍보 방안을 고민해야 한다. 광고 및 홍보는 잠재고객에게 미식관광 상품의 정보를 제공하고 호감을 가지도록 설득하며, 구매 의사결정에 영향을 미치게 된다. 따라서 대상target에 따른 적절한 내용의 광고 및 홍보 콘텐츠 제작과 커뮤니케이션 채널의 선택은 매우 중요하다.

모집 광고나 홍보물을 제작할 때에는 미식관광 프로그램의 대략적인 콘셉트를 파악할 수 있는 내용 구성 이외에 모집 대상, 모임 일시와 장소, 제한사항 등에 대한 정확한 안내가 공지되는 것이 좋다. 예를 들어 미식관광 코스 중 주류 체험이 들어 있다면 시음 가능 여부, 나이 제한 등이 필요할 것이다.

대다수 미식관광 상품의 운영 규모로 보았을 때 TV나 잡지 등 전통적 채널을 이용한 광고·홍보는 규모나 비용 면에서 부담이 크다. 다행히 최근에는 소셜미디어가 중요한 커뮤니케이션 수단으로 각광을 받고 있어 미식관광 상품의 광고와 홍보도 이들 방법을 적극 활용해야 한다. 다만 미식관광의 타겟은 베이비붐 세대, X, Y, Z, Alpha 세대에 이르기까지 다양한 라이프스타일과 소비를 추구하는 세대가 공존한다. 따라서 미식관광 상품에 대한 광고와 홍보를 위해서는 세대별 기호와 태도를 고려하여 접근이 용이한 커뮤니케이션 수단을 선택하는 것이 중요하다.

소셜미디어를 광고 · 홍보 채널로 잘 활용하기 위해서 주의를 기울여야 할 부분을 살펴보기로 하겠다. 먼저 소셜미디어의 특징을 이해할 필요가 있다. 소셜미디어는 보통 콘텐츠플랫폼과 SNSSocial Network Service, 사회적 연결망 서비스로 나누어져 있다. 콘텐츠플랫폼은 콘텐츠를 제작, 유통, 공유를 위주로 하며 유튜브, 블로그 등이 대표적이다. 반면 SNS는 주로 소통을 위한 서비스를 말하며 인스타그램, 페이스북 등이 이용된다. 이런 소셜미디어들은 저마다의 특징을 가지고 있기 때문에 소셜미디어 마케팅을 위해 채널을 선택할 때에는 타깃의 소셜미디어 활용도, 소셜미디어 사용의 목표 등을 고려하여 적합한 소셜미디어를 선택해야 한다.

가장 대표적으로 사용할 수 있는 플랫폼은 접근성이 뛰어난 '인스타그램'이다. 사진 한 장과 해시태그 몇 개만으로도 즉석에서 콘텐츠가 생성되고 스마트폰만 있으면 인스타그램에 콘텐츠를 올리고 운영하는 것이 가능하다. 생성된 콘텐츠는 알고리즘에 의해 실시간으로 전 세계 이용자들에게 노출되므로 반응속도 역시 빠르다. 그러나 상품을 판매하기 위해서 인스타그램을 활용할 때에는 텍스트 없이 한두 장의 사진이나 짧은 영상으로 확실한 커뮤니케이션을 해야 하기 때문에 임팩트 있는 시각화 자료를 제작하는 것이 필요하다.

유튜브 또한 좋은 마케팅 커뮤니케이션 채널이라고 할 수 있다. 주요 소셜미디어 중에서 유튜브는 유일하게 미등록 방문자가 가입 회원보다 많은 플랫폼으로 방문자가 계정을 만들지 않아도 볼 수 있어 편하게 이용하고 있다. 최근 사람들의 TV 시청시간은 감소했지만, 유튜브에 소비하는 시간은 급속히 증가하고 있는 것으로 미루어보아 이와 같은 영상 콘텐츠의 영향력은 더욱 높아질 것으로 보인다. 특히 영상은 실감 나는 시각적 체험으로 사진보다 고객을 설득하기에 더 용이하다. 미식관광 콘셉트에 맞게 미식관광의 특징과 강점들을 부각하는 시각적 콘텐츠를 영상에 활용한다면 좋은 광고 · 홍보 수단이 될 수 있다.

소셜미디어의 활용이 바로 미식관광 상품 판매 루트가 되기도 하지만 관광 관련 상품을 모아 놓은 플랫폼들이나 관련 단체 및 기관 플랫폼 활용도 고려해 볼 만하다. 특정 지역과 연계된 상품이라면 지자체의 관광진흥과나 문화재단 플랫폼도 좋은 홍보 채널이 될 수 있다.

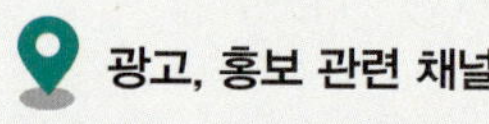

7) 미식관광 상품기획서 작성

미식관광 상품기획이 마무리되면 마지막으로 이를 바탕으로 한 기획서를 작성한다. 기획서에 반드시 포함되어야 할 내용은 다음 [표 2-4]와 같다.

표 2-4 ▼ 미식관광 상품기획서 내용 구성

목차	주요 내용	세부 구성 요소
상품 콘셉트	제안 상품의 핵심 콘셉트	기획상품명, 상품 콘셉트(주제), 주요 고객
상품기획	제안 상품의 구성	기획 내용
		상품 요약서
		핵심자원 평가요약
		스토리보드 및 투어코스
		기타 세부 필요사항
	운영계획	광고홍보 계획
		예상비용 및 판매가격
상품의 특징	제안 상품의 특징 및 차별성	상품 특징, 해당 상품의 매력성, 경쟁 상품 대비 차별성
기대 효과	기획상품을 통한 기대 효과	기대 효과, 예상 매출

4. 미식관광 상품의 운영

완성된 미식투어 상품의 진행이 원활히 이루어지기 위해서는 진행팀의 철저한 사전 준비가 필요하며, 투어 시 투어 진행자의 적절한 태도와 재미와 감동이 담긴 스토리텔링이 더해질 때 기억에 남는 미식투어가 된다.

1) 미식투어 진행팀 구성과 역할

미식투어를 운영하기 위해서는 총괄기획운영자, 투어 진행자, 현지 협력업체 및 조력자, 보조 스태프 등이 필요하다. 이때 총괄기획운영자는 미식투어 기획뿐만 아니라 투어 관광객 모집, 홍보, 재정관리 등 전체적인 관리자 역할을 하기 때문에 리더십과 배려심을 갖춘 미식관광 경험이 풍부한 사람이 적합하다. 투어 진행자는 관광객과의 접점에서 활동하게 되므로 사교성과 현장 감각을 겸비한 사람이어야 하며, 무엇보다 식문화와 지역 관광자원을 이해하고 이를 식자원과 연계해서 해석할 수 있는 능력이 요구된다. 상품 운영사의 규모에 따라 총괄기획운영자가 투어 진행자의 역할을 동시에 하기도 한다. 또한 음식점의 셰프, 지역 농민이나 농촌체험 마을 위원장, 문화해설사 및 체험장소 관계자 등 현지 조력자를 잘 활용하면 투어를 원활히 진행하는 데 많은 도움이 된다. 뿐만 아니라 미식투어 콘셉트에 맞는 스토리 전달에도 효과적이므로 기획 시 섭외 가능 여부를 확인하고 운영 전에 활용 계획을 철저히 세워 미식투어에 순조롭게 참여할 수 있도록 해야 한다. 이 외에 미식투어 실행 시 돌발상황 발생, 관광객의 요구 수용, 추후 홍보를 위한 여정 스케치 사진 작업 등은 고객들에게 집중해야 하는 투어 진행자 혼자 감당하기에는 벅찬 경우가 많다. 따라서 가능하면 보조 스태프와 함께 투어를 진행하는 것이 현장에서의 실수를 줄이고, 원활한 투어를 운영하는 데 큰 도움이 될 수 있다.

표 2-5 ▼ 미식 투어 진행팀 구성과 역할

구성원	주요 역할
총괄 기획운영자	• 미식투어 총괄 기획, 운영 전반 체크 • 관광객 모집, 홍보, 재정관리
투어 진행자	• 목적지의 투어 진행 • 미식경험을 위한 스토리텔링과 해설 • 관광객 케어 • 협력 개인 및 업체와의 소통
현지 협력업체 및 개인	• 미식투어 일부 진행 • 미리 계획된 스토리텔링과 일부 해설 진행 • 관련 상품 판매 서비스
보조 스태프	• 투어 진행자의 보조 역할 • 필요 비품 준비 및 점검 • 코스 내 사전 확인 필요시 점검 • 관광객 편의 서비스(짐 정리, 노약자 돌봄, 쓰레기 수거, 장소 안내 등)

2) 사전 준비와 점검

미식투어 현장 진행의 완성도를 높이기 위해서는 투어 장소와 코스에 대한 2~3차례의 사전답사를 통해 프로그램의 전체 과정을 꼼꼼히 체크해야 하며, 경로 선택, 관계자 협조 의뢰, 이동거리 및 소요시간, 현장 식사 및 미식체험, 안전점검, 백업플랜back-up plan 준비, 필요시 숙박시설 등의 사전 점검이 필요하다. 특히 위기관리 대응방안은 여행지에서 일어날 수 있는 돌발상황에 대비하기 위해 예상되는 위기사항을 미리 파악하고 대응할 수 있는 계획과 매뉴얼 작성을 의미한다. 이는 현장에서의 실수를 줄일 수 있는 것은 물론 미식투어를 운영하는 회사나 개인의 신뢰도 제고에 있어서도 필수적인 사안이다.

돌발상황 발생 가능성을 알고 대응하는 것과 허둥지둥 위기를 모면하는 것은 미식투어 전반의 품질 면에서 고객들의 만족도에 큰 차이를 만든다. 따라서 백업플랜까지 준비되어야 미식투어의 현장진행 준비가 완료된다. 예를 들어 투어를 운영하다보면 급작스러운 기후 변화나 예정된 체험이 불가능한 경우 등 예기치 못한 상황이 발생할 수가 있다. 이런 경우를 대비해 날씨 상황에 대비한 핫팩, 우산 등의 준비, 야외활동이 불가능한 경우를 대비한 실내에서의 대안 체험 준비 등은 참여자의 투어에 대한 인상을 긍정적으로 만들 수 있다. [표 2-6]은 기본적인 사전 준비사항과 세부 점검 내용을 정리한 것이다.

표 2-6 ▼ 사전 준비와 점검 내용

사전 준비	점검 내용
이동 거리 및 소요 시간	• 코스별 거리와 이동 소요 시간 측정(도보, 차량) • 이동 시 가능한 연계자원 확인(이동 거리가 긴 경우 감상 가능한 경관, 쉬어갈 수 있는 장소 확보 등) • 화장실, 휴게소, 약국 등의 위치 파악 • 관광 취약자를 위한 배려 동선 확인 • 차량 이용 시 진입이 가능한 도로인지 확인
현장 식사 및 미식 체험	• 사전 시식과 메뉴 선택을 통해 콘셉트에 맞는 미식경험이 되도록 해야 함 • 참가자 수에 맞는 메뉴 개수와 품목, 제공량, 세팅 방법 등에 대해 시식 장소 운영자와 사전에 협의가 이루어지도록 함 • 참가자 중 특정 음식에 대한 알레르기가 있는지 확인하여 제공 메뉴 조정
안전 점검	• 관광객 방문 장소에 대한 안전사항 확인 • 사고와 부상에 신속히 대응할 수 있도록 병원 정보 확보, 후송수단 확인, 지역 비상연락망 확보 • 여행자보험, 상해 및 산재보험 가입
백업플랜	• 기상 상황 등으로 체험이 불가능한 경우 대체 체험이나 코스의 확보 • 예정 방문지의 불가피한 상황에 대비한 유사 대안 장소 확보
지역 관계자 협조 의뢰	• 투어 진행 시 지역 조직, 관계자의 협조가 필요한 경우 사전에 투어 일정을 공유하고 협조사항을 확인해야 함
숙박시설	• 미식투어 중 숙박이 필요한 경우 투어 기획의도, 관광객 수, 예산에 맞는 숙박 장소 확보 • 침구, 어메니티, 서비스 상태 등을 사전에 점검하고 특별 요청사항이 있을 경우 사전 협의 및 협조 요청

3) 미식투어 요약서 작성

미식투어 코스에 대한 요약 정보는 참가자들에게 제공할 일정표에 따라 작성한다. 이때 일정은 한눈에 볼 수 있도록 작성하고, 미식체험과 관련된 주제와 핵심 내용 요약이 잘 드러날 수 있도록 구성하며, 장황한 설명보다는 간결한 내용으로 가독성 있게 만들어야 한다. 또한 투어 시 관광객이 궁금해할 수 있는 현지 관련 스토리 정보, 진행자 연락처, 숙소 정보 등을 포함하는 것도 잊지 말아야 한다. 이동 중에도 편하게 가지고 다닐 수 있는 크기와 형태로 제작하도록 하며 투어가 끝난 후 기념품으로 남길 수 있도록 디자인적인 면도 고려하여 제작하는 것이 좋다.

사례 7 미식투어 요약서 사례

4) 최종 준비사항 점검

투어 참가 대상과 인원이 확정되었다면 마지막으로 투어 전 준비사항을 확인한다. 꼼꼼한 사전준비와 확인 과정은 미식투어의 완성도를 높이고 위기관리에 효과적으로 대처할 수 있는 최선의 방법이다. 참가자 모집이 완료된 후 시차적으로 확인이 필요한 사안에 따라 투어 시작 전날까지 다음과 같은 사항에 대한 확인과 점검을 마치도록 한다.

(1) 참가자 사전 안내

참가자들에게 출발일시, 모임 장소, 준비물 등에 대한 사전 안내를 한다. 보통 출발 1주일 전, 3일 전, 하루 전 등 세 차례 정도 사전 안내를 하여 출발시간에 차질이 없도록 하는 것이 좋다. 특히 취소자가 발생할 수 있으므로 관광객 모집 시 취소 가능 날짜를 안내하고 이후 취소가 불가능하다는 점을 확실히 해둘 필요가 있다.

(2) 투어 진행에 필요한 물품 및 준비물 확인

투어에 필요한 각종 물품이 준비가 되었는지 한 번 더 확인한다. 마이크와 리시버, 현수막, 구급약, 스태프 명찰, 일정표, 설문지 등에 대한 기본 준비물과 참여자를 위한 생수, 물수건, 쓰레기봉투 등이 기본적인 준비물이며, 이 외에 투어에 따라 계획된 필요 준비물 목록을 보며 준비상황을 확인한다.

(3) 투어 진행 관계자 준비 및 예약사항 확인

스태프, 현지 협력업체 등의 참여 확인 작업과 예정된 방문지나 체험활동의 예약사항을 다시 한 번 확인하여 투어 조력자들도 철저하게 투어 준비를 할 수 있도록 한다.

5) 미식투어 진행

미식투어 진행자의 리더십과 위기관리 대응력, 통솔력이 능수능란하게 발휘될 때 참가자들은 오롯이 미식투어에만 집중할 수 있다. 또한 진행자들의 세심한 배려와 관심은 참가자들을 감동하게 하며 미식여행 '만족도 평가'에 긍정적인 영향을 미친다. 따라서 미식투어 진행자는 현장 상황을 잘 숙지하고 있어야 하며, 자신감 있는 모습으로 신뢰감을 주도록 하고 참여자의 관심을 효과적으로 유도하도록 한다. 프로그램은 기획된 스토리보드 내용에 입각하여 진행하되 이때 전달하고자 한 내용에 대한 참가자의 반응, 프로그램 진행 순서, 소요 시간 등이 계획대로 진행되고 있는지 면밀히 확인해야 한다.

미식투어 진행자는 투어 진행 중 정보 전달자, 체험 촉진자, 투어 운영 관리자의 역할을 동시에 하게 된다. 정보 전달에 있어서는 가급적 간결하고 임팩트 있게 내용을 전달할 수 있도록 사전에 많은 준비가 필요하다. 또한 수집된 많은 정보 중 스토리보드를 통해 정리된 부분도 관광객에 따라 각각 내용의 이해도와 관심도가 다를 수 있으므로 관광객의 수준에 맞추어 흥미있게 내용을 전달하기 위해 노력해야 한다. 일반적으로 전달하고자 하는 내용은 규모가 큰 것macro에서 작은 것micro 순서로 정리하고 해설하는 것이 좋다. 예를 들어 특정 음식이나 식재료에 대한 설명을 하고자 할 때, 그 지역 환경 전반에 대한 이야기를 먼저 하고 해당 음식 또는 식재료를 다루는 장소에 대한 이야기와 그 음식을 만든 사람에 대한 이야기, 마지막으로 해당 음식 또는 식재료에 대한 이야기의 순으로 설명을 한다. 이러한 방식의 설명으로 음식의 단편적 부분에 대한 정보 습득이 아닌 전체적인 스토리를 알 수 있도록 하는 것이 좋다. 관광객에게 테이스팅이나 체험을 유도해야 할 때에는 모든 관광객이 적극적으로 참여할 수 있도록 그룹의 형태, 자리 배치, 인원에 맞는 체험 관련 도구 세팅, 충분한 양의 테이스팅 또는 식사 음식 준비 등 세심한 주의를 기울여야 한다.

6) 사후 관리

미식투어 진행 후에는 참가자의 여행 후기와 평가를 수집하여 진행 후의 반응을 점검할 필요가 있다. 이는 관광객의 니즈와 만족도, 반응을 파악하여 향후 미식투어의 개선과 보완에 적용하게 되므로 매우 중요한 과정이다. 미식 투어 직후 진행되는 설문조사뿐만 아니라 여행 후기 등을 공유할 수 있는 커뮤니티 사이트를 활용하는 것도 좋은 방법이다. 미식투어를 즐기는 특수목적 관광객은 만족도가 높을수록 재참여와 긍정적 구전 확률도 높아진다. 따라서 메일이나 개인 메시지를 통한 미식투어 참여에 대한 감사 인사를 전하는 것도 고객관리의 한 가지 방법이다. 마지막으로 미식투어를 마친 후 진행을 위해 도움을 준 단체와 개인, 협력업체에도 감사의 메시지를 전하고 비용 정산이 필요하다면 약속한 날짜에 정확하게 지급되도록 하여 신용을 유지해야 한다. 협력업체의 적극적인 도움은 미식투어 성공에 매우 중요한 부분을 차지하므로 참여에 대한 감사뿐만 아니라 업체에 대한 관광객의 후기 등을 적극적으로 피드백함으로써 우호적 관계가 유지되고 함께 상생 발전할 수 있도록 한다.

표 2-8 ▼ 미식투어 사후 고객 관리 사항

구분	내용
설문조사	• 투어 관련 개인의 일반적 사항(투어 참여 동기, 동반자, 성별, 나이, 주소지 등) • 전반적 미식투어 만족도 • 투어 중 인상에 남는 체험이나 장소 • 새로운 미식투어 참가 의향, 추후 미식투어 마케팅 수신 동의 등
감사인사	• 미식 투어 후 감사인사 메일 또는 메시지
투어 운영일지 작성	• 미식투어 운영일지 작성 • 스태프, 지역 협력자에 대한 정보 • 운영 시 개선이 필요한 부분, 강화할 부분에 대한 의견 작성 • 인상적이었던 참여자 등 추후 미식투어 개선과 개발에 참고가 될 사항 위주로 작성

Part 2

미식관광 자원론

CHAPTER

3 미식관광 자원의 이해

미식관광 상품을 기획하려면 자원을 발굴하고 상품화하는 과정을 거치게 된다. 이 과정은 자원에 대한 이해, 특정 지역의 자원 조사, 상품화 가능 자원의 우선순위를 설정하기 위한 자원 평가, 지속적인 자원 활용을 위한 자원 관리 등의 4단계로 구분할 수 있다. 본 장에서는 미식관광에서 자원의 확보와 활용을 위한 단계를 중심으로 미식관광 기획자가 알아야 할 내용을 살펴보도록 한다.

1. 미식관광 자원의 정의

일반적으로 자원이란 사전적 정의로 어떤 목적을 위하여 자연계에서 얻고 생산되는 '물질'을 말한다. 그러나 자원은 단지 물질 자체라기보다는 그것과 연관된 인간의 요구 및 문화를 토대로 한다. 따라서 지역의 자원이란 지역 발전이나 활성화를 도모하기 위하여 이용할 가치가 있는 유무형의 원재료라고 정의할 수 있다. 자원의 주요 분류 측면에서 음식은 주로 유형적 자원으로 간주된다. 그러나 특정 개인 또는 지역의 문화가 결합되어 표출된다는 측면에서 음식은 무형의 문화 자산의 특징도 가지고 있다.

특히 음식문화는 특정 공동체의 생활문화의 일부로 문화적 코드culture code가 반영된다. 가령 동일 식재료라 하더라도 지역별로 이용 방식에 차이가 있고, 김치 양념과 저장 방식이 다르고, 종가의 음식과 서민의 음식이 다르다. 식재료 생산에 따른 모내기 시기의 품앗이, 풍년제, 풍어제 등 생산 관련 문화는 기원祈願의 상징이자 필요에 따라 발전해 왔다. 더불어 유희遊戲와 제례 문화 또한 식자원을 규정하는 좋은 도구이다. 잔치음식, 제사음식, 혼례음식 등은 지역의 색깔과 가정의 품격을 대표하는 것이기도 하다. 즉 지역성locality[1]과 전통성authenticity[2]을 가진 음식과 음식문화는 미식관광 자원의 개념과 범위를 결정하는 데 매우 중요한 요소이다. 이와 같은 요소를 바탕으로 미식관광자원을 다음과 같이 정의하고자 한다.

> "미식관광자원이란 지역성과 전통성이 결합된 산지나 산출물로서, 미식관광객에게 체험 소비의 기회를 주는 기초 자원으로 관광욕구를 가지고 일부러 찾아올 만큼의 가치와 매력이 있는 지역의 목적물이다."

이러한 정의 아래 미식관광 자원의 범위는 음식과 관련된 특성 있는 지역자원[3]과 전통

---

1) 지역성: 산지나 산출물처럼 지리적 특성에 기인한 공간적 개념

2) 전통성: 전통지식, 전통 고유문화, 기술 등으로 오랜 시간을 거쳐 형성된 시간적 개념

3) 지역자원: 특성 있는 지역 자원, 기후, 토양, 위치 등 지역의 물리적 요소에 의해 나타나는 지역성을 지닌 것

자원[4] 외에 미식관광자원의 가치와 유인력을 높이기 위해 수반되는 모든 자원예 경관자원을 포함한다. 따라서 미식의 시작인 농업에서부터 요리에 이르기까지 밀접하게 관련되어 있는 모든 사람과 기관, 장소, 자연환경, 문화 등이 미식관광자원의 범위에 포함될 수 있다.

2. 미식관광 자원의 분류

미식관광 자원은 관광객에게 의미있고 재미와 흥미를 유발할 수 있는 미식체험에 도움이 될 수 있는 것이어야 한다. 그러나 자칫 단편적인 식자원 활용에만 초점을 맞춘 미식관광은 단조롭고 관광객의 만족도를 떨어뜨릴 수 있으므로 미식관광 콘텐츠 개발에 활용될 수 있는 자원들의 범위와 분류를 이해하고 알맞은 자원을 선택하는 것이 매우 중요하다. 미식관광 자원의 분류를 좀 더 자세히 살펴보면 다음과 같다.

1) 미식학적 관점의 자원 분류

미식관광에 활용될 자원을 분류할 때에는 먼저 핵심자원인 식자원을 미식학적 관점으로 분류해 볼 필요가 있다. 이는 주요 미식체험과 스토리텔링을 위하여 적합한 자원 요소들을 선택하는 데 도움을 준다. 미식학적 관점에서 자원은 식자원의 근간을 이루게 하는 기본 자원과 이를 발전시키고 활발한 이용이 가능하게 하는 확장자원으로 분류할 수 있다.

---

4) 전통 자원: 일정한 지역사회 내의 생활과정을 통해 토착, 계승되어 온 독특한 생활양식이나 관습 등에 내재되어 있는 전통성을 지닌 것으로서 음식의 생산에서 가공, 소비, 교육 등을 포함하고 미식관광 체험에 이용되는 자원

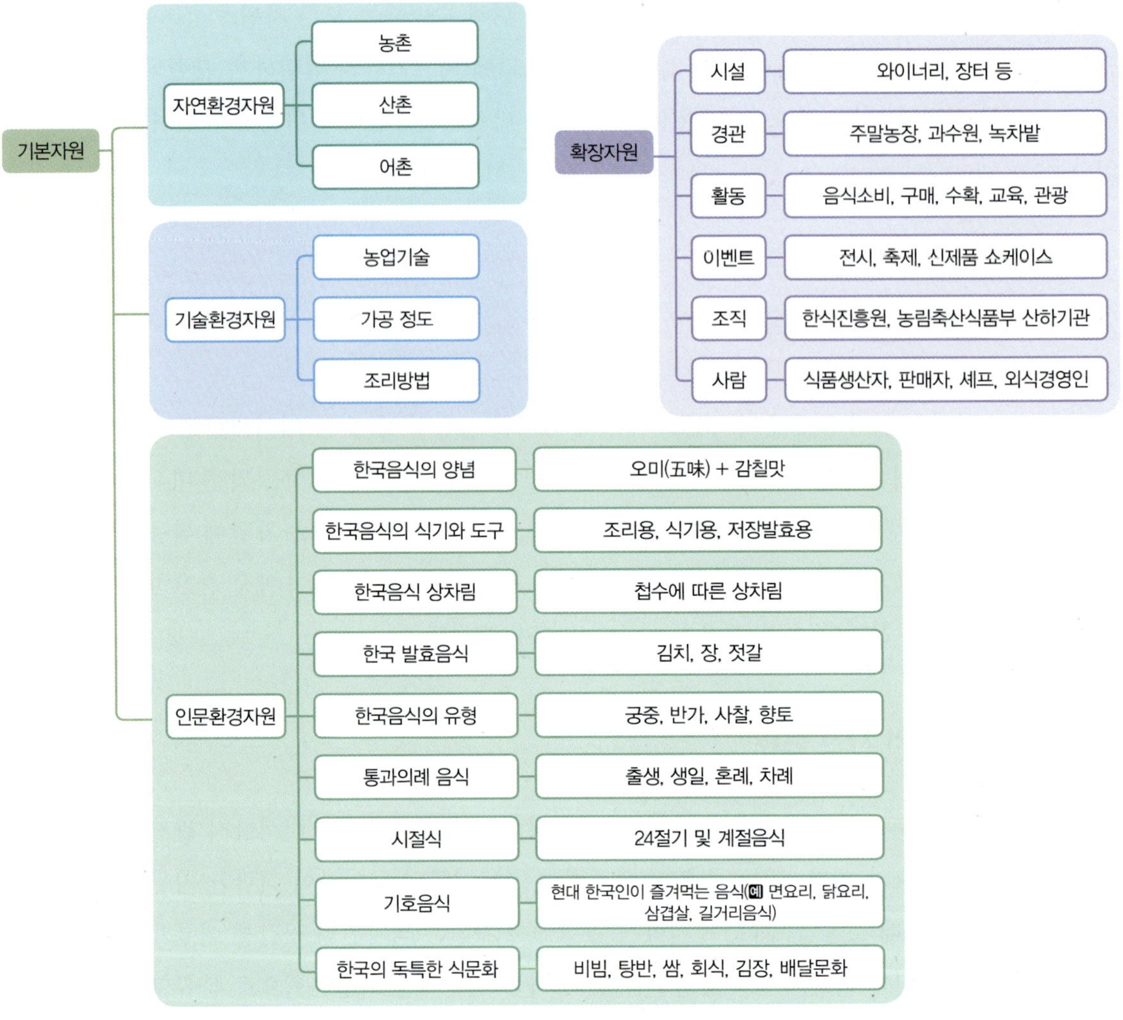

그림 3-1 ▶ 미식학적 관점의 한식자원 분류

(1) 기본자원

기본자원은 자연환경자원, 기술환경자원, 인문환경자원으로 나눠볼 수 있다. 자연환경자원은 지역적 특성을 바탕으로 하여 지역음식 생산과 가공에 영향을 미치는 토양, 기후, 지형 등이 포함된다. 기술환경자원은 음식의 생산과 가공을 위해 특정 개인이나 지역에서 사용되고 있는 특별한 재배방식이나 가공 및 조리 방법 등 인위적 조작에 해당한다. 발효, 저장, 숙성, 조리에 관련된 기술이나 특별한 도구 등이 함께 분류될 수 있다. 인문환경자원은 지역 문화에서 비롯되어 나타나는 음식의 종류와 음식과 관련된 행동특성 등 모든 식문화를 포괄한다. 지역적으로 그 지역의 역사 속에서 변천해 오거나 현재 다른 지역과 구별되는 음식 관련 행동과 인식, 상징에 대한 부분을 살펴볼 수 있다. 개인과 관련해서는 통과의례 전통과 관련한 음식과 문화, 세대별로 향유하는 음식문화의 특징 등을 자원으로 활용할 수 있다.

(2) 확장자원

확장자원 안에는 음식의 유통과 소비를 촉진하는 데 필요한 주요 시설, 활동, 이벤트, 조직 및 인물 등이 있다. 시설 및 경관자원에는 식품과 음식 생산을 위해 실내외에 만들어진 생산시설과 이들 생산환경이 자연스럽게 만들어낸 풍경, 그리고 미식체험을 위해서 인위적으로 조성된 조경 등이 포함된다. 예를 들어 녹차 생산을 위해 조성된 녹차밭, 농지가 부족한 곳에서 벼농사를 짓기 위해 만들어진 다랭이논이 만들어낸 인상적이고 아름다운 풍경은 미식관광을 위한 훌륭한 경관자원이 된다. 활동자원은 관광객의 음식 소비, 관광, 교육, 관람 등 체험을 가능하게 하는 활동 관련 자원을 의미한다. 이벤트 자원은 음식과 관련된 박람회, 축제 등 특정 장소와 시기에 행해지는 한시적 행사들로 미식관광 상품기획을 하는 데 어느 정도 활용이 가능하다. 조직은 미식관광 상품기획과 실행을 하는 데 있어서 자원 탐색이나 도움이 되는 단체들이 포함된다. [표 3-1]은 확장자원의 세부 사례를 제시하고 있다.

표 3-1 ▼ 확장자원의 세부 사례

<table>
<tr><td rowspan="2">시설 및 경관자원</td><td colspan="2">시설</td><td>생산환경 및 경관</td></tr>
<tr><td colspan="2">• 식품생산시설
• 와이너리
• 막걸리/맥주 양조장
• 농장 마켓
• 식품 소매점
• 음식 관련 박물관(김치, 떡 박물관 등)</td><td>• 주말농장
• 과수원
• 녹차밭
• 그외 기억에 남는 미식경험 강화를 위한 풍경 및 조경</td></tr>
<tr><td rowspan="2">체험활동 자원</td><td>소비</td><td>관광</td><td>교육 및 관광</td></tr>
<tr><td>• 유명 음식점에서의 식사
• 지역 특산품 및 음료 구매
• 농산물 수확 체험 활동</td><td>• 농촌 지역
• 우수 외식업 지구(평창 효석문화마을-메밀음식거리, 화성행궁 맛촌거리 등)</td><td>• 요리학교
• 와인 시음/교육
• 커피교육
• 요리경연대회 관람</td></tr>
</table>

	박람회	축제
이벤트 자원	• 레스토랑 쇼 • 음식 및 와인 쇼 • 요리용품 및 주방설비 박람회 • 식품 박람회 • 요리경연대회	• 음식축제 • 와인축제 • 농촌수확축제
조직	• 레스토랑 인증기관(예 미슐랭가이드, 블루리본서베이) • 관련기관 및 협회(예 한식진흥원, 한국관광공사, 한국미식관광협회)	

2) 기타 연계 관광 자원

미식관광은 특수목적 관광의 하나이다. 즉 미식 부분을 제일 중요한 자원으로 간주하고 이에 대한 활동과 체험을 주된 목적으로 한다. 그러나 완성도 있는 미식관광상품을 위해서는 연계할 수 있는 관광자원에 대한 이해와 조사도 함께 이루어져야 한다. 여기에는 다음과 같이 일반 관광에서 필요한 기본 자원들이 포함된다.

- 자연자원: 농촌 · 산촌 · 어촌의 도립 · 국립공원 · 자연 명승지, 동굴, 온천, 천연기념물, 자연형상과 동식물 등
- 경관자원: 산, 들, 바다, 해변 등 경관이 아름다운 장소
- 인문환경자원: 문화재, 풍속과 행사, 음악, 종교, 세계유산, 역사, 문학작품, 드라마 등과 연계된 자원
- 체험시설자원
- 숙박시설자원

이러한 연계 관광자원의 활용도는 관광 대상에 따라서 달라질 수 있다. 보통 일반 미식관광객을 대상으로 할 경우 미식자원과 연계 관광자원을 7:3 정도의 비율로 구성하면 일반관광과는 차별화된 미식투어의 정체성을 나타낼 수 있다. 특히 로컬미식여행을 하는 경우, 사람들은 주된 목적이 미식체험이라 하더라도 그 지역의 유명 관광자원 경험에 대한 니즈도 함께 가지고 있기 때문에 적절한 연계자원의 활용으로 미식관광을 더욱 생동

감 있고 즐겁게 만들 수 있다. 반면 음식전문가 집단이나 미식체험 목적을 확실히 밝힌 프라이빗 고객 투어인 경우는 온전히 미식자원 체험에 초점을 맞춘 프로그램 기획만으로 훌륭한 미식투어가 될 수 있다.

3. 미식관광 자원 조사

자원에 대한 이해를 마쳤으면 이제 특정 지역의 미식관광을 위한 본격적인 자원 조사를 실시해야 한다. 자원 조사는 해당 지역에 대한 지리적 위치와 지형, 문화적 특징, 공간 구성의 역사적 변화, 시간에 따른 공간 구성의 변화 등을 고려하면서 실시하는 것이 좋다.

1) 조사 방법

자원 조사의 방법은 크게 문헌조사를 위주로 한 데스크 리서치, 지역을 직접 방문하여 행하게 되는 현장조사로 나눌 수 있다.

(1) 데스크 리서치

데스크 리서치desk research는 일반적으로 관련 문헌을 찾는 것부터 시작한다. 통계연보, 연구논문, 지역신문 및 향토지 등이 주요 자료가 될 수 있다. 기본적 자료조사 이외에도 특히 온라인상의 개인 블로그나 홈페이지, 지자체 홈페이지의 관광 분야, 개인과 단체가 운영하는 유튜브, SNS 등을 통해 다양한 자료 수집이 가능하므로 인상 깊은 시각적 자료와 흥미로운 스토리를 담고 있는 자원들을 중심으로 자료를 수집한다.

(2) 현장 조사

현장 조사는 조사자의 직접 참여방법과 관계자 참여방법으로 나눠볼 수 있다.

① 직접 참여방법

조사자의 직접적 참여기법에 의한 자원 조사는 특정 지역을 중심으로 조사자가 직접 경험과 관찰을 진행하면서 자원으로서의 가치가 있는 것들에 대한 발굴을 시도하는 것이다. 이때 조사는 개인 단독으로 또는 그룹으로 진행될 수 있다. 조사자의 통찰력에 의존하는 방법이지만 미식관광 전문가로서 미식관광 콘셉트에 필요한 부분을 잘 알고 있기 때문에 자원을 바라보는 관점에 따라서 같은 자원에서도 새로운 점을 찾을 수 있고 남들이 관심 없어 하는 자원에서 가치를 발견할 수도 있다. 따라서 조사자의 직접 참여조사는 매우 의미있는 조사방법 중 하나이다.

② 관계자 참여방법

이 방법은 그 지역을 대표하는 사람이나 지역에서 생활하고 있는 주민을 대상으로 조사를 진행하는 것이다. 사회과학에서 가장 많이 사용하는 설문조사 방법이나 아래와 같은 다양한 의사소통 방법 등을 통해 조사자가 직접 수집한 자료에 대한 확인작업과 부가적 정보를 얻는 데 사용할 수 있다.

- 설문조사
- 주민동행 자원현장 방문관련 질문 및 응답 포함
- 어린이, 청소년들의 자기 마을과 주변 경관 그림 그리기
- 데스크 리서치로 수집된 우수 자원에 대한 주민 의견 조사
- 지역 자랑거리 자원 적어보기
- 관련 자원에 대한 개인의 생각이나 경험, 추억 발표
- 지역 자원에 대한 자유토론

특히 지역주민들을 대상으로 한 심층면접in-depth interview은 문헌이나 조사자 관찰을 통해서는 알 수 없는 숨겨진 자원이나 차별화된 스토리를 수집하는 데 유용한 방법이다. 심층면접은 형식에 크게 구애받지 않는 대면 인터뷰를 말하는데, 이때 인터뷰 진행자는 인터뷰 참가자들이 자유롭게 대화를 할 수 있게 유도하고 그들의 감정을 진솔하게 얘기하도록 분위기를 조성하는 것이 필요하다.

심층면접

심층면접은 정성적qualitative 자료를 획득하기 위한 방법 중 하나로서, 직접적이며 개인적인 질문을 서슴없이 하는 캐묻기식의 면접방법이다. 캐묻기probing 방법이란 "왜 그렇게 생각하십니까?","좀 더 자세히 말씀해 주시겠습니까?"와 같은 질문을 통해 좀 더 세부적인 정보를 수집하는 것이다. 심층면접은 보통 30분에서 1시간 정도 진행된다.

2) 미식관광 상품기획 및 실행을 위한 자원 인벤토리 작성

미식학적 관점의 자원분류에 따라 자원을 살펴본 후 본격적으로 미식관광 상품기획을 위한 자원을 선택할 때에는 미식관광이 이루어지는 지역, 이용 가능한 음식과 확장자원, 관광객들이 선호하는 활동에 따라 적합한 자원형태를 선택할 필요가 있다. 즉, 음식관광 체험활동의 장소 결정을 위한 지역형태, 체험을 위해 이용되는 자원의 형태에 해당하는 이용형태, 미식관광객이 미식관광자원을 소비할 수 있는 기회나 방법에 대한 체험형태에 대한 내용을 이해하고 콘셉트에 적합한 자원을 선택해야 한다. 적합한 자원 선택을 위해서는 미식관광 자원 분류에 따라 목적하는 지역에 자원들이 얼마나 존재하는지, 그리고 각 자원의 특성은 무엇인지 조사한 내용을 미식관광자원 인벤토리inventory 자원목록를 만들어 정리한다. 이 작업을 통해 특정지역에 존재하는 자원의 종류와 규모를 파악할 수 있고, 개발 가능한 미식관광 상품에 대한 방향을 설정할 수 있다. 더불어 개발하고자 하는 미식관광 상품기획 시 콘셉트를 설정하고 그에 맞는 핵심자원을 선택하는 데에 기초자료로 활용된다.

미식관광자원 인벤토리 작성은 지역마다 보유하고 있는 자원의 종류와 양이 다르기 때문에 [그림 3-2]의 인벤토리 작성방법 및 세부 핵심 자원 목록 구성 방법을 응용하여 적절하게 자원 목록을 정리하도록 한다.

1. 자원 구성 방법

1. 미식재료
시식이나 테이스팅이 가능한 식자원

(1-1) 농수축산물			
이름	특징 및 소개	사진	비고 (관련장소 등)

- (1-2) 특용작물
- (1-3) 특산품
- (1-4) 향토음식
- (1-5) 기타 (지역 명물 음식 등)

2. 시설
식음료 생산과 관련된 시설자원

(2-1) 와이너리/양조장			
이름	특징 및 소개	사진	비고 (연락처 등)

- (2-2) 박물관 (전시관)
- (2-3) 로컬푸드 직매장
- (2-4) 식품제조 공장
- (2-5) 기타 (생산 관련 시설)

3. 공간
대중에게 공개된 음식 관련 토지나 일정 공간을 활용한 자원

(3-1) 농장, 과수원			
이름	특징 및 소개	사진	비고 (연락처 등)

- (3-2) 전통시장
- (3-3) 음식특화 거리
- (3-4) 농촌 체험마을
- (3-5) 기타 (지역 식문화행사 등)

4. 인물
식사나 테이스팅이 가능한 식자원

(4-1) 식품명인			
이름	특징 및 소개	사진	비고 (연락처 등)

- (4-2) 생산자(농부, 어부, 해녀 등)
- (4-3) 식음료 판매자
- (4-4) 셰프
- (4-5) 기타 (식자원과 관련된 인물)

5. 미식체험 공간
본격적인 식음료 시식이나 테이스팅이 가능한 공간

(5-1) 향토음식점			
이름	특징 및 소개	사진	비고 (연락처 등)

- (5-2) 로컬 레스토랑
- (5-3) 대물림식당 (노포)
- (5-4) 쿠킹클래스
- (5-5) 기타 (지역 명물 식당 등)

6. 축제/이벤트
음식과 관련된 지역 축제 및 이벤트

(6-1) 음식축제			
이름	특징 및 소개	사진	비고 (개최시기 등)

- (6-2) 요리전시회
- (6-3) 식품대전
- (6-4) 푸드위크
- (6-5) 기타 (지역 식문화행사 등)

7. 연계자원 및 관련조직
미식자원 외 미식관광기획을 위해 필요한 가타 자원

자연경관, 인문환경자원, 숙박시설 등 미식관광에 필요한 연계자원 정리
미식관광에 필요한 지역 관련 조직(예 한식진흥원, 한국미식관광협회, 지역관광협의회 등)

2. 세부 핵심 자원 목록 구성 방법

(1-1) 농수축산물			
이름	특징 및 소개	사진	비고 (관련장소 등)

자원목록번호	이름	특징 및 소개	관련 사진	비고
1	강굴	• 강굴은 재첩과 더불어 광양에 섬진강이 있음을 보여주는 대표적인 미식자원임 • 강에서 자라서 '강굴', 섬진강 하구의 맑은 물속에 '벚꽃처럼 하얗게 피었다' 해서 벚굴이라고도 함 • 지역적 특성과 생태적인 의미에서 하천 자원의 건강함을 알 수 있는 지표가 됨 • 벚꽃이 피는 봄 시기에 식용(상춘객이 몰리는 남도 여행 시점에 중요한 포인트가 될 수 있을 것임) • 맛의 방주 제91호 등재	 	• 관련 음식: 생굴과 구이, 회무침, 튀김, 죽, 찌개 등 • 어울리는 식재료: 묵은지, 호박 • 참고 사이트: https://shindonga.donga.com/culture/article/all/13/2479042/1 • 지역 관련 음식점 – 섬진강 강굴식당 – 신방촌 벚굴재첩식당

그림 3-2 ▶ 미식관광자원 인벤토리 작성 방법

4. 지속가능한 미식관광자원 발굴과 관리

잘 관리된 미식관광자원은 지역의 가치를 높이고 지역 주민의 소득을 증가시키는 수단이 된다. 그러나 많은 사람들은 살고 있는 지역의 미식관광자원에 대한 가치를 인지하지 못하여 자원을 방치하거나 심지어 사라지게 만든다. 따라서 각 지역에서는 가치 있는 자원을 발굴하고, 핵심 자원에 대해서는 지속적인 활용과 보존 방법을 찾고 이를 데이터베이스화하여 지역만의 차별화된 자원으로서의 가치를 정립해야 한다. 특히 미식관광자원에 지속가능성을 더하는 방법은 자원을 적극적으로 활용할 수 있는 다양한 상품화 방안을 마련하는 것이다. 즉, 미식 관련 유무형 자원에 스토리를 입히고 그것을 브랜드화 branding, 즉 핵심 콘텐츠로 삼아 그와 연관되는 부가적 자원을 창출하는 것이다. 여기에는 먹을거리, 즐길거리, 볼거리, 살거리 등 다양한 상품이 포함될 수 있다.

관리가 잘 되는 지속가능한 미식관광자원은 그 지역의 미식관광 경쟁력을 높이게 된다. 이때 자원의 지속가능성이란 사회적, 문화적, 생태학적, 경제적 지속가능성을 모두 포함하며 '미식관광 경쟁력'은 관광객과 지역 이해관계자의 입장 모두를 만족시킬 수 있는 능력으로 표현될 수 있다. 즉 관광객이 중요하게 생각하는 미식 관련 상품과 서비스를 포함한 미식관광경험을 다른 지역과 차별화되는 수준에서 전달할 수 있는 능력이며, 그 지역의 모든 이해관계자들이 만족하는 수준으로 미식관광자원을 활용하여 공정한 수익을 달성하고 미식관광지로서 장기적인 성공을 유지할 수 있는 능력이라고 할 수 있다.

미식관광자원의 지속가능성과 경쟁력은 그 지역의 체계적 자원관리와 정책, 그리고 이해관계자들의 적극적인 참여로 만들어진다. 자원을 미식관광 목적지 방문의 주요 동기가 되는 핵심자원과 성공과 수익성에 영향을 주는 지원자원으로 나누어 관리하며, 이들 자원의 활용을 위해 미식관광지에 대한 관광운영관리가 이루어져야 한다. 또한 지자체의 일관된 미식관광 정책 수립과 개발이 뒷받침되어야 한다. 여기에 미식관광지로 인정받을 만한 자격요소와 매력 증폭 요인의 확보는 미식관광 목적지의 경쟁력과 지속가능성을 크게 향상시킨다. 다음 [그림 3-3]은 미식관광자원을 활용한 미식관광 목적지의 경쟁력 강화와 지속가능성 향상을 위한 모델을 제시한 것이다.

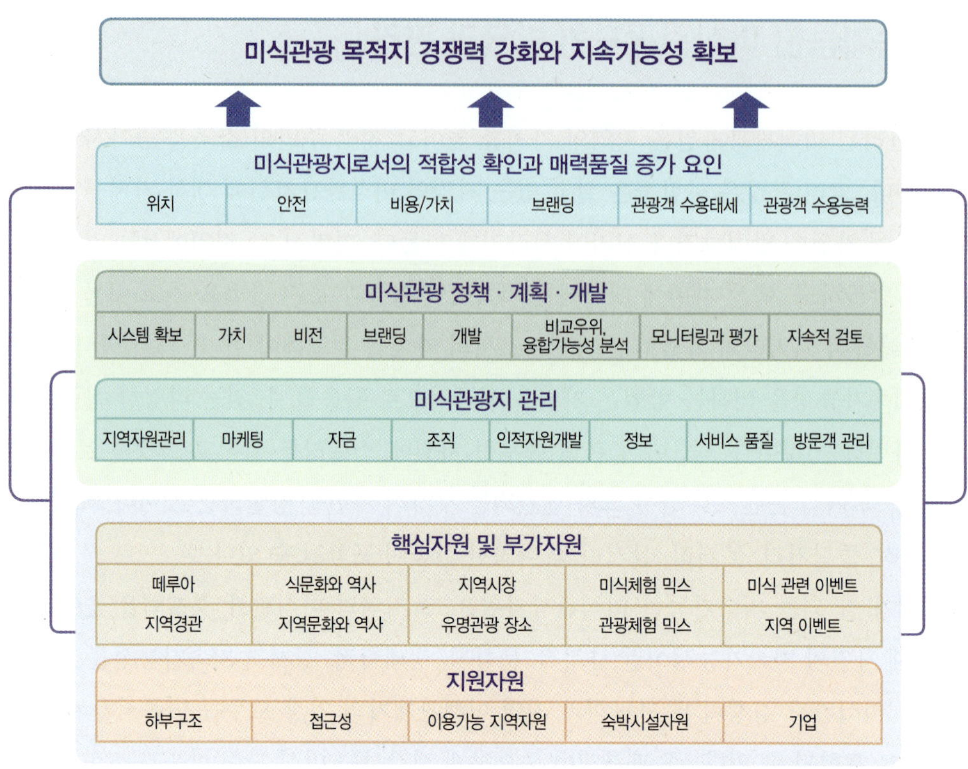

그림 3-3 ▶ 미식관광 목적지의 경쟁력 강화와 지속가능성 확보 모델

CHAPTER

미식관광 자원의 유형

본 장에서는 미식관광 자원을 미식자원, 체험미식자원, 연계 관광자원으로 구분하여 유형별로 자원의 범위와 종류를 사례로 배우고, 자원을 직접 찾아 목록화해 본다.

1. 미식자원의 유형

미식관광자원은 기후, 토양, 위치 등 지역의 지리적 특성이나 지역에서 고유하게 전승된 조리법이나 생활양식 및 관습에 의해 만들어진 지역 특화 미식자원과 체험자원, 그리고 미식관광자원의 가치와 유인력을 높이기 위해 수반되는 연계 관광자원이 포함된다. 지역 식재료의 생산부터 가공, 소비, 교육 등 미식관광 체험에 이용되는 모든 자원을 의미하는데, 본 장에서는 미식관광자원의 유형을 미식자원, 체험미식자원, 연계 관광자원으로 분류하여 자원을 찾는 방법을 소개하고자 한다. 미식관광자원을 유형별, 도 · 시 · 군별로 조사하고 자원의 지역성과 전통성, 역사성, 스토리 등을 고려하여 평가해보고 핵심 미식자원을 목록화한다.

1) 지역 특화 미식자원

지역로컬 음식은 지역을 여행할 때 맛 보고 싶은 핵심 미식 자원으로 지역 특화 미식자원은 지역성을 가진 특산물과 향토음식 등 지역 미식관광의 핵심 주제가 될 수 있는 음식자원을 말한다. 향토 음식은 각 지역에서 전통적으로 내려오는 음식으로서 지역에서 생산되는 식재료와 양념, 고유의 조리법으로 만들어진다. 지금은 산업과 교통이 발달되어 각 지역의 특산물과 음식을 전국 어느 곳에서나 맛볼 수 있는 시대이긴 하지만 그래도 지금까지 보존되고 인지도 높은 각 지역의 미식자원을 찾아보는 것은 미식자원 발굴의 첫 단계이다. 지역 특산물과 제철 식재료를 활용한 메뉴를 판매하는 음식점과 카페 등은 체험미식자원에서 소개하고자 한다.

(1) 권역별 미식자원

① 서울 및 경기도

서울 수도권은 북쪽은 산, 남쪽은 한강과 임진강이 흐르는 평야, 서쪽은 바다에 면하여 곡류, 육류, 어패류 등 다양한 농수산물이 풍부하다. 서울은 전국 각지에서 식재료가 모이는 곳으로 이를 활용한 고급스럽고 격식 있는 상차림을 많이 볼 수 있다. 경기도는 지역별로 특산물이 유명한데 양평 더덕 · 산나물, 여주 · 이천 · 김포의 쌀, 여주 고구마, 강화의 인삼 · 순무 · 밴댕이젓, 수원 갈비 등이 그 예이다. 또한 음식은 짜거나 맵지 않고, 깔끔담백한 맛이 특징이다. 두텁떡, 여주산병[1] 등 떡류, 공릉장국밥[2] 등 국밥류, 임자수탕[3], 감동젓찌개[4] 등의 지역 음식이 존재한다. 설렁탕, 육개장, 무교동 낙지, 장충동 족발, 청진동 해장국, 수원 갈비 등 전국적으로 전파된 음식들의 본고장이다.

② 강원도

동쪽은 깊은 산악이 많고 바다와 인접해 있으며 서쪽은 다소 평평한 지형이다. 고원지대에서는 찰옥수수, 메밀, 감자, 해안에서는 오징어, 명태, 해초, 산악 지대에서는 두릅, 곰취 등 향기로운 산채와 석청꿀이 많이 생산된다. 강원도 음식은 소박하고 토속적인 간

그림 4-1 ▶ 경기도와 강원도 지역별 특산물

1) 여주산병: 쌀가루를 쪄 절구에 친 후 얇게 민 다음, 팥소를 넣고 접어 하나는 크게 하나는 작게 반달 모양으로 찍어 낸 뒤 각각 구부려 큰 떡으로 작은 떡을 감싸 네 끝을 붙여 만든 떡이다.

2) 공릉장국밥: 한국전쟁 때부터 우시장의 중심지였던 파주시 공릉 장터는 개성과 오산 등 전국 각지로 흩어지는 시장터로 각지에서 모인 상인들이 즐겨 먹던 장국밥이 유명하다.

3) 임자荏子: 깨를 의미하는데 궁중이나 양반가에서 여름 별미로 즐기던 시원하고 담백한 보신 냉국으로 깻국탕 또는 백마자탕이라고 불린다.

4) 감동젓: 푹 삭힌 곤쟁이젓으로, 곰삭아 건더기가 없을 정도가 된 것이 감동이며, 이 젓으로 간을 맞추어 끓인 맑은 찌개가 감동젓찌개이다.

단한 요리법으로 천연의 향미를 살리는 것이 특징이다. 전통문화의 특색이 남아 있고 영동과 영서지방의 음식이 각자 다른 형태로 보존된 것이 독특하다. 대표 음식으로는 감자묵, 감자옹심이, 메밀전병, 올챙이국수, 묵밥, 감자범벅, 방풍죽, 송이버섯, 해장국으로 인기 있는 곰칫국, 물회, 도루묵찌개, 춘천막국수와 닭갈비, 초당두부 등이 있다.

③ 충청도

충북은 산이 많고 충남은 평야와 해안을 접하고 있어서 특산물들이 다양하고 음식 맛은 순하고 재료 그대로의 맛을 살려 담백하다. 복숭아, 인삼, 호두, 생강, 구기자 등의 농산물과 굴, 대하 등 해산물의 주산지이며, 생선국수, 게로 담근 김치인 호박게국지, 나박김치냉면, 홍합밥, 넙치 아욱국 등이 대표적인 향토 음식이다. 또한 누룽지인삼닭죽, 병천순대, 엄나무삼계탕, 밀국낙지탕, 도리뱅뱅이 등의 음식과 한산소곡주, 연엽주 등 명주名酒의 본고장이다.

그림 4-2 ▶ 충청도 지역별 특산물

④ 전라도

서해와 남해에 인접하여 해산물이 풍부하고 우리나라 제일의 곡창지대에서 생산된 오곡과 각종 산나물을 재료로 하는 음식이 발달되어 있는 음식문화의 요지이다. 굴비, 낙지, 김, 인삼, 도라지, 고구마, 보리 등 다양하다. 반찬의 종류가 많아 한정식집에 가면

접시를 포개야 할 정도로 다양한 음식이 제공된다. 좋은 천일염이 생산되어 젓갈과 장아찌 등이 발달하였고 간이 강하고 고춧가루를 많이 쓰는 것이 특징이다. 대표 음식으로는 콩나물국밥, 용봉탕, 삼합, 꼬막무침, 장어구이, 뱅어회, 죽순채, 토란탕, 꽃게장 등이 있다. 영광 굴비, 고창 장어, 전주 비빔밥, 순창 고추장, 영산포 홍어, 담양 떡갈비, 광양 매실, 보성 녹차, 벌교 꼬막 등 지역 특화된 특산물과 음식이 풍부한 미식자원의 보고寶庫이다.

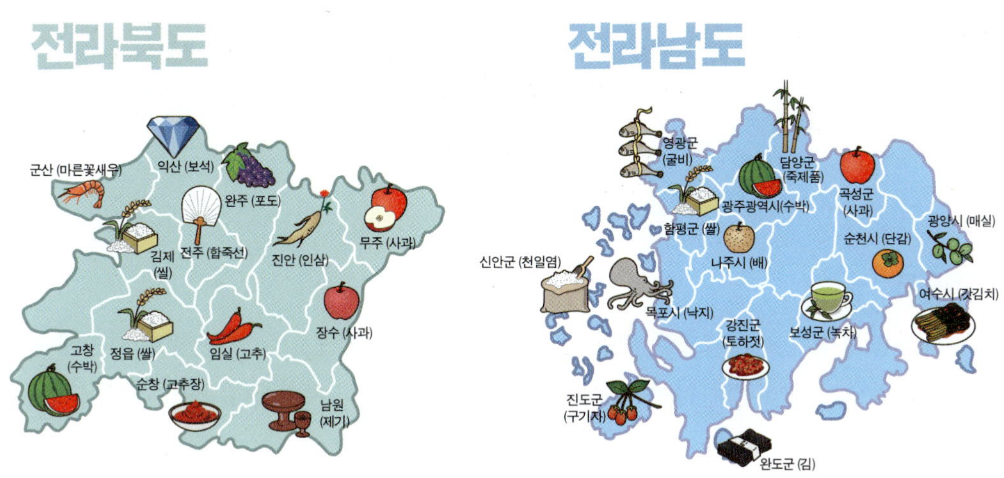

그림 4-3 ▶ 전라도 지역별 특산물

⑤ 경상도

유교, 가야, 신라 문화권인 북쪽은 보수적인 양반문화가, 남쪽은 서민문화가 발달했다. 영덕 대게, 포항 과메기, 의성 마늘, 풍기 인삼, 영양 고추, 기장 미역, 거제 멸치 등이 특산물이다. 여름철 더운 날씨로 인해 짜고 매운 맛이 특징으로, 고춧가루를 많이 사용하는 음식이 발달했다. 곤달비장아찌, 모래무지매운탕, 오미자청, 다양한 떡과 면이 주요 자원이다. 신라의 궁중문화, 안동의 양반문화, 그리고 다양한 종가음식문화가 만들어낸 안동식해, 언양불고기, 부산재첩국, 마산미더덕찜, 진주비빔밥, 안동건진국수, 대구육개장, 동래파전, 통영돔찜, 애호박죽 등 전통음식이 유명하다.

지역 특산물

지역 향토음식

지역 종가음식

그림 4-4 ▶ 경상도 지역별 특산물

전통주

K-Food 아카이브

⑥ 제주도

한라산을 중심으로 해안으로 내려 갈수록 평탄해지는 지형으로 밭은 주로 해안에 분포하고 있다. 요리법이 간단하고 양념을 많이 하지 않는 것이 특징이다. 쌀이 귀하여 잡곡이 주식이며 돼지고기와 닭고기를 많이 쓴다. 기온이 따뜻해 귤과 오미자가 많이 생산된다. 자리돔, 갈치, 오분자기, 토종 돼지, 고사리 등이 주산물이다. 생선으로 끓인 국, 제주 고사리를 활용한 제주육개장, 깅이죽, 성게국, 오메기떡, 제주 오겹살, 고기국수, 옥돔구이, 오분자기뚝배기, 전복죽, 자리회, 자리젓갈, 돔배고기, 방어와 다금바리 등 생선회, 오메기술 등이 널리 알려진 제주 음식이다.

농사로 홈페이지농사로 〉 생활농업 〉 음식 또는 지역농산물를 방문하면 지역별 특산물, 향토음식, 종가음식, 전통주 등을 자세히 알아 볼 수 있다. 자신이 거주하는 지역의 특산물과 이를 활용한 향토음식, 종가음식, 전통주 등을 찾아서 미식자원 목록을 만들어 보자.

(2) 지리적 표시 인증 특산물

각 지역의 지리적 표시 인증 특산물과 특산물을 활용한 향토음식은 미식관광상품의 경쟁력을 높여주고 차별화된 미식관광 상품을 만드는 데 도움이 된다. '지리적 표시'란 농수산물 또는 제13호에 따른 농수산가공품의 명성품질, 그 밖의 특징이 본질적으로 특정 지역의 지리적 특성에 기인하는 경우 해당 농수산물 또는 농수산가공품이 그 특정 지역에서 생산제조 및 가공되었음을 나타내는 표시를 말한다.

수산물 현황

임산물 현황

2002년 보성녹차를 제1호로 하여 경기도 이천쌀, 강원도 홍천한우, 충청남도 청양고추, 경상북도 성주참외, 경상남도 함안수박, 전라남도 보성녹차, 전라북도 순창전통고추장, 제주도 제주돼지고기 등은 모두 지리적 표시 인증제품들이다. 지역성, 전통성, 역사성을 가지는 특산물이나 특산품들은 타 지역과 차별화되는 가장 매력적이고 경쟁력 있는 미식자원이다.

지역별 지리적 표시제 등록된 특산물은 다음의 QR 코드를 활용해 검색할 수 있다. 농축산물의 경우 국립농산물품질관리원 홈페이지에서 수산물의 경우 국립수산물품질관리원 홈페이지에서 임산물의 경우 산림청 홈페이지에서 확인할 수 있다. 또한 사단법인 한국지리적표시특산품연합회에서도 확인할 수 있다. 자신의 지역의 특산물 중 지리적 표시 인증 특산물이 있는지 바로 확인해 보자.

(3) 토종 식재료

미식 여행의 백미는 그 지역에서만 맛볼 수 있는 음식을 경험하는 것이다. 관광객들은 여행 중에 어느 지역에서나 먹을 수 있는 프랜차이즈 음식이나 지역 정체성이 전혀 없는 일반 대중 음식을 먹기보다는 그 지역에서 꼭 먹어야 봐야 할 로컬음식을 체험하거나 로컬음식점 방문을 원한다. 다른 곳에서 경험할 수 없는 음식이나 음식 맛은 그 지역에서만 생산되는 식재료거나, 그 지역에서만 나는 토종 품종이거나, 지역만의 고유한 조리법으로 만들어졌을 경우 가능하다.

하지만 현실은 어느 곳에 가나 비슷한 음식들이 넘쳐나고 있으며 지역민들도 서구화된 음식과 프랜차이즈 음식들을 선호하면서 지역 간 음식의 차이는 계속 줄어들고 있다. 이는 대형 유통업의 발달로 농축산업이 대형화, 산업화, 기계화되면서 식재료의 품종이 표준화, 획일화되어 가고 있기 때문이다. 지난 60년간 인간에 의해 수천 종의 동식물 종과 다양한 전통 가공식품들이 사라져가고 있는 실정이어서, 지역 미식관광 활성화를 위해서는 지

국제
슬로푸드협회
Ark of Taste

국제슬로푸드
한국협회
맛의 방주
등재 목록

역 고유의 토종 식재료, 맛의 다양성을 지키는 것이 중요하며, 이는 종자와 땅, 문화, 환경과 사회의 지속가능성, 영양과 고유의 맛을 보존하는 일로 매우 가치 있는 일이다.

비영리 국제기구인 슬로푸드 국제본부는 전 세계의 문화와 전통이 깃든, 사라질 위기에 있는 종자나 식재료를 발굴하여 지역음식 문화유산을 보존하고 알리는 '맛의 방주' 프로젝트를 진행해오고 있다. 국제슬로푸드한국협회에서도 2013년 제주 푸른콩장 등재를 시작으로 23년 7월 기준 111개의 우리나라 토종 품종의 식재료가 '맛의 방주'에 등재되어 있다. 국제슬로푸드한국협회 맛의 방주에 등재된 지역 토종 식재료를 확인해보고 이러한 식재료를 생산하는 생산자, 토종 식재료를 활용한 식품이나 지역 음식점이 있는지 찾아보자. 그 지역에서만 경험할 수 있는 특별한 미식자원으로 음식의 가치까지 담아낸 개념 있는 미식관광상품을 만들 수 있을 것이다. 예를 들어, 진주의 앉은키 밀은 대한민국 맛의 방주 2호로 등재된 우리 토종밀이며 지역 농가의 지속적인 보존 활동으로 인해 이제는 진주 지역에 앉은키 밀을 사용하는 빵집과 음식점이 많이 생겨났다. 이러한 빵집과 음식점들은 진주 지역의 핵심 미식 자원이라고 할 수 있다.

(4) 지역장과 발효초

김치와 더불어 빼놓을 수 없는 한국 음식은 바로 콩으로 만든 장醬이며, 장은 한식의 정체성을 가져다주는 양념이다. 지역 음식의 맛은 장맛으로 좌우되고 그 맛이 전통이 되어 지역 식문화를 만들기 때문에 지역산 된장, 간장, 고추장 브랜드, 생산자, 제조법, 가공 장소 등도 모두 미식자원이 될 수 있다.

한국 장은 곰팡이, 세균, 효모 등의 미생물을 모두 이용하는 '복합 발효'의 산물로서 열을 가하지 않고 자연에 노출된 채 발효가 진행된다는 점이 특징이다. 한국의 유서 깊은 가문은 오랫동안 장맛과 품질을 유지하기 위해 노력해 왔고 수십 년에서 수백 년 된 씨간장을 보존하며 집안의 장맛을 유지하고 있다. 또한 한국의 전통 장은 장독이라는 전통 옹기에 보관하는데 옹기는 숨 쉬는 용기로 장의 숙성을 돕는다. 따라서 씨간장을 보존하고 있는 지역 종가가 있거나 전통장으로 음식을 만드는 음식점, 옹기를 만드는 장인이나 옹기를 구매할 수 있는 장소 등도 모두 미식자원으로 활용할 수 있다. 그 외에 젓갈이나 식초 등도 대표적인 발효음식으로서 관련 전문가들이나 생산자, 지역브랜드를 발굴하여 미식자원으로 활용한다. 광양 · 보성 · 순천 지역의 발효식품 관련 미식자원 사례로는 보성의 2019년 참간장 어워즈를 수상한 이금숙 간장과 곡물발효식초를 생산하는 비니거파크, 광양의 백운산 고로쇠 약수를 사용한 고로쇠 된장과 간장, 순천은 구수골, 송광, 한솔 등 전통 방식의 품질 좋은 장류를 생산하는 생산자를 지역 미식자원 목록에 포함할 수 있다.

(5) 지역별 전통주

미식여행에서 빼놓을 수 없는 경험 중 하나는 지역 음식과 함께 맛보는 지역 술이다. 지역의 전통주는 핵심 미식자원 중 하나이며, 제조방법에 따라청주, 탁주, 소주, 제조 목적에 따라속성주류, 감주류, 가향주류, 약용주류, 혼성주류, 혼양주류, 사용되는 원료에 따라국화주, 두견주, 연엽주, 인삼주 등 지역에서 생산되는 매우 다양한 전통주를 찾을 수 있다.

특히 우리 술은 소통과 조화, 나눔과 배려의 의미를 담고 있는데, 제사 때 신과 소통하기 위한 제물로 사용되기도 하고 어른을 위한 반주, 손님을 위한 접대주, 농사일에 갈증을 씻고 힘을 얻기 위한 수단으로 사용되어 왔기 때문이다. 단순히 마시고 취하기 위한 음식이나 수단으로 인식하지 않고 술을 빚는 사람의 마음과 대접하고자 하는 행위와 절차, 그리고 마신 후의 행동거지에 이르기까지 예의를 바탕으로 깔고 있어 지역 전통주 브랜드에 얽힌 스토리를 듣고 시음 및 양조 체험을 하는 것은 미식여행을 특별하게 만들어 줄 수 있다.

한국의 가양주 문화는 육백년이 넘는 오랜 세월을 이어온 독특한 문화로서 사대부와 부유층, 세도가 등 이름있는 집안에서 손님을 접대하기 위해 빚었던 술이다. 아직도 가양주를 빚는 지역 종가가 있다면 매력적인 미식자원이 될 수 있을 것이다. 또한 주류 부분의 무형문화재 보유자나 술 분야 대한민국식품명인, 지역 양조장, 지역 특산주, 품평회 및 술 축제 등도 경쟁력 있는 미식자원에 포함된다.

한국 전통주의 문화적 가치를 홍보하고자 정부에서 설립한 전통주 갤러리는 전국 36개 전통주 브랜드의 향미와 제품 특징, 스토리를 소개하고 있다. 자신이 거주하는 지역에 전통주 브랜드가 있는지 찾아보고 양조장과 가공공장 등이 있다면 직접 방문해 보자. 우리 술 관련 정보, 지역 양조장, 전통주 판매처, 전통주점 등은 '더술닷컴' 홈페이지를 방문하여 확인할 수 있다.

더술닷컴
홈페이지

전통주 외에도 현대인이 즐기는 술과 음주문화는 도심 미식자원 중 하나이다. 한국인

그림 4-5 ▶ 전국의 우수 양조장

들이 가장 선호하는 술인 소주, 맥주, 막걸리를 한국인들이 즐기는 방식대로 경험해 보는 것은 외국인들에게 진기한 미식경험이 될 수 있다. 온고푸드커뮤니케이션이 판매하고 있는 스테디셀러 미식투어 상품 중 하나는 'Korean Night Dining Tour'인데 한국 직장인의 회식문화를 체험하는 상품이다. 1차 식사는 종로3가 골목길 허름한 음식점에서 두부김치에 막걸리 또는 고깃집에서 삼겹살에 소주를 마시고, 2차는 포장마차에서, 3차는 광장시장에서 녹두전과 동동주를 시식한다. 우리에겐 평범한 회식문화가 미식관광자원이 될 수 있는 것은 술 문화가 한국인 삶의 일부이며 독특한 식문화이기 때문이다. 또한 '별에서 온 그대'라는 드라마로 인해 외국인 관광객에게 한국 스타일의 치맥이 매력적인 미식자원이 되었고, 개념 있는 농부들이 로컬 재료로 만든 수제 맥주예 충남 홍성군 홍동면의 이히브루 ICH BREW 등도 훌륭한 지역 미식자원이 될 수 있다.

2) 인물자원

미식자원의 품질을 높이는 지역 인물은 훌륭한 미식자원이다. 자원이 될 수 있는 인물은 누구나 가능하지만 지역의 맛과 멋, 식문화를 만들어낸 대표적인 인물들을 중심으로 탐색한다. 지역 식문화를 지키고 지역 식자원의 명맥을 이어나가는 주체로서 무형문화재, 전통식품명인, 전통주 명인, 생산자농부/어부, 식품기업이나 음식점 대표, 음식전문가, 장인 등을 인물자원으로 발굴한다면 차별화되고 경쟁력 있는 미식관광상품을 기획할 수 있다.

예를 들어, 전라남도 광양 지역의 인물자원으로는 광양 매실을 알린 대표적인 인물인 홍쌍리 식품명인이 있으며, 백운주가 최창석 대표는 광양 로컬 식재료로 다양한 광양 전통주를 제조하고 발전시켜 온 인물로 평가받고 있다. 또한 백운녹차 이호중 대표는 사라져가는 광양 차문화의 명맥을 잇고 있다는 점에서 광양지역의 인물자원으로 평가할 수 있다. 서울이나 부산 같은 도시에서의 인물자원은 나름의 독특한 메뉴나 경영철학으로 개념 있는 사업을 하는 음식점이나 카페의 대표, 요리사, 상인 등을 예로 들 수 있다.

지역의 식문화 계승과 발전을 위해 농축산식품부에서는 식품명인제도를 운영하고 있으며 지역별 식품명인 등록현황은 대한민국식품명인협회 홈페이지에서 확인할 수 있다. 인지도가 높은 식품명인으로는 전남 담양 기순도진장, 경기 안성 서분례청국장, 전남 광양

대한민국 식품명인협회

홍쌍리매실농축액, 전남 순천 신광수야생작설차, 경기 포천 김규흔유과, 약과 등이다. 이들이 운영하는 농원, 농장, 가공공장, 박물관, 음식점, 카페, 아카데미 등도 미식투어에서 방문해 볼 수 있는 훌륭한 미식관광자원이 될 수 있다.

3) 공간 및 시설자원

지역의 정체성이나 역사성, 전통성을 가지고 있는 곳이나 인지도가 높은 장소, 공간, 시설 등도 미식관광상품 기획에서 매우 중요한 자원이다. 지역 특산물이나 음식 등과 관련 있는 인지도 높은 장소나 지역성, 전통성, 역사성 등을 지닌 공간, 시설 등을 찾아보고 미식관광자원 목록에 포함한다.

(1) 공간자원

미식 체험을 위해 활용할 수 있는 공간자원으로는 농장, 농원, 과수원, 다원, 와이너리, 양조장, 전통시장, 도자기마을, 농촌마을, 휴양마을, 음식점 특화 거리, 먹자골목 등을 들 수 있다. 예를 들어 우리나라 녹차의 주산지로 유명한 보성, 하동, 강진, 제주의 녹차밭은 팜다이닝farm dining이나 팜파티farm party가 가능한 경관자원을 가지고 있고 시음 및 시식의 체험자원으로서도 경쟁력 있는 공간자원이다.

그림 4-6 ▶ 경관자원 이미지

(2) 시설자원

미식체험이 가능한 건물이나 구조물 시설 등으로 음식점, 카페, 음식 관련 박물관, 그릇을 만드는 도예원, 체험관, 한식문화공간, 요리아카데미, 마트, 로컬푸드마켓, 전통시장, 양조장, 와이너리, 김치공장, 간장공장, 식품제조 가공시설 등이 포함될 수 있다. 지역의 가볼 만한 공간과 시설을 탐색하여 자원 목록에 포함시킨다.

그림 4-7 ▶ 시설자원 이미지

4) 미디어 속 미식자원

K-Drama와 K-film 등의 다양한 한류 문화 콘텐츠가 세계적으로 확산하면서 드라마 속에 등장하는 도시풍경, 패션, 음식 등의 한국인 라이프스타일에 대한 관심도 높아졌다. 드라마 속에서 소개되는 궁중음식, 한식, 치맥, 분식, 편의점 음식, 길거리 음식, 포장마차, 디저트 등은 외국인들에게 한국 방문 시 꼭 경험해 보고 싶은 음식의 하나로 중요한 미식자원이 되고 있다. 또한 드라마 촬영의 배경이 되었던 음식점, 카페, 포장마차, 편의점 등도 모두 미식자원에 포함될 수 있다. 따라서 드라마나 영화, 다큐 등에서 소개된 지역 음식, 음식점, 카페, 체험 등의 미식 자원도 찾아서 자원목록에 포함시킨다.

5) 기관 및 조직

미식관광과 관련 있는 기관이나 조직 등으로는 한국미식관광협회를 비롯하여 한식진흥원, 농업기술원, 농업기술센터, 지자체 산하기관이나 조직, 슬로푸드협회, 레스토랑 인증기관, 향토음식연구회, 미식 및 관광 관련 협회, 김치연구소, 한살림 같은 생산자 단체, 지역 대학 조리학과, 언론사 등 매우 다양하다. 이러한 기관이나 조직을 방문하여 지역식문화 관련 이야기를 듣거나 체험하는 것도 특별한 경험이 될 수 있다.

2. 체험 미식자원의 유형

체험 미식자원은 관광 현지의 전통 또는 그 지역이 아니면 맛볼 수 없는 음식의 시식, 음식축제/이벤트 참가, 주말농장/과수원체험, 독특한 식품점/농산물직거래장에서의 쇼핑, 요리교실음식/와인 배우기, 전통시장, 와이너리 방문 등 여행 지역의 음식 및 음식문화와 관련한 활동에 적극적 · 소극적으로 참여할 수 있는 자원이다. 체험 미식자원은 관광객에게 체험 소비의 기회를 주는 기초자원이므로 체험 미식자원을 많이 발굴할수록 특별한 미식투어를 기획할 수 있다.

1) 음식점과 카페

(1) 향토음식점

서울의 자랑스러운 한국음식점

남도음식명가

백년가게

통합데이터 지도

음식을 관광자원화하기 위해서는 지역 특유의 문화를 반영한 향토음식 등도 중요하지만 관광객들이 직접적으로 그 음식을 맛볼 수 있는 인지도 높은 음식점들이 많아야 한다. 개별 음식점들은 맛과 분위기, 서비스 등 관광객에게 호소할 수 있는 자체적인 매력을 가지고 있어 그 자체가 관광목적지로서의 역할을 수행한다.

미식관광에 있어서 지역 고유의 색깔을 지닌 향토음식을 주메뉴로 하여 지역의 맛과 문화를 보여주는 인지도 높은 향토음식점은 매우 중요한 관광자원이 된다. 향토음식점은 지역민의 추천을 통해 발굴할 수 있으며, 지자체에서 추천, 지정 또는 인증한 우수 향토음식점을 활용할 수 있다. 서울은 '서울의 자랑스러운 한국음식점'을 추천하고 있으며, 경기도는 으뜸맛집 인증사업, 전남은 남도음식명가, 전북은 향토음식점 지정사업을 진행하고 있다. 각 지자체마다 사업의 특성에 따라 심사 대상의 기준을 정하고 심사기준에 따른 평가로 선정하고 있으며, 주기별로 재평가하여 관리하고 있다.

지자체에서 추천하는 향토음식점에 대한 정보는 각 지자체 홈페이지 또는 통합데이터 지도 홈페이지 등을 통해 검색할 수 있으므로 지역 추천 정보와 지역민 인터뷰, 현장 방문 등으로 목록을 만들고, 기획하고 있는 미식투어에 활용해 보자.

(2) 농가맛집

농사로 홈페이지 농가맛집

농가맛집은 농촌진흥청에서 지원하는 외식사업장으로 지역 농산물을 활용하고, 미식관광 활성화를 위한 향토음식 지원화 사업으로 선정된 곳이다. 농촌진흥청은 향토음식 발굴 및 상품화를 통해 전통식문화 계승과 지역경제 활성화를 유도하기 위해 전국에 농가맛집을 육성하였다. 농가맛집에서 체험하는 음식은 특별한 지역에서만 먹었거나 솜씨가 이어져 내려온 지역 특유의 전통음식이라는 가치가 있다. 또한 음식에 사용된 식재료는 그 지역 또는 이웃 지역에서 생산되는 지역특산물로컬푸드을 사용하고, 음식에 얽힌 역사나 문화를 포함한 이야기가 있는 음식이다. 전국에 150여 개소가 있으며, 농사로 홈페이지에서 지역을 구분하여 농가맛집 목록, 운영 방법, 대표 메뉴, 위치, 함께 가볼 만한 곳 등에 대한 정보를 제공하고 있다. 검색 자료로 정보를 얻은 후에는 현장 방문을 통해 운영 상태를 확인해 보아야 한다.

(3) 카페와 로컬 레스토랑

대한민국 구석구석 자리 잡은 카페들이 지역의 명물이 되고 있다. 특별한 공간 경험을 주는 북카페, 지역 냄새 물씬 나는 특산물 카페 등은 그 자체로 관광목적지가 된다. 최근 관광지에서 카페를 방문하는 사람들이 증가하고 있는데, 이유는 단순히 커피를 마시기 위해서가 아닌 지역을 경험하기 위해서다. 예를 들어 지역의 특산물을 활용한 이색메뉴를 개발해 그 지역에서만 판매하는 시그니처 상품을 구매하기도 하고, 한옥 테마의 카페, 전망이 아름다운 카페 등 그 지역만이 가진 특징을 간접적으로 체험하는 것이 미식관광의 일부로 자리잡고 있다. 특히 강릉의 커피거리는 카페를 활용한 체험 미식관광지의 대표 사례이다. 한편 향토음식점은 아니지만 지역특산물을 활용해 트렌디한 감각의 다양한 메뉴와 서비스를 제공하는 로컬 레스토랑도 훌륭한 체험 미식자원이다. 지역에서 미식여행을 기획한다면 지역의 명물 카페와 로컬 레스토랑을 자원목록에 반드시 포함시켜야 한다.

(4) 지역 맛집

미식투어에서 요리맛체험은 다양한 장소에서 이루어질 수 있다. 음식점, 카페, 전통시

그림 4-9 ▶ 강릉 카페거리

미쉐린 가이드

캐치테이블

다이닝코드

블루리본 서베이

장, 거리에서도 체험이 가능하나 모든 음식과 맛이 다 기억에 남을 수는 없다. 따라서 푸드큐레이터는 체험객에 대한 이해를 바탕으로 개성 있고 특별한 점이 있는 장소와 메뉴를 선정하고 그것에 가치를 부여해야만 보통의 한 끼 식사와는 달리 차별화를 꾀할 수 있을 것이다. 음식맛 체험은 대표적인 체험 미식자원이지만 동일한 요리를 경험하고도 맛에 대한 평가는 개인에 따라 차이가 있고, 선호하는 요리와 맛도 유행이 있다. 외식업 시장은 개업과 폐업도 빈번하다. 따라서 음식 트렌드에 대한 지속적인 관심을 가지고 음식특화거리, 우수 외식지구, 전문식당, 미쉐린가이드 선정 맛집, 길거리 음식, 지역민 추천 음식점 등을 조사해야 할 것이다.

맛집 추천 정보는 다이닝코드, 캐치테이블, 식신, 포잉POING, 블루리본 서베이 등에서 검색할 수 있다. 미쉐린 가이드에서도 대한민국의 레스토랑을 추천하고 있다.

2) 지역 음식축제 · 전시 · 이벤트

지역의 음식축제 · 전시 · 이벤트는 훌륭한 미식여행 자원이 될 수 있다. 'Food Festival U.S.A'라는 책을 쓴 머큐리B. Mercuri는 지역음식 페스티벌에 참여하는 것은 지역의 멋과 맛을 느낄 수 있는 최선의 방법이라고 했다.

미식 선진국들은 일찍이 자국의 문화를 전파하기 위한 대표 수단으로 자국의 '음식'을 소재로 삼아 축제 및 관광상품으로 개발하여 성공적으로 운영하고 있다. 나라와 지역마다 매년 '음식'을 주제로 다양한 축제를 개최하고 있으며, 그 나라의 문화와 전통, 개성을 가장 잘 살릴 수 있는 대표적인 음식축제를 가지고 있다. 대부분 음식축제와 쇼핑을 융합하여 다양한 관광상품을 개발하고 있으며, 각 지방마다 특산식품과 음식을 주제로 다양한 축제와 행사를 개최하여 많은 관광객을 유치하고 있다.

성공한 해외 음식 관련 축제의 주제를 분류하면 '지역특산물', '지역적 정체성', '문화예술과의 융합', '미식' 식도락 축제 등의 4가지 주제를 가진 것으로 보인다.

나라마다 지역의 주산물, 특산물을 홍보하기 위해 독특한 주제와 이벤트로 축제를 기획하고 있으며, 새롭고 재미있는 축제 프로그램의 개발은 나라를 홍보하고 많은 관광객을 불러 모을 수 있다.

표 4-1 ▼ 축제의 특성에 따른 유명 음식 관련 축제

주제	대표 사례	내용
지역 특산물	• 프랑스 망통 '레몬 축제' • 스페인 '토마토 축제' • 프랑스 '보르도 와인 축제'	• 축제의 역사에 비해 흥미 유발성이나 사람들의 참여 비율이 대단히 높음 • 지역의 중요한 관광상품임과 동시에 지역의 문화 정체성을 높이는 데 기여
지역적 정체성	• 독일 뮌헨 '맥주 축제' • 프랑스 게랑드 '중세 축제' • 홍콩 청차우 '빵 축제'	• 역사가 비교적 오래됨 • 자연물, 특산물, 풍습, 향토음식, 특산물 등이 다양한 여흥거리와 결합된 홍보성 축제 발달
문화예술과의 융합	• 미국 멤피스 '5월의 축제'	• 지역을 근거로 한 문화예술작품, 역사적 인물, 문화예술인 등을 소재로 활용하며, 음식과 잘 융합하여 종합축제 콘텐츠로 수익 창출 가능
미식식도락 축제	• 싱가폴 '음식 축제' • 프랑스 '식도락 축제' • 멜버른 '음식와인 축제' • 스페인 '마드리드 퓨전'	• 미식 행사로 관광객 유치와 긍정적인 국가 이미지 강화에 기여

사례 1 미국 5월의 멤피스

미국 5대 축제 중 하나인 '멤피스 인 메이Memphis in May 국제 페스티벌'은 해마다 오월 한 달 동안 멤피스를 바비큐의 고장으로 들썩이게 한다. '로큰롤의 제왕' 엘비스 프레슬리의 고향인 멤피스를 축제를 통해 활성화함으로써 국제도시로 탈바꿈시키는 데 성공했다는 평가를 받고 있다. 이 축제는 음악축제와 세계 바비큐 경연대회가 동시에 이루어지며 100만 명 이상이 관람하며 다양한 축제 콘텐츠로 높은 수익을 올리고 있다. 멤피스는 전통적인 관광명소는 아니지만 비비큐 경연대회와 음악이라는 콘텐츠로 해마다 전 세계로부터 미식관광객을 불러들이고 있다.

(1) 음식축제

문화체육관광부
지역축제

대한민국
구석구석

우리나라는 지역축제의 중요성을 인식하게 되면서 중앙정부뿐만 아니라 각 지자체의 관심도가 높아져 1996년 이후 수많은 축제가 개최되고 있다. 문화체육관광부에서 추진하고 있는 문화관광축제 지원 사업은 지역 관광활성화 및 외국인 관광객 유치 확대를 위한 세계적인 축제 육성을 기본방향으로 하여, 국내의 전통문화와 독특한 주제를 바탕으로 한 지역축제 중 관광 상품성이 큰 축제를 대상으로 1995년부터 지속적으로 지원육성하고 있다.

문화관광축제의 선정 방법은 각 특별시광역시 및 특별자치도에서 축제를 추천하면 관광축제 등 관련 분야의 전문가들로 구성된 선정위원회에서 축제 프로그램 등 콘텐츠, 축제 운영, 발전 가능성 등을 기준으로 선정하고 있다. 최근 문화관광축제의 경향은 광역자치단체, 기초자치단체, 그리고 지역별 축제추진위원회가 공동으로 축제를 기획하여 축제의 본질과 지역 전통문화의 주체성 유지에 바탕을 두고, 직접 체험하는 관광을 선호하는 관광객의 성향에 따른 전략으로 관광객 참여형 축제로의 전환을 추구하고 있는 것으로 나타나고 있다.

선정된 문화관광축제 중 40% 이상이 식품, 음식, 도자기 등을 주제로 개최된 음식축제이며, 이외에 지역주민, 지역단체, 지방정부가 개최하는 음식축제나 이벤트도 1년 내내 다양하게 개최되고 있다. 그 지역, 그 계절에만 경험할 수 있는 음식축제의 열기와 홍분을 담아낸 미식관광상품의 개발은 관광객에게 잊지 못할 미식관광 경험을 선사할 수 있을 것이다.

표 4-2 ▼ 지역별 음식 관련 문화관광축제와 주요 프로그램

지역	축제	주요 프로그램
강원	강릉 커피축제	G1 가곡의 밤, 바리스타 핸드드립 퍼포먼스, 커피라운지, 커피세미나, 강릉커피 홈로스팅 챔피온십 등
	평창 송어축제	송어 얼음낚시, 송어풍물 퍼레이드, 전통썰매, 눈썰매, 스노우레프팅, 송어요리 개발 및 시식 등
전북	임실 N치즈축제	국가대표 왕 치즈피자 만들기, 우유드림, 행복드림 퍼레이드, 나만의 1인 피자 만들기, 치즈팔이 소녀, 아모르 파티(EDM) 등
	순창 장류축제	순창고추장 임금님 진상행렬, 장류 플러워 펜슬 만들기, 콩이공원 밧줄체험, 도전! 다함께 순창고추장 만들자! 등
	진안 홍삼축제	홍삼 효능 스탬프 투어, 홍삼팔씨름대회, 버스킹 및 어린이 뮤지컬, 홍삼줄다리기대회, 홍삼 · 수삼 판매 등
전남	보성 다향대축제	녹차 스탬프 투어, 한국명차 선정대회, 찻잎 따기, 녹차요정 퍼포먼스, 차훈명상 등
울산	울산 옹기축제	주제공연, 별빛정원, 거리공연, 옹기테마파크형 축제로, 옹기어드벤처, 옹기와 발효아카데미관 체험프로그램 등
부산	광안리 어방축제	뮤지컬 어방, 경상좌수사행렬 퍼레이드, 어방민속마을, 진두어화, 어방그물끌기, 수문장교대식, 망궐례, 무형문화재 공연, 맨손으로 활어잡기, 어방수라간 외 체험프로그램, 경상좌수사행렬전시 등
대구	대구 치맥페스티벌	개막 축하공연, 치맥 콘서트, Cass Day, 치맥 EDM 라이브 등

출처: 2024~2025 문화관광축제 선정 보도자료(문화체육관광부, 2023.12.19.).

사례 2 대구 치맥페스티벌

매년 여름, 대구에서 치킨과 맥주의 조합을 테마로 한 대구 치맥페스티벌이 열린다. 대구는 70~80년대부터 전국 유명 치킨프랜차이즈 브랜드가 시작된 곳으로 치킨의 역사성과 전통성을 가진 도시이다. 치맥페스티벌이라는 말 그대로 축제 기간 동안 치킨과 시원한 맥주를 즐기며 가수들의 공연을 관람할 수 있다. 유명 치킨프랜차이즈들이 참여하기 때문에 다양한 치킨을 한자리에서 골고루 맛볼 수 있다. 시원한 얼음물에 발을 담그고 치맥을 즐길 수 있는 공간도 마련되어 있다. 유명 가수들의 축하공연과 DJ들의 EDM 파티가 열리며, 밤 9시 9분에는 모두 함께 건배를 외치는 치맥 99건배 타임 이벤트도 진행된다.

대구 치맥페스티벌

(2) 박람회/전시회

음식 관련 박람회와 전시회 또한 중요한 체험형 미식자원 중 하나다. 서울의 COEX, aT센터, 킨텍스 등은 대형 전시장 시설을 구비하고 매년 상설로 농업, 축산, 식품, 관광, 레저, 문화 등 관련 박람회 및 전시회를 개최하고 있다. 음식 관련 박람회/전시회는 한 공간에서 각 분야의 최신 트렌드를 알아볼 수 있는 다양한 제품을 구경하고, 필요시 제품을 구매하고 시식도 가능하다. 이런 이유로 관련 사업을 운영하거나 먹을거리에 취미를 가진 사람들의 많은 관심을 받고 있다. 이러한 음식 관련 박람회와 전시회 등의 이벤트를 미식관광상품으로 기획하기 위해서는 개인적으로 방문했을 때는 경험해 볼 수 없는 차별화된 서비스가 포함되어야 한다. 꼭 방문해야 하는 업체의 리스트를 작성하여 제공하거나 업체 관계자의 상품 설명을 들을 수 있는 시간을 마련하는 것 등을 예로 들 수 있다.

코엑스 행사일정

aT센터 행사일정

COEX, aT센터 등에서는 1년 동안 개최되는 각종 박람회, 전시회 등 이벤트에 대한 정보를 제공하고 있다. 관련 홈페이지를 방문하여 관심있는 음식 주제로 정기적으로 열리는 전시회 또는 박람회가 있다면 자원목록에 포함한다.

표 4-3 ▼ 우리나라 주요 식품 관련 박람회/전시회

- KOREA 월드푸드 챔피언십
- K-웰니스 푸드&투어리즘 페어
- 김치의 날 기념식
- 단짠맵꼬 K-푸드페스타 in 서울
- 대한민국 국제요리&제과경연대회
- 대한민국 맥주박람회 및 와인&로컬 드링크 페어
- 대한민국 한돈산업 ESG 선포식 및 K-pork 페스타
- 대한민국식품대전(KFS)
- 베지노믹스 K-비건페어 인 서울 2023
- 서울 바 앤 스피릿 쇼
- 서울국제수산식품전시회
- 서울국제주류&: 와인박람회
- 서울디저트페어 [발렌타인]
- 서울디저트페어 [벚꽃&딸기]
- 서울커피앤티페어
- 서울커피엑스포
- 설맞이 명절 선물전
- 설맞이 우리 농특산물, 전통식품대전
- 소스 · 전통식품산업 기술교류 세미나
- 식품 · 기기 전시회
- 쌀가공품 품평회 시상식
- 우수급식 · 외식산업전
- 월드 푸드테크 엑스포
- 이마트24 상품전시회『딜리셔스 페스티벌』
- 제20회 국제차문화대전
- 제20회 대한민국 향토식문화대전 (&국제탑쉐프그랑프리 축제)
- 제20회 서울국제푸드앤테이블웨어박람회 (&세계미식대축제)
- 제22회 서울카페쇼
- 제2회 대한민국 막걸리엑스포
- 제4회 국제군인 요리대회
- 제8회 베지노믹스페어 비건페스타 & 그린페스타
- 코엑스 푸드위크 (제18회 서울국제식품산업전)
- 한가위 명절 선물전
- 한국음식관광박람회

(2023년 기준)

3) 체험 프로그램

미식관광 체험 프로그램은 관광객의 미식여행을 더욱 풍성하게 만들어 준다. 도시와 농촌에 따라 즐길 수 있는 체험 프로그램 유형에도 차이가 있다. 도시에서는 잘 갖추어진 조리시설에서 요리체험 프로그램을 쉽게 만날 수 있으며, 요리맛체험도 다양하게 즐길 수 있다. 반면, 농어촌은 식재료가 생산되는 현장에서 농사체험, 수확체험, 간단한 음식 만들기 체험 등을 즐길 수 있다. 푸드큐레이터는 미식경험을 풍성하게 만들 수 있는 다양한 미식 체험 프로그램을 발굴해야 한다.

(1) 농사와 농산물 수확 체험

농사와 농산물 수확 체험은 모내기, 과일 솎아주기와 같은 농작업과, 벼, 과일, 감자, 고구마 등 농작물을 스스로 수확해 보는 체험Pick-Your-Own, 농장이나 농촌체험휴양마을에서의 생활을 통해 농업농촌의 생활을 이해하는 생활체험 등이 있다. 농사와 농산물 수확체험은 내가 먹는 음식이 어디에서 어떻게 생산되는지를 경험하는 것으로 도시에서는 경험할 수 없는 지역형 미식관광자원이다. 관행농업보다는 개념 있는 농사 철학을 갖고 있는 농부가 운영하는 농장이나 새로운 농사법을 경험할 수 있는 스마트 농장 등도 지역 미식여행시 방문해 볼 미식관광자원으로 목록화할 필요가 있다.

농촌여행 웰촌

농어촌 알리미

농산물 수확 체험은 계절에 따라 생산되는 고구마, 감자, 옥수수, 딸기, 사과, 배 등을 수확하는 체험으로 체험마을, 체험농장 등에서 주요 프로그램으로 제공하고 있다. 주로 어린이를 동반한 가족체험이나 단체 학생들을 위한 체험 형태로 진행되고 있으며, 수확한 농작물의 일부를 가져갈 수 있도록 하고 있다. 농사체험은 모내기, 벼베기/탈곡홀테체험 등이 있으며, 체험의 특성상 봄과 가을에 주로 이루어진다.

농사체험이나 수확체험에 대한 정보는 각 지자체 문화관광 홈페이지나 농촌여행 체험 정보, 지역별 농촌여행지 등에 대한 정보를 제공하는 농촌여행 웰촌과 농어촌 알리미 홈페이지에서 지역별로 검색할 수 있으며, 체험 프로그램의 유형, 농장이나 마을의 위치, 체험 내용에 대한 정보 등을 조사할 수 있다.

(2) 쿠킹클래스

쿠킹클래스는 짧은 시간에 국가나 지역의 특산물과 음식문화를 경험할 수 있는 핵심 미식관광자원이다. 푸디스foodies는 음식에 대한 호기심이 많다. 요즘 미식가는 맛있는 음식을 먹는 즐거움을 넘어 식재료에 대해서 배우고 음식을 만드는 과정도 즐긴다. 쿠킹클래스에 참여하는 이들은 일반 음식관광객보다 더 깊이 있는 지식을 원하는 경우가 많다. 예를 들어, 한식 요리교실에 참여해서 한식에 사용되는 식재료를 직접 보고 골라서 만들어본 외국인들은 한국문화를 더 깊게 이해하고 경험하게 되며, 요리 수업에서의 좋은 경험은 한식에 대한 호감도로 자연스럽게 연결될 수 있다.

트립어드바이저 요리교실

에어비앤비 식음료 체험

사찰음식 특화사찰 정보

한국사찰 음식문화 체험관

쿠킹클래스는 도시와 농어촌 모두 가능하나 프로그램 구성에 차이가 있다. 일반적으로 농어촌에서는 앞서 서술한 농사나 농산물 수확 체험과 함께 프로그램을 구성하거나 농장 투어와 함께하는 요리 만들기 프로그램으로 진행된다. 주로 농촌체험휴양마을이나 체험농장 등에서 진행하며, 가족 동반의 어린이 대상 체험이나 학생 단체를 위한 프로그램이 대부분이다. 체험 시간은 1~2시간 정도이며, 각 지역의 특산물이나 농장에서 수확한 농작물을 이용한 김장하기, 장담그기, 떡 만들기, 두부 만들기, 쿠키 만들기 등 다양한 요리를 직접 만들고 맛볼 수 있는 특징이 있다. 도시의 경우 내외국인, 어린이 등 대상별 요리교실이 다양하게 있다. 또한 최근 사찰음식에 대한 내외국인의 관심이 커지고 있다. 이에 한국불교문화사업단에서는 사찰음식을 통한 템플스테이 활성화를 위해 전국 15개 사찰을 사찰음식 특화사찰로 지정하고 사찰음식 교육을 운영하고 있으며, 한국사찰음식문화체험관에서는 단기강좌와 단체강좌를 상시 운영하고 있다.

쿠킹클래스는 미식관광객의 참여 만족도가 큰 체험 미식자원이므로 경쟁력 있는 쿠킹클래스 발굴이 중요하다. 경쟁력 있는 쿠킹클래스 발굴을 위해서는 프로그램에 직접 참여해서 진행방법, 재료, 시간, 체험객들의 반응 등을 살펴 미식투어 프로그램에 적합한지 여부를 평가해야 한다.

지역에서의 음식 만들기 체험 조사는 농촌여행 웰촌과 농어촌 알리미의 체험 프로그램을 검색해 볼 수 있으며, 지역 특산물 박물관 등의 홈페이지에서 체험 프로그램을 조사해 본다. 도시의 경우 원데이 클래스 등을 검색해 보거나 외국인 대상의 경우 트립어드바이저, 에어비앤비 등의 여행 플랫폼에서 지역과 요리교실 또는 식음료를 검색하면 체험

프로그램의 소개와 관광객의 리뷰, 평점 등을 확인할 수 있다.

(3) 팜파티/팜다이닝 체험

팜파티와 팜다이닝 체험은 로컬에서 미식을 즐기는 방법으로, 미식관광객에게 자연의 분위기에서 다양한 농장체험과 로컬 식재료 이야기와 함께하는 휴식과 즐거움을 제공한다.

팜파티는 농장에서 열리는 테마 파티로, 먹거리, 공연, 체험, 농산물 정보 제공 및 판매 등을 통해 도시와 농촌의 교류를 촉진한다. 팜다이닝은 농장에서 생산된 신선한 재료를 사용한 특별한 음식을 즐기는 이벤트로, 농장에서의 식사를 통해 로컬 식재료의 맛과 이야기를 즐길 수 있다. 이러한 체험들은 자연환경 속에서 미식과 휴식을 동시에 즐길 수 있는 기회를 제공하는 대표 로컬 체험 미식자원이다. 따라서 로컬 미식관광에서 팜파티와 팜다이닝 이벤트를 제공하는 농장 등을 조사하는 것은 중요하다. 그러나 도시와 달리 지역에서 이러한 기획된 이벤트를 제공하는 곳을 찾기는 쉽지 않다. 오히려 로컬미식여행의 테마를 기획하고, 계절과 지역에 따른 지역특산물을 미리 선정하여, 팜다이닝/팜파티를 제공할 수 있는 체험농장이나 농장주, 경관이 아름다운 장소를 조사하여 직접 팜다이닝과 팜파티를 기획하는 것도 하나의 방법이 될 수 있다.

그림 4-10 ▶ 팜파티/팜다이닝

3. 연계 관광자원의 유형

본 서에서 다루는 연계 관광자원은 미식관광 프로그램을 다채롭게 구성하기 위한 보조 관광자원으로 자연관광자원, 경관자원, 문화관광자원, 체험시설자원, 숙박시설자원으로 구분하여 제시하고자 한다. 연계 관광자원은 미식관광상품 기획을 위한 자원조사과정에서 미식자원, 체험 미식자원과 함께 조사한다.

1) 자연관광자원

미식관광을 다채롭게 구성하기 위해 자연관광자원을 활용할 수 있다. 자연관광자원은 개인의 관광욕구를 충족시켜 줄 수 있는 자연적인 대상으로 관광객에게 시각적인 감흥과 심리적인 감동을 줄 수 있는 경관미를 가지고 있는 자연자원이다. 자연자원이 미식관광의 연계자원으로 그 가치를 가지기 위해서는 반드시 휴양적 기능성과 그곳을 방문해야 할 지역적 특수성이 있어야 한다. 자연관광자원의 유형으로는 산지, 하천, 해안, 동굴, 온천, 해양, 명승과 천연기념물, 기후, 기타 지형 등이 포함된다.

그림 4-11 ▶ 자연관광자원_제주도 해변

예를 들어 제주도는 대표적인 미식관광지이며 2002년 생물권보전지역, 2007년 세계자연유산, 2010년 세계지질공원 인증으로 유네스코가 지정하는 자연과학분야 3개 분야를 동시에 달성한 지역이다. 또한 제주는 세계적 자연경관의 모든 테마(섬, 화산, 폭포, 해변, 국립공원, 동굴, 숲)를 갖추고 있다. 이러한 제주의 자연환경은 제주 향토음식과 식문화에 지대한 영향을 미쳤다. 오메기떡, 갈치호박국, 오메기술, 쉰다리 등이 제주도 향토음식으로 알려지고 제주 당근, 무 등이 특산품으로 유명해진 이유이다.

이처럼 자연자원은 지역 식문화 스토리텔링과 밀접한 관계를 가지며 관광객에게 시각적인 감흥과 감동을 주는 경관미로 미식관광 상품의 자원으로 활용할 수 있다. 그러므로 지역 미식자원을 목록화할 때 자연자원에는 무엇이 있는지 조사하고, 방문할 가치가 있는지를 평가해 보도록 한다.

2) 경관자원

경관은 일정 지역 고유의 외관을 말하며 숲, 가옥, 농지, 도로, 하천, 수로 등이 개개의 요소로 분절된 것이 아니라 모두가 결합하여 보이는 일체성이 있는 외관을 의미한다. 풍경과 비슷한 의미로 본 서에서는 긍정적인 의미로 '풍경이 아름다운 장소'를 말한다.

예를 들어 한반도는 쌀 문화권으로 산간지역에는 경사지의 척박한 자연환경을 극복하고 쌀농사를 지으며 살아온 선조들의 지혜가 담긴 농경문화의 대표적인 산물인 다락논 경관이 곳곳에 많이 남아 있다. CNN이 선정한 한국에서 꼭 가봐야 할 100선에 선정된 경남 함양군 마천면 도마리는 지리산 자락 산간지역의 농업경관을 잘 보여주고 있으며, 남해군 가천면 홍현리 다랭이마을은 100층 이상의 계단식 논과 산 아래 마을이 바다와 이어지는 멋진 경관으로 유명하다. 이러한 경관은 산촌과 어촌뿐만 아니라 도시에도 존재한다. 도시경관은 자연과 비견되는 인류의 대표적인 예술품으로 도시마다 다르고, 같은 도시라 해도 장소, 시간, 보는 사람에 따라 달라 보인다.

미식여행의 연계자원으로서 경관자원은 그 지역 방문을 기념하는 사진 촬영 장소로 활용할 수 있으며, 다이닝 장소로의 이용도 가능하다. 다이닝 장소로 사용하고자 할 경우

보성 녹차밭

서울 야경

롱테이블 오브 그라츠

그림 4-12 ▶ 경관자원 사례

에는 관련기관이나 단체, 소유자의 허가를 받는 등 사전계획이 필요하다. 미식관광의 연계자원으로 지역의 대표 경관자원뿐만 아니라 알려지지 않은 장소를 조사하여 자원목록을 만들고 어느 때가 가장 아름다운지를 확인한다.

3) 문화관광자원

문화관광자원은 특정 지역에서 형성된 언어, 사상, 신앙, 예술, 정치, 사회제도 등과 같은 역사적 또는 예술적 가치를 가지며, 지역 공동체의 생활 과정에서 형성되어 온 것이다. 이러한 문화관광자원은 관광객의 문화적 욕구를 충족시키고, 관광 대상으로서 소비를 유발한다. 그러나 보존과 보호가 이루어지지 않으면 소멸할 가능성이 있으며, 유형 · 무형의 자원이 혼재되어 있다는 특징이 있다. 문화관광자원에는 국보, 보물, 국가무형문화제, 건조물, 사적, 사찰 및 박물관, 향토민속예술제 등이 있으며, 전국적으로 분포되어 있어 각 지자체 문화관광 홈페이지에서 관련 정보를 쉽게 찾을 수 있다. 이러한 문화관광자원은 미식관광 코스 개발에서 미식자원 사이를 매개하는 자원으로 활용될 수 있으므로 자원들을 목록화한다.

4) 위락체험시설자원

위락체험시설은 관광객들에게 특별한 체험과 즐거움을 제공하는 시설로, 다양한 활동과 이벤트를 통해 관광객들에게 새로운 경험과 기억을 선사한다. 이러한 시설은 주로 관광지나 테마파크, 놀이공원, 워터파크, 야외 어드벤처 파크, 문화체험공간 등 다양한 형태로 구성될 수 있다. 위락체험시설은 관광객들이 직접 참여하고 체험할 수 있는 프로그램과 활동을 제공한다. 이는 다양한 관광객들의 취향과 관심사를 충족시킬 수 있으며, 적극적인 참여와 상호작용을 유도하여 더욱 즐거운 경험을 제공한다. 또한 특정 주제나 개념을 기반으로 시설이 구성되어 있어 관광객들에게 특별한 분위기와 재미를 제공하며, 해당 주제나 개념에 대한 이해와 경험을 촉진한다. 대표적인 위락체험시설에는 롯데월드, 에버랜드, 서울랜드, 워터파크, 레고랜드, 민속촌, 동물원, 천문대 등이 있다.

이외에 기술과 창의성의 융합한 가상현실VR, 증강현실AR, 인터랙티브 설치물 등의 기술이 활용되는 위락체험시설이나 번지점프, 스카이다이빙, 열기구, 요트, 해양 스포츠 체험장, 해양 생물 관찰선 등도 미식관광상품 테마를 고려해 코스에 포함할 수 있으며, 미식관광객들에게 미식뿐만 아니라 흥미로운 시간과 특별한 경험을 선사하는 연계 자원으로 활용될 수 있다.

5) 숙박시설자원

체류형 관광이 되기 위해서는 숙박시설이 잘 갖추어져 있어야 한다. 지역경제 활성화 측면에서도 관광객이 지역에서 먹고, 놀고, 자고, 머무는 체류형 관광을 지향한다. 관광숙박업에는 한옥체험업, 호텔, 콘도, 관광 펜션, 외국인 민박시설 등이 있다. 그러나 이름난 관광목적지가 아닌 이상 고급 숙박시설이 부족하고, 지역 관광자원과 연계되지 않아 체류형 관광객 유치에 취약하다. 지역 특색과 미식관광 콘텐츠를 연계할 수 있는 경쟁력 있는 숙박시설에 대한 조사가 필요하다.

서울 한옥 포털

한옥체험 숙박시설이나 사찰의 템플스테이, 농어촌민박, 종가고택 등을 조사하고 1박 이상의 미식여행 기획에 활용한다. 특히 전통적인 한옥 건물에서 숙박할 수 있는 한옥 숙박시설은 한국의 전통문화와 아름다운 건축을 경험할 수 있는 특별한 숙박 환경을 제공

부킹닷컴 선정 인스타그램에서 이목을 끌만한 전 세계 숙소 5곳

1. 나미비아 아리아맙의 '피시 리버 로지(Fish River Lodge)'
2. 뉴질랜드 아카로아의 '애넌데일 코스탈 팜 이스케이프 & 럭셔리 빌라 콜렉션(Annandale Coastal Farm Escape & Luxury Villa Collection)'
3. 독일 본의 '베이스캠프 본(BaseCamp Bonn)'

출처: 부킹닷컴

그림 4-13 ▶ 인스타그램에서 이목을 끌만한 숙박시설

한다. 또한 에어비앤비, 호텔스닷컴, 부킹닷컴, 위홈 등과 같은 숙박 플랫폼에서는 인스타그래머블한 숙소를 찾아볼 수 있다. '다자요' 같은 숙박 플랫폼은 제주도의 빈집을 로컬 감성을 느낄 수 있도록 고급 독채 숙소로 리모델링한 숙박시설을 소개하고 있어 전국에 하나밖에 없는 독특하고 특별한 숙박 경험을 제공할 수 있다. 따라서 지역의 독특한 숙박 시설자원을 찾아 자원목록에 포함한다.

다자요 빈집 재생 숙박 플랫폼

한국관광공사 대한민국 구석구석에서는 한국관광 품질인증Q-마크 숙소에 대한 정보를 제공하고 있다. 한국관광 품질인증제도는 숙박, 쇼핑 등 관광 접점 대상 품질기준을 마련하여 국가적으로 단일화된 품질인증 및 마크를 부여하는 제도이다. 또한 서울한옥포털에서는 서울한옥스테이 정보를, 안동하회마을 홈페이지에서는 고택체험이 가능한 민박 정보를, 농어촌민박은 농촌여행 웰촌, 공공데이터 포털 등에서 검색해 볼 수 있다.

대한민국 구석구석 한국관광 품질인증숙소

안동 하회마을 민박 안내

Part 3

미식관광 해설론

CHAPTER

미식관광 해설과 기호학

한국인에게 한식은 무엇이고 먹는다는 행위가 무엇을 뜻하는지 기호학적 도구를 활용하여 새롭게 해석해 보고, 한식 식문화 코드에 대해 상차림, 서비스와 기물, 조리법, 메뉴 선택, 양념장의 예를 들어 기호학적으로 분석하면서 서양의 식문화 코드와 비교해 보고 한식 해설의 핵심 요소를 알아본다.

1. 기호학의 이해

1) 왜 기호학인가?

가끔은 우리에게 익숙한 것이 한순간 낯설게 느껴질 때가 있다. 이전에 보지 못했던 다른 것을 발견하기도 하고 새롭게 발견한 대상이 오히려 더 본질에 가까운 것일 수도 있다. 우리에게 익숙한 '한식韓食'도 평생 성장하면서 먹어온 음식이라 누구보다도 더 잘 알고 있다고 착각하며 살고 있기에 궁금한 점이 별로 없었을 것이다. 그런 한식을 세상과 문화를 읽는 기호학적 도구를 활용하여 다른 시각으로 보면 한식의 새로운 모습을 보게 되고 놀라운 가치를 찾을 수 있다.

삶의 질이 높아지면서 다양한 음식과 재료로 건강식이나 맛있는 음식을 만드는 것에 관심이 많아졌지만 우리가 먹는 음식의 의미가 무엇인지는 깊이 생각해 본 적이 없다. 한국인에게 한식은 무엇이고 먹는다는 행위가 무엇을 의미하는지 다시 생각해 보는 것은 한국과 한국인, 바로 우리를 알아가는 과정이기도 하다.

음식은 사회, 정치, 경제 등 여러 요소가 혼합된 인간 문화 자체이며 생명과 직접 연관된 것이기에, 우리의 삶과 죽음의 의미까지 내포하고 있다고 해도 과언이 아니다. 우리가 먹는 음식, 밥상 차림, 서비스 기물, 조리 방법, 식사법, 음식과 관련된 용어나 속담 등에도 단어 그 이상의 의미와 상징을 담고 있다. 한식 밥상에 익숙하지 않은 외국인들은 참으로 궁금한 것이 많다. 예를 들면, 중국이나 일본과는 달리 한국인은 왜 숟가락과 젓가락을 모두 사용하는가, 비벼 먹고 싸 먹는 음식이 왜 발달했는가, 수많은 반찬이 한상 가득 차려지는 공간 전개식의 밥상 차림이 상징하는 것은 무엇인지에 대해 궁금해한다. 우리에게는 당연한 것이고 익숙한 것들이지만 왜 그렇게 먹는지, 그 행위가 무엇을 의미하는지에 대해서 논리적으로 답변하기란 쉽지 않다.

한국인은 한식을 통해 다양한 상징과 의미를 함께 먹어온 민족이며, 이 한식은 한국문화를 나타내는 고도의 상징 코드로 사용되고 있다. 옛말에 '더운밥이라야 밥이다'라는 말이 있다. 한국인들에게 더운밥의 의미는 무엇일까? 단순히 '따뜻한 밥이 더 맛있다'라는 사실을 나타낸다기보다는 '대접을 잘 받는다'는 의미가 내포되어 있다. 이는 반대말인 '식은밥', '찬밥'이라는 표현이 누군가를 '천대한다', '무시한다'는 뜻을 가지는 것과 같은 맥락이다. 아주 뜨거운 국을 먹을 때 한국인이 말하는 '시원하다~'라는 모순된 표현의 의미는 무엇일까? 전통음식 조리법에서 한국인이 더운 음식과 뜨거운 음식을 중요하게 여기는 데는 한식 조리과정에 가열조리법을 많이 사용하는 것과 관련이 있다. 그리고 뜨거운 음식을 먹을 때 제대로 식사했다고 생각하는 것은 한국인의 감각에서 더운 것과 뜨거움은 하나의 맛으로 여기기 때문이다. 밥상에 차리는 그릇마다 빠짐없이 '뚜껑'이 덮여 있는 것 또한 예부터 옷을 입고 머리에는 '관'을 써야만 제대로 차림새를 갖춘 것이라는 의관정제 衣冠整齊를 상징하는 것이기도 하다.

한국인의 주식인 '쌀(밥)'에 담긴 상징성은 한국문화의 정수를 보여준다고 해도 과언이 아니다. '진지 잡수셨습니까?'가 안부 인사이고, 사람을 만나고자 할 때도 흔히 '밥이나 같이 먹자'라는 말로 대신하며, 한 직장에서 함께 일하는 동료를 '한솥밥' 먹는 사이라고도 말한다. 한솥밥의 관계 지향적 의미는 직장인의 '회식'으로 이어지며, 함께 밥 먹고 술 마시는 사이로 발전한다. 쌀과 관련된 언어의 발달만 보아도 우리 문화에서 주식인 쌀이 얼마나 중요한지를 알 수 있다. 쌀과 관련한 단어로는 볍씨, 모, 벼, 이삭, 나락, 쌀겨, 밥, 죽, 미음, 숭늉, 식혜, 막걸리, 떡, 뻥튀기 등이 독립된 개별단어로서 어휘화되어 있는 것에 비해 영어에는 rice만 어휘화되어 있는 것은 쌀이 서양 문화권 내에서 실재하지 않거나 친숙하지 않은 음식이나 재료이기 때문에 그 언어에 존재하지 않거나 세분화하지 않은 것이다.

쌀과 함께한 한국인의 일생

- 삼신할매에게 빌 때 쌀 담긴 삼신 바가지를 준비한다.
- 산미(産米) : 출산 전에 미리 좋은 쌀을 따로 떼어 정한 곳에 둔다.
- 산기(産氣)가 있으면 정한 상에 쌀을 한 되가량 퍼내서 수박이 놓고 정화수 세 대접을 떠놓는다.
- 출산 후에는 흰밥, 미역국, 정화수 세 대접
- 백일음식 : 떡(백설기, 수수팥떡, 인절미, 송편)
- 돌 관련 음식 : 돌잡이 쌀, 떡, 국수
- 돌 지나면 밥 먹기 시작 : 밥그릇과 수저 한 벌을 마련해 수저를 손에 쥐어준다.
- 혼인 : 신부가 신랑 · 신부의 밥그릇과 수저를 가져온다(밥을 잘 받아먹고 해로하라고)
- 사람이 죽어도 대문 한쪽에 밥 준비 / 소상, 대상을 마칠 때까지 밥을 퍼 놓는다.
- 제사용 쌀

우리가 흔히 말하는 '신혼살림의 깨소금 맛'이라는 관용구에서 '깨소금'은 한식의 양념 중 하나이나 '재미와 홍겨움'을 상징하는 의미로 사용되고, '만석꾼'은 곡식 만 섬가량을 거두어들일 만한 논밭을 가진 큰 부자를 의미하는 말이며, '식은 죽 먹기', '누워서 떡 먹기', '그림의 떡', '시장이 반찬', '남의 떡이 커 보인다', ' 벼도 익으면 고개 숙인다' 등의 생활 속담에 사용되는 음식 단어 속에도 한국인의 삶의 철학과 지혜가 담겨 있음을 알 수 있다. 이렇게 한국 음식 속에 담겨 있는 상징이나 의미를 찾아가고 풀어가는 과정이 바로 기호학적 관점에서 한국, 한국인, 한국문화를 이해하는, 다른 말로 표현하면 코드를 푸는 과정decoding이며 기존에 익숙한 것을 새롭게 보는 방법이다.

푸드큐레이터의 경쟁력은 이미 오래전부터 있던 것, 익숙한 것들이지만 고객의 니즈needs나 눈높이에 맞게 일상의 식 자원을 새롭게 재해석함으로써 고객의 기억에 오래 남을 만한 해설을 하는 것이다. 그렇기 때문에 푸드큐레이터의 기호학에 대한 이해와 미식관광 자원에 대한 적용은 매우 중요한 일이다. 이것이 바로 미식관광 상품을 차별화하는 전략이며, 지속적인 미식관광 상품 자원의 스토리 개발을 위해서 기호학적 해설에 대한 학습이 필요하다.

2) 기호학과 커뮤니케이션

21세기 기호학은 기호의 의미가 어떻게 만들어지고, 메시지가 발신자로부터 수신자에게 어떻게 전달되는가를 연구하는 것이며, 순수 인문학을 벗어나 다른 학문과 결합되어 다양한 분야에서 활용되고 있다. 기호의 종류는 매우 다양하다. 손짓, 몸짓, 얼굴 표정, 언어, 숫자, 슬로건, 광고, 마케팅, 음악, 디자인, 영화, 드라마, 의상, 음식, 예절, 상징 등 우리가 사는 세상은 온갖 기호로 가득 차 있으며, 인간은 기호 해석자로 존재한다.

기호는 도상icon, 지표index, 상징symbol 등을 모두 함축하고 있는 포괄적인 용어로 사람들은 이러한 기호로 자신의 생각을 표현하고 다른 사람의 생각을 읽으며 서로 의사소통을 하는데, 이러한 행위를 의미작용semiosis이라고 한다. 그리고 대화하는 상대방 간 기호의 의미작용을 통해 서로 메시지를 주고받는 행위가 커뮤니케이션이다. 따라서 기호학의 핵심은 해석의미작용과 소통커뮤니케이션이라고 할 수 있다.

각 나라 언어는 대표적인 기호에 해당된다. 언어는 특정 사회의 맥락context 안에서 자의적으로 생산되고 소비되므로 맥락에 의존하여 해석할 필요가 있다. 빨간색 과일을 말하고자 우리는 '사과'라는 단어를 선택했고, 미국인은 'apple애플', 프랑스인은 'pomme뽐므'를 선택했다. 언어가 다른 문화권의 경우 동일한 의미를 가지는 사과를 서로 다른 단어로 표현함으로써 의사소통에 제한을 받게 되는 것은 기표와 기의의 자의적 관계 때문이다. 자의적으로 선택된 기호들은 의사소통을 위해서 일정한 언어적인 관습 안에서 언어체계가 학습되어 사용된다.

하지만 일상생활에서 만나는 수많은 기호들은 의미작용이 매우 중요하다. 예를 들어, 사랑하는 사람에게 장미꽃을 선물했다면, 주는 사람에게 장미꽃은 상대를 사랑하는 마음을 표현한 도구기표, 記標이며 담겨 있는 의미는 '사랑기의, 記意'이다. 장미꽃을 선물하는 행위는 곧 사랑을 표현하는 기호를 만들어낸다. 하지만 장미꽃을 받아든 사람은 선물한 사람의 의도를 해석하려고 하고 이때 발생하는 현상을 의미작용이라 하는데, 선물을 받은 사람이 장미꽃을 '사랑'으로 받아들인다면 성공적인 커뮤니케이션이 일어났다고 할 수 있지만, 단순히 '예쁜 꽃'으로 해석한다면 선물 준 사람이 목표한 의미작용과 다르게 해석함으로써 커뮤니케이션은 실패하게 되기 때문이다. '의미'라는 것은 전달이나 소통되는 것이 아닌 듣는 사람의 관점에서 의미가 재생산되거나 재해석되는 것으로, 이야기를 전달하는 사람과 듣는 사람의 마음에서 일어나는 의미가 같아지려면 의미의 동일성이 있어야 한다.

따라서 '의미작용'을 이해하기 위해서는 기호의 의미가 만들어지는 과정을 알아야 한다. 기호는 인식되고 해석될 수 있는 어떤 대상으로 기표記標와 기의記意로 구성된다. 기표는 기호의 '표시 부분'이고, 기의는 기호의 '의미 부분'에 해당되며, 기호화 과정은 기표에

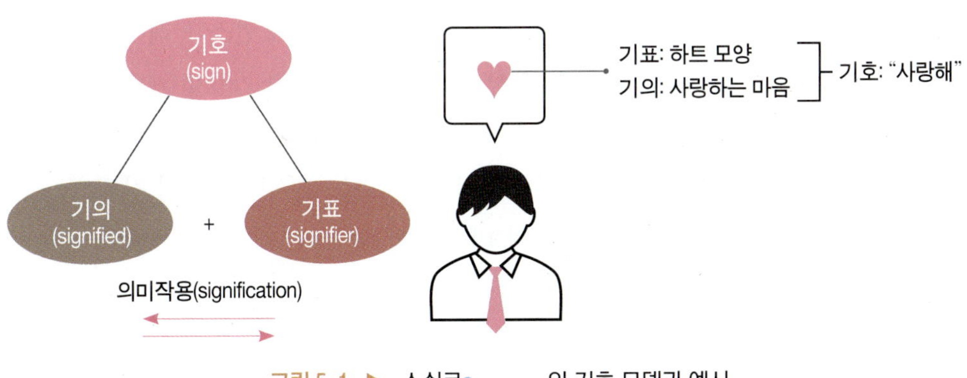

그림 5-1 ▶ 소쉬르Saussure의 기호 모델과 예시

기의가 결합되는 과정이다. 이들 기호가 어떻게 작용하는지는 다음의 예에서 볼 수 있듯이 상대에게 하트(♥) 이모티콘을 발송할 때 하트(♥) 모양은 기표이고 하트는 사랑하는 마음을 의미하는 기의에 해당된다.

그림 5-2 ▶ 루카스 크라나흐의 아담과 이브

사과가 사과만을 의미하는 것이라면 기호 해석은 필요하지 않지만, 성경 속 아담과 이브의 사과는 '유혹'을 의미하므로 그림의 의미와 상징을 성공적으로 커뮤니케이션하려면 사과의 의미를 제대로 해설해 주어야 한다.

한식의 대표 메뉴인 비빔밥 한 그릇에 올려진 화려한 오방색기호 재료는 우주의 기운을 담아낸 신성한 음식임을 의미하며, 서로 다른 맛을 가진 식재료들을 비비고 섞어 먹는 행위를 통해 화합과 조화, 상생을 지향해온 우리 민족 고유의 정서를 나타내고 있다. 기표인 오방색적, 녹, 황, 흑, 백의 각 색깔이 무엇을 의미하는지, 그리고 왜 비벼 먹는지 의미와 상징을 제대로 해설해 주지 않는다면 외국인들의 시선에는 비빈 음식이 매우 지저분한 모양의 음식일 뿐이다. 비빔밥을 소개할 때도 비비는 퍼포먼스나 레시피를 따라하는 조리 교육보다는 우리 비빔밥의 정체성을 나타내는 오방색 기호를 제대로 설명하고 제대로 표현하는 것이 한식의 정체성을 확실히 알리는 것이다. 외국 요리사가 만든 비빔밥이 한식인지 아닌지 판단할 때 사용한 식재료보다는 한식 비빔밥의 정체성기호을 잘 내포하는가와 한식 장醬을 사용하는가가 더 중요할 수 있다.

그림 5-3 ▶ 한국 음식의 오방색

3) 미식관광 해설의 기호학적 접근

기호학적 도구를 활용하여 한식을 기호로 읽는다는 것은 한국 식문화를 기호체계 속에서 이해한다는 것이다. 미식투어를 하면서 음식문화를 해설할 때도 이야기하는 사람푸드큐레이터과 듣는 사람관광객, 메시지한식는 명확하지만 기호를 푸는 과정과 사회문화적 맥락은 일치하지 않을 수 있다. 특히 기호를 코드화coding하는 과정과 코드code를 푸는 과정은 의미의 동일성 확보가 매우 중요한데, 특히 외국인들에게는 그 나라의 문화적 경험이나 이해가 없다면 현지 문화권의 코드를 수신자가 송신자의 의도대로 받아들이기는 어렵다. 따라서 푸드큐레이터가 커뮤니케이션을 성공적으로 수행하기 위해서는 상대에게 전달할 메시지를 받아들이는 사람의 관점이나 맥락에서 그것을 어떻게 해석할지를 미리 파악하는 것이 무엇보다 중요하다.

또한 문화와 관련된 일반적인 메시지는 다중적 의미를 지니기 때문에 기호 소통에는 늘 '잘못 읽을 가능성'이 존재한다. 예를 들면, 담양의 떡갈비는 원래 궁중에서 임금님께 드리던 고급요리이며 부드럽고 달콤한 맛이 일품이다. 그러나 서양권 외국인 대상의 VIP 투어에는 떡갈비 메뉴는 그리 추천하지 않는다. 그 이유는 떡갈비의 생긴 모양기표이 햄버거 패티와 유사하고 미국에서 햄버거는 남은 고기잡고기를 갈아서 만드는 가장 저렴한 메뉴기의이기 때문에 싸구려 음식으로 인식되기 때문이다.

비비거나 말아먹는 우리 고유의 음식문화도 외국인들에게는 낯설고 그들 문화권의 상식으로는 이해하기 어려운 부분이 있다. 한류 영향으로 한식의 위상이 높아지고 있어 과거보다는 부정적 반응이 덜하지만, 기본적으로 서로 다른 문화권에 한식문화를 소개하려고 할 때 의도한 기호가 소개하는 사람의 목표대로 의미가 해석되고 성공적인 커뮤니케이션이 이루어지기 위해서는 무엇보다 한식에 얽힌 기호체계를 푸드큐레이터가 잘 이해해야 한다. 명절이나 절기에 먹는 음식, 통과의례 때 차리는 음식, 상차림, 사용하는 서비스 기물, 먹는 방법 등 수많은 기호의 의미와 상징을 제대로 해설해 줄 때 우리가 전하고자 하는 한식문화를 제대로 즐길 수 있기 때문이다. 푸드 큐레이팅은 기호학적 관점에서 보면 세계인이 가지는 한식에 대한 의미가 한국인이 해석하는 그 의미와 동일하게 단일 의미작용이 될 수 있도록 하는 일련의 활동이라 할 수 있다.

2. 한식문화 기호 읽기

푸드 큐레이팅을 통해 '식食'이라는 주제를 다른 문화권 사람에게 소개하고 상품화하기 위한 유용한 방법 중 하나는 한국 식문화와 서양 식문화의 차이점을 비교한 기호학적 접근 방법이다. 기호학적 관점에서 한국과 서양의 식문화를 분석해 보면, 분석적 사고를 하려는 경향이 강한 서양인과 직관에 의한 통합적 사고를 하려는 동양인의 차이가 음식문화에서도 나타난다. 인자因子, factor 중심의 분석적 사고를 하는 경향이 강한 서양인은 식문화에서도 무의미하다고 판단되거나 불필요한 것을 배제 또는 분리한다. 반면, 직관과 통합적 사고에 익숙한 동양에서 뿌리내린 한식은 버무림이 중심이 되는 조화와 융합의 특징을 가지고 있다. 동양과 서양의 이러한 차이는 상차림은 물론 서비스와 기물, 메뉴선택 가능성, 양념, 조리법 등 여러 측면에서 분석해 볼 수 있다.

표 5-1 ▼ 한식과 양식의 개념 차이

한식	양식
조화와 융합	배제와 분리
포용적	배타적
유기적 관계 속에서 존재하는 음식	실체론적으로 존재하는 음식

1) 상차림

양식이 제공된 음식을 시간의 축을 따라가며 먹는 시간전개식 밥상이라면, 한식은 한 상에 차려 동시에 먹는 공간전개식 밥상이다. 여러 코스로 나누어진 양식에 비해 병렬적으로 차려진 한식은 음식물을 융합적으로 먹는다는 것이 특징이다.

또 한식에서는 밥과 국을 중심으로 반찬을 차린다. 밥과 반찬은 서로를 전제로 의미작용을 한다. 한식 상차림에서 드러나는 이러한 상호의존적 의미작용은 코스별 한 가지 음식만 나오는 양식에서는 볼 수 없는 것이다. 양식이 각각의 메뉴 맛이 독립되어 있다면, 한식은 각각의 맛이 서로 유기적으로 얽혀있는 관계론적 의미를 담고 있다. 특히 밥은 병렬적으로 분포된 다양한 반찬을 이어주는 교량 역할을 하며 염도를 수반하는 반찬의 구심점 기능을 하기 때문에, 반찬의 가짓수가 많아짐에 따라 의미작용의 횟수도 늘어나게 되어 있다. 결국 상호의존성을 기반으로 하는 한식이 반찬의 가짓수로 상차림의 정성을 나타내는 형태로 발전하게 된 반면, 개체의 독립성을 기반으로 한 양식은 코스의 가짓수로 음식의 품격을 대변하는 형태로 발전했다.

표 5-2 ▼ 한식 상차림과 양식 상차림의 비교

구분	한식	양식
코스 구성 주안점	전체를 위한 조화와 균형, 건강 중시	코스의 흐름과 변화, 감각 중심
전개 방식	밥, 국, 찬 중심의 공간전개형	메인으로 향해 가는 시간전개형
음식 온도 관리	공간전개형으로 조절 어려움	코스 구분으로 조절 용이
서비스 기물의 발달	찬 음식과 더운 음식을 동시에 제공하므로 식탁에서의 즉석조리 또는 용기를 달구는 형태로 발달	차가운 것과 뜨거운 것을 분리해 서비스하므로 주방 가열조리 기구 발달
주로 쓰는 기물	숟가락과 젓가락	포크와 나이프

2) 서비스 기물

구분을 통해 대립을 강화하는 양식의 전통은 차가운 음식과 열이 있는 음식을 구분하는 서비스 형태에서도 드러난다. 뜨거운 음식은 뜨겁게, 차가운 음식은 차갑게 서비스하기 위해 양식은 코스로 구분한다. 고객 서비스 관점에서 음식 온도를 준수하려는 전통이 한식에 없는 것은 아니지만 한식은 주어진 공간에서 동시에 음식을 전개하는 형태이므로, 온도관리를 따로 분리하기보다 유기鍮器와 같은 서비스 기물을 활용해 전체 상차림을 흐트러뜨리지 않으면서 차가운 것은 차갑게, 뜨거운 것은 뜨겁게 하는 쪽으로 발달하였다.

전통적으로 한국의 식기는 삼월삼짇날부터 팔월 한가위까지 양의 기운이 강할 때는 차가운 느낌의 자기류를 주로 쓰고, 겨울이 되면 따뜻함이 잘 유지되는 유기를 쓴다. 특히 식탁 위에 그대로 오르는 불판이나 화로예 신선로, 열을 품고 있는 돌솥이나 뚝배기처럼 주방의 열기를 그대로 느낄 수 있는 극단적인 기물은 음식물의 온도 관리 차원에서도 중요한 기능을 하며, 음식이 식탁에 전달되는 순간 먹는 사람과 음식을 만든 사람셰프을 연결하고 먹는 장소와 만드는 장소가 하나가 되게 한다. 이는 접시에 음식이 담기는 시간적 구분점을 사이에 두고 식탁과 주방이라는 공간적 분리와 셰프와 고객이라는 역할의 분리와 그 주어진 역할 안에서 자신의 책임 한계가 명확해야 하는 서양식 문화와는 다른 것이다.

양식의 분리 배제 원칙은 기물에서도 적용되는데, 칼과 포크는 내용물을 잘게 썰거나 불필요한 부분을 떼어내고 분리하고 원하는 것만을 집어내기 위한 도구이다. 반면, 한식의 숟가락과 젓가락은 음식물을 건져 올리고 떠먹기 위한 통합을 위한 도구이다. 서양인이 의아하게 생각하는 가위를 쓰는 우리 식습관도 절단은 하되 완전 분리를 꺼리는 심리적 특성이 작용하고 있는지도 모른다. 이 점에서 서양요리의 서비스가 불연속의 배타적 방식에 기초한다면, 한식의 양태는 연속성 차원에 속하는 포괄적 방식이라고 할 수 있다.

3) 조리방법

저명한 프랑스의 인류학자인 레비 스트로스Levi Strauss는 요리와 관련된 기호학적 속성들을 증명하기 위해 요리 삼각형을 도입하였다. 날것, 익힌 것, 삭힌 것으로 이루어진 모형은 정상과 변형, 자연과 문화라는 이항대립적 구조로 음식의 조리 형태를 구분하고 있다. 요리삼각형 모델에 따르면 익힌 음식은 문화의 축이고, 날것과 삭힌 것은 자연의 축에 속한다. 한식은 날것을 그대로 두지 않으면서도 자연적 수단에 의해 변형된 또 다른 '날것 삭힘'을 식문화에 적극 활용하고 있다.

양식이 가열과 비가열을 구분하여 대립을 유도한다고 하면, 한식은 시간과 리듬감을 발효작용을 통해 열을 사용하지 않으면서도 화학적 변화를 유도한다는 면에서 날것과 익힌 것의 중간에 있다고 할 수 있다. 한식의 맛은 '존재하는 것being'이 아니라 '발효에 의해 새롭게 생성되는 것becoming'이라고 할 수 있다.

한식에 등장하는 구성 요소들은 단일의미체monosemy보다 다중의미체polysemy의 성격이 강하다. 한국인이 밥이라고 할 때 밥은 단순히 쌀로 만들어진 탄수화물 덩어리가 아니다. 그 안에는 농부의 땀이 담겨 있으며 부모에 대한 공경이 있으며 생존의 절박함이 담겨 있다. 자유로운 개개인의 상상력이 공동체적인 관습과 더해지면 집단적 문화가 되고, 그 행동은 집단의 구성원에게 하나의 의미와 결부된다. 모두가 일상에서 공유하는 일상 속 식문화는 그런 관점에서 가장 대표적인 집단의 문화코드가 될 수 있다.

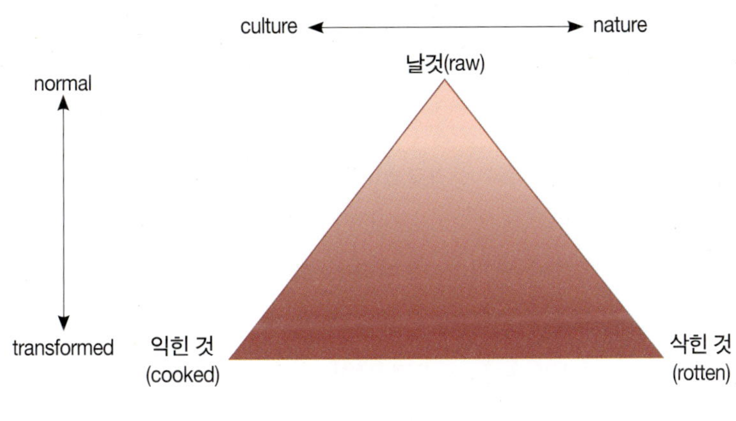

그림 5-4 ▶ 레비 스트로스의 요리 삼각형

4) 메뉴 구성

동양철학에서 음양陰陽은 서로 배타적이면서도 함께 공존하며, 상대 없이는 서로 존재할 수 없는 이항대립쌍binary opposite이다. 음양의 이항대립쌍은 대립하지만 서로 다투지 않고 배타적이지만 서로 보완적인 성격을 갖고 있다. 이런 음과 양의 구분을 자연의 질서로 인정하고 그에 맞게 질서를 유지하려는 균형 감각은 메뉴 구성에서도 그대로 나타난다. 밥이 있으면 국이 항상 따라 나오고, 상차림에는 전체의 관점에서 온도는 물론 음양의 균형이 동시에 배려된다.

조선시대 혜경궁 홍씨의 회갑연에서 내빈에게 올렸던 상차림을 보면 탕, 자반, 적, 술은 양陽에 해당하고 밥, 장, 해젓갈, 침채김치, 조치는 음陰에 해당하는 음식이다. 일반적으로 궁중에서는 장을 반찬의 가짓수에 포함하지 않았음을 감안할 때 음과 양의 비율은 4:4로 1:1의 균형을 이루고 있다.

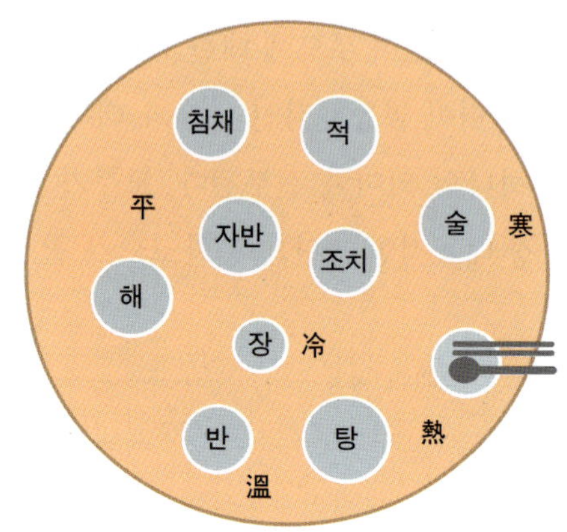

그림 5-5 ▶ 혜경궁 홍씨 회갑연의 내빈상 상차림

하늘의 기운을 따라 계절이 생기고 그 변화를 겪어야 하는 인간에게 치우침을 주기보다 전체 균형의 관점에서 각각 고유의 성질을 가진 재료로 차려진 상차림이 평平의 성질을 유지하도록 조화롭게 구성하고, 이렇게 균형을 갖춘 음식을 꾸준히 먹으면 자연스럽게 건강을 유지할 수 있다는 예방적 식치료 개념의 '약선藥膳'이 탄생한다. 이는 약리성을 가진 특정 재료만을 부각시켜 인자因子 중심으로 신체에 작용하게 하는 서양적 치료 개념과는 근본적으로 다르다고 할 수 있다. 음식을 약藥으로 보는 한식의 철학은 우리가 자주 사용하는 약주, 약수, 약과, 약밥, 약식이라는 단어에도 잘 나타나 있다.

계절, 감정, 색깔 등 일상의 다양한 관념들은 오행五行과 복합적으로 연계되어 한식의 탈코드성을 더욱 부각시켜 준다. 우주의 순환성과 반복성을 바탕으로 연 단위로 시간의 주기성이 주어지면 재료적 관점에서 절기식이 탄생하고, 생로병사로 이어지는 시간 흐름 속에 투영될 때 통과의례 음식이라 일컬어진다. 또 이를 조상이나 신에 대한 종적인 삶과 연결시켜 가문 또는 부족의 텍스트 안에서 풀어낼 때에는 제례음식의 형태로 자리매김하게 되는 것이다.

이러한 음과 양의 조화는 음양오행 사상이 가지는 다양한 맥락의 전환을 통해 다르게 바라보기를 가능하게 해준다. 먹는다는 행위의 코드에서 음양오행에 주어진 시간이라는 개념을 접목하면 밥을 먹는다는 것은 사계절을 다 즐긴다는 뜻이 되고, 맛과의 연계성을 강조하면 맛의 조화를 먹는 것이 된다. 또한 색과의 연계성을 강조하면 색을 먹는 것이고, 방위와의 연계성을 강조하면 공간적으로 우주의 모든 기운을 먹게 되는 것이다. 한국인에게 시간계절과 색, 맛, 공간 등 모든 실체 간의 이러한 맥락의 전환과 그에 근거한 생각의 자유로움은 단지 식문화에만 적용되는 것은 아니다. 하지만 식문화란 본능과 연계되어 매일 반복적으로 일어난다는 점에서 다른 문화적 요소보다 더 강하게 한국인의 정서로 체화된다.

5) 메뉴 선택 가능성

한국식 상차림의 기호를 코드로 엮기 위해서는 계열체paradigma와 통합체syntagm가 필요하다. 계열체는 어떤 공통성을 지닌 일련의 기호를 말하는데, 공통성과 고유 특성이 있어야 한다. 통합체란 계열체에서 선택한 기호들을 짜맞춰 이루어진 기호의 복합체를 말한다. 계열체의 주개념이 '선택'이라면, 통합체의 주개념은 '조합'이다.

밥 · 반찬 · 국은 각각 계열체이고, 밥상은 통합체이다. 상을 차리는 사람이 여러 김치 가운데 배추김치를 고르고 국 가운데 콩나물국을 골랐다면, 낱개의 반찬은 계열체에서 뽑아낸 기호일 수 있지만 그렇게 차려진 밥상은 하나의 통합체이다. 통합체에서 가장 중요한 점은 관습에 의한 조합의 원리이다. 따라서 기호에서 의미를 끌어내려면(제대로 커뮤니케이션을 하려면) 기호의 복합체에 있는 조립의 이유를 알아내야 한다. 관습화되지 않은 코드화는 수없이 많은 해석을 낳게 할 우려가 있기 때문이다.

우리 식문화는 밥과 국, 반찬이 주요 구성요소가 되는 통합체이다. 반찬과 밥이 서로 대립하는 것이 아니라 융합하는 관계로 각각은 제 구실을 못하고, 같이 존재해야만 하나의 온전한 음식으로 인정받을 수 있다. 밥과 반찬이 만나면 비빔밥이 되고, 밥과 국이 만나면 국밥이 된다. 그러나 반찬과 국만으로는 밥상이 구성될 수 없음에서 밥이 한국인의 식탁에서 가장 중요한 요소임을 알 수 있다.

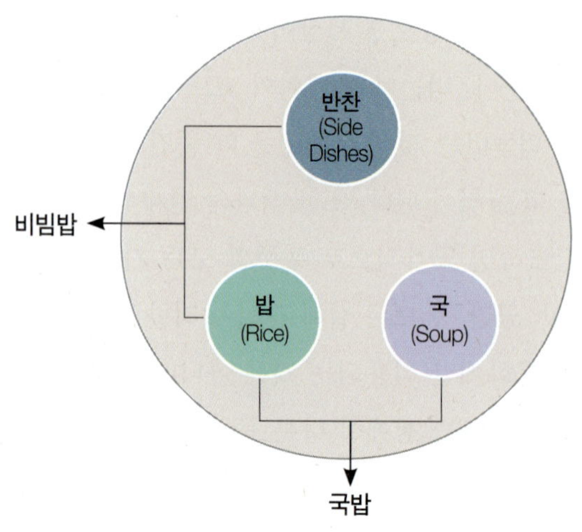

그림 5-6 ▶ 한식 상차림의 조합원리

모든 반찬을 한꺼번에 차려서 먹을 수 있게 한 한식 상차림은 메뉴 선택의 시간적 가역성이 뛰어나다는 점이 특징이다. 적어도 밥상을 치우기 전까지는 각 재료에 대한 다른 재료와의 궁합을 다양하게 시도해 볼 수 있다. 세계의 어느 나라에도 한식만큼 고객화, 고도화된 밥상은 없다. 한식은 양식처럼 나오는 대로 무조건 먹어야 하는 것이 아니라 내가 원하는 반찬의 조합을 마음껏 시도할 수 있기 때문이다. 이는 한식이 개별 메뉴의 특징을 부각시키기보다 음식 간의 조화에 더 중점을 두고 있음을 의미한다.

이를 수학적으로 비교해 보면 차이가 확연히 드러난다. 우선 3개의 장醬과 5개의 반찬이 등장하는 한식 상차림 조합의 수를 보면 각 반찬 고유의 맛에 밥과 국, 장을 포함해 10가지 재료가 순서 없이 나열되는 것이므로 총 97개의 개념적 조합이 가능하다. 양식의 경우 주재료와 소스만으로 구성된 접시를 한 코스라고 가정할 때, 7개 코스가 서비스되는 요리는 각각의 재료 2개와 둘의 조합 1개가 만들어내는 3가지 맛뿐이며, 일단 서비스가 끝난 메뉴는 다시 식탁에 올릴 수 없으므로 7가지 코스의 경우 21가지 조합이 탄생한다. 여기에 와인이 더해지면 물론 그 조합의 수는 더 늘어나지만, 한식이 모든 경우의 수가 다 맛의 조합으로 이어질 수는 없다고 하더라도 양식보다 더 많은 음식 간의 조합을 보인다는 것을 단순화된 모델로도 쉽게 알 수 있다.

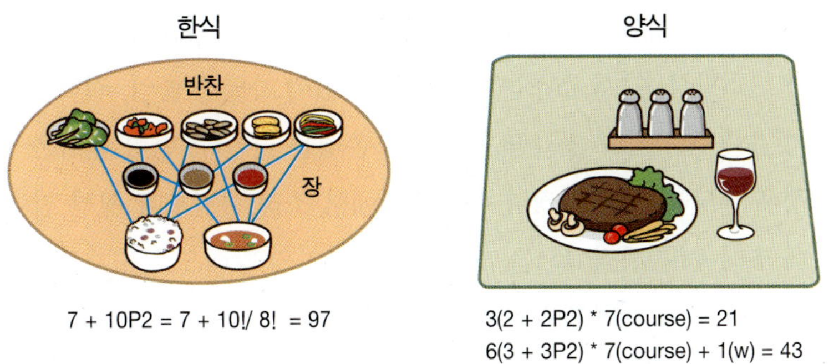

그림 5-7 ▶ 잠재적인 맛의 조합의 수 비교

6) 양념장

한식의 양념장과 서양의 소스는 제조과정, 가열 여부, 핵심공정, 준비기간 등에서 문화적 차이가 존재한다. 소스 제조과정에서 양식은 불필요한 것(물)을 분리 · 배제하기 위해 열을 쓰는 '졸임'이 중심이라면, 한식은 통합을 위해 기다림을 필요로 하는 '발효'가 중심이다. 즉 물에 맛과 향을 더해가면서 수분을 증발시켜 나가는 것이 양식 소스의 핵심 과정인 반면, 한식 양념장은 일부 재료를 버리거나 배제하는 일 없이 모두를 수용하여 새로운 개념의 맛을 만들어낸다. 한식에서는 양식 모체 소스mother sauce와 같이 만드는 데 시간이 오래 걸리지 않고 만드는 과정이 비교적 간단하다. 필요한 양만큼 그때그때 만들어서 쓸 수 있다는 것도 양식의 모체 소스와 다른 특징이라고 할 수 있다.

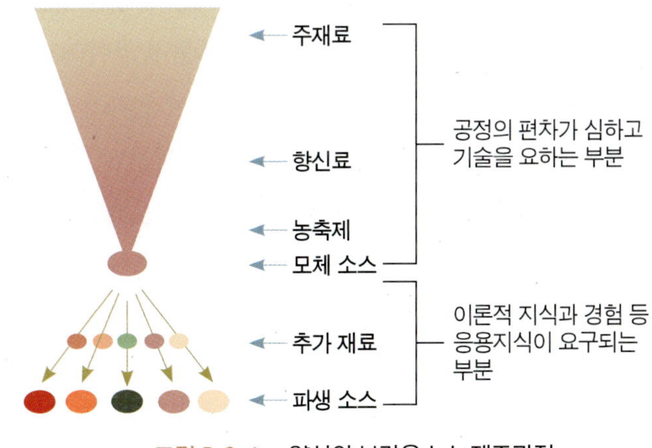

그림 5-8 ▶ 양식의 브라운소스 제조과정

한식 양념장의 조합 형태는 양식의 대표적인 브라운 소스와 시간적으로 비교해 보면 확연히 차이가 드러난다. 양식 소스는 발효과정이 없이 가열과 졸임, 걸러냄을 통해서 재료가 가지는 맛을 농축시키고 냉각을 통해서 보존성을 높인다. 반면 한식은 양식 모체소스의 제조과정에 해당되는 발효 장류 제조과정에서 조리 시점보다 훨씬 전에 미리 일어남으로써 실제 조리 응용 시점에서는 가열보다는 비가열 방식으로 주재료와 혼합해 양념장으로 재어 놓거나 바로 먹는 방식을 택하고 있다.

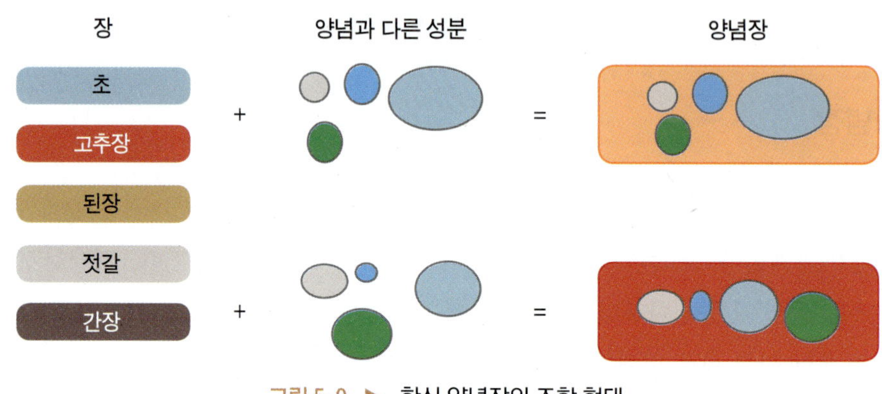

그림 5-9 ▶ 한식 양념장의 조합 형태

양식의 기준이 되는 모체 소스는 재료의 출발점과 준비기간 등에서 차이를 보이는데, 양식이 물과 우유, 토마토 등을 기본으로 한다면, 한식은 묵힘과 삭힘에 의한 장류를 기본으로 한다. 또 양식이 주기적이고 반복적으로 소스를 준비해야 하는 데 비해 한식은 매년 한 번 대규모로 장을 만들어 저장해 놓고 이 발효식품을 연중 활용한다는 점이 다르다.

양식 소스 제조 시 불필요한 부분을 제거하는 조리과정을 졸임이라고 하는데, 이 과정에서 불火과 기구와 시간이 필요하다. 또 육수를 걸러내는 여과 과정을 거치고 가열한 육수를 위생적으로 관리 · 보관하기 위해 냉각과정을 거쳐야 하는데, 이 과정에서 여러 기물과 설비가 다시 필요하다. 반면 한식에서 양념장을 만들 때는 배합이나 농도 조절 등에 기물이 주로 쓰이므로 별도의 기물이 필요하지 않고 종지 등에서 간단히 양념장을 만들 수 있는 것이 차이라고 할 수 있다.

파생 소스의 탄생 방법도 양식 소스가 향신료나 새로운 맛을 첨가함에 따라 달라진다면, 한식의 경우에는 기존에 있는 재료 간의 배합비에 따라 새로운 양념장이 탄생한다고 할 수 있다. 농도를 맞추는 법도 양식 소스가 전분이나 크림을 이용해 표준 농도 수준에 맞게 묽음에서 짙음으로 가는 비가역적 구조라면, 한식은 된장과 같이 재료는 원래 농도가 된 상태에서 더 묽은 형태로 진행하는 반대의 경우도 있기 때문에 농도 조절이 쌍방향 조절방식가역적이라고 할 수 있다.

7) 한국의 대표문화 코드로서의 한식

한식은 음식이 가진 영양 섭취와 감각적 즐거움이라는 기능적 요소 외에 음양오행이라는 관념적 코드를 더함으로써 맛, 색, 온도 등 다양한 감각적 요소가 고명, 장식, 기물, 상차림 등과 연계되는 고도의 식문화 코드체계로 형성되었다. 조리 측면에서도 만드는 사람이 필요한 것을 끌어내기 위해 불필요하다고 생각되는 것을 버리고 차단하고 가열을 통해 변형시키기보다 발효과정을 통해 비가열이면서도 조리를 거쳤고, 날것이면서도 자연적 수단에 의해 또 다른 변형을 이룬 새로운 조리법의 패러다임을 구축해 왔다.

한식 상차림은 밥을 중심으로 주식과 부식으로 차려진 밥상이라는 통합체 안에서 메뉴라는 계열체를 담고 있는데, 각각의 계열체를 시간적으로 가역성이 있는 공간전개형 상차림으로 펼쳐냄으로써, 밥을 먹는 사람이 주어진 시간과 공간 안에서 맛을 선택적으로 조합할 수 있는 여지를 남겨두었고, 이 행위의 개입을 통해 밥상이 본래 가졌던 다중의미체적인 속성은 한층 극대화된다. 이러한 밥상 차림의 형식적 전통은 먹는 사람의 정신세계와의 상호작용을 통해 한국인의 정서와 사고방식에 영향을 미쳐왔고 한국인의 문화적 DNA를 세대를 이어 전수하고 집단의 동질성을 강화시키는 기제로 작동되어 왔다.

경쟁력 있는 푸드큐레이터는 객관적이고 이성적인 한식 이야기를 전달하기보다는 수신자가 궁금해하는 한식 밥상의 고차원적인 의미와 상징을 상대 눈높이에 맞게 기호학적으로 탈코드화하여 커뮤니케이션하려는 자세가 필요하다. 이를 위해서 한국의 대표 문화 코드로서의 한식 정체성과 식문화에 대한 진지한 학습과 통섭적인 고찰이 필요하다. 또한 한식에 대한 관습적 해석이나 모두에게 통하는 보편적인 해석을 바탕으로 시대에 맞는 창조적인 해설을 할 수 있는 능력을 갖춰야 한다.

생각해 보기

2012년 스페인에서 열린 '마드리드 퓨전 2012' 행사에서 한국이 주빈국으로 초청되었다. 환영만찬은 시간전개형 코스요리로 한식을 소개하였으며 모든 음식은 한국에서 조달된 식재료로 만들어졌다. 다음 그림의 메뉴 구성, 식기, 상차림, 서비스 방법 등이 한식과 한식문화의 기호를 잘 표현하고 있는지, 신선로에 대한 반응이 뜨거운 이유는 무엇이며 왜 이런 기물을 사용하냐고 묻는다면 어떻게 설명해 줄 것인지 생각해 보고 각자 환영만찬을 다시 기획한다면 어떤 한식을 제안할 것인지 제안해 보자.

마드리드 퓨전 2012 환영만찬 메뉴(Madrid Fusion 2012 Welcome Dinner Menu)

9품 전채

- 인심과 어란: 6년근 인삼과 자연 건조시킨 숭어알 요리
- 육회: 신선한 쇠고기를 채 썰어 소금, 참기름으로 양념
- 밀쌈: 밀전에 쇠고기, 갖은 채소, 달걀지단채 등을 넣어 돌돌 말은 요리
- 더덕무침: 더덕의 뿌리를 잘게 썰어 잣가루, 소금, 설탕으로 양념
- 돼지보쌈: 삼겹살을 저온으로 구워 된장소스와 무 속을 함께 먹음
- 게살무침: 꽃게살을 레몬, 후춧가루, 마요네즈, 겨자와 버무린 음식
- 해삼선: 건해삼을 물에 불려 새우살을 채운 뒤 옷을 입혀 기름에 튀긴 음식
- 두부튀김과 양념장: 연두부 튀김에 새콤한 간장양념장을 곁들임
- 닭강정: 닭고기를 잘게 다져 양념한 뒤 볼 모양으로 튀겨 양념장에 버무림

메인 요리

- 잡채
- 궁중 해물 신선로
- 비빔밥과 반찬(김치, 갈비찜, 다시마튀각)

후식

- 감운무, 과일, 고시볼, 율란
- 모둠한과

3. 기호학적 접근을 통한 미식관광 해설 실무

비빔밥을 한국의 대표 음식으로 자리 잡게 한 비벼 먹는 방법이나 뜨거운 국물에 밥을 말아 먹기나 다양한 채소 쌈을 즐기는 것 등은 역사 속의 시대적 배경이나 생활상과도 연결 지어 설명할 수 있는 한국의 고유 식문화이다. 우리는 왜 비벼 먹고, 쌈 싸 먹고, 말아 먹는지 그 의미와 상징을 이해하는 것은 한식, 한국인, 한국문화를 해설하는 데 매우 중요하다.

1) 한국인의 고유 식문화

(1) 비빔문화

비빔의 사전적 의미는 '밥이나 국수 따위에 고기나 나물을 넣고 양념이나 고명을 섞어서 비빈 음식'으로 되어 있다. 비빔의 옛말은 골동汨董인데 어지러울 '골'자와 비빔밥 '동'자를 사용한다. 비빔밥의 유래는 제사를 마치고 제사의 음식을 한데 섞어 나눠 먹었다는 설과 바쁜 농번기에 새참으로 먹었다는 견해가 있다.

비빔밥은 단지 간편한 한식의 한 종류로 보는 것에 그치지 않고 한국의 정체성이 녹아 있는 대표 음식으로서 의미를 많이 부여하고 있다. 예를 들어 비빔밥은 각기 다른 맛을 내는 재료가 합쳐져 어우러진 맛이 만들어지기 때문에 이로부터 융합과 상생, 소통의 의미를 부여하여 기업이나 정치권에서도 '비빔밥 정신'이라는 말을 사용하기도 한다. 때로는 비빔밥에서 파격을 찾기도 한다. 가지런하게 아름다운 꽃과 같은 모양으로 준비된 화반을 눈으로 잠시 감상한 후 마구 비벼 형체를 없애는 파격적인 행동이 필요한 음식이라는 것이다.

이러한 융합과 상생, 파격의 비빔밥 정신은 예술에서도 볼 수 있다. 비디오 아트 창시자인 백남준은 여러 장르의 예술을 혼합하는 멀티미디어 시대에서 서로 다른 것을 잘 섞어야 제맛이 나는 비빔밥에서 예술적 영감을 받았다고 하며 스스로 자신의 예술을 '비빔밥 미학'이라고 평가했다고 한다. 결국 '비빔'이라는 한국의 조리법이자 문화는 영어의 'mix'라는 단순한 의미를 넘어서 한국인의 성격과 생활을 더없이 잘 표현해 주는 독특한 음식문화의 한 부분이 되었다.

(2) 탕문화

한국 사람들은 국물을 유난히 좋아한다. 일반적 상차림의 기본도 밥과 국으로 이루어져 있고 국에 밥을 말은 형태의 음식인 탕반湯飯 또는 장국밥이 있어 여기에 김치 한 가지만 더하여 한 끼를 거뜬히 해결한다. 보통 고기를 주로 이용한 탕 종류에 설렁탕, 갈비탕, 곰탕, 육개장, 장국밥이 있다. 조선시대 풍속화를 보면 주막이나 상터에서 큰 가마솥을 걸어놓고 국밥을 퍼주는 모습을 볼 수 있는데, 정식으로 차리는 상보다 간소하여 전쟁터나 노역장에서 사람들에게 간편하게 나눠줄 수 있는 음식으로 이용되었다. 고깃국 한 그릇과 밥 한 공기로 한 끼를 든든히 먹을 수 있는 장국밥에는 재료와 마는 방법, 붓는 장국, 얹는 고명에 따라 30~40종류가 존재하며 지방에 따라 독특한 향토 음식으로 자리 잡고 있다.

이처럼 탕을 위주로 한 국밥의 종류가 많은 것은 말아 먹는 습관 때문이다. 사전적 의미로 '말다'라는 '밥이나 국수를 국물에 넣어서 풀다'라고 되어 있다. 물론 서양에도 수프가 있고 일본과 중국에도 국물이 있는 음식이 있지만, 한국처럼 국에 밥을 말아 먹지는 않는다. 한국에서는 말아 먹는 국밥의 형태가 일반적이었으므로 국과 밥을 따로 제공하는 경우 '따로국밥'이라는 명칭이 별도로 생겼을 것이라는 의견도 있다. 말아 먹는 습관이 생기게 된 이유에 대해서는 농사가 주요 산업이었으나 늘 음식이 부족하고 더군다나 고기는 매우 귀한 식재료이므로 적은 양의 고기를 여러 식구가 나누어 먹으려면 국을 끓이고 밥을 말아서 먹을 수밖에 없었을 것이라는 의견과 외침이 많았던 우리 민족이 전쟁통에 끼니를 빠르게 해결하기 위해서는 국에 밥을 말아 후루룩 마셔버리는 형태를 선호했을 것이라는 의견도 있다.

현대에 와서는 말아 먹는 습관에 대해서 건강과 결부 지어 나트륨의 섭취 증가나 고열량으로 인해 자제하는 분위기가 있다. 하지만 2012년 한식재단이 펴낸 '한국인이 사랑하는 오래된 한식당'을 보면 한국에서 50년 이상 영업을 유지하면서 사람들에게 꾸준한 사랑을 받아온 한식당 중 상당수가 설렁탕, 곰탕, 갈비탕, 삼계탕, 꼬리곰탕, 추어탕 등 탕반 전문점이다. 그만큼 말아먹는 습관에서 비롯된 탕반 문화는 한국 사람의 식문화에 있어서 매우 소중하고 중요한 부분을 차지하고 있다고 하겠다.

(3) 쌈문화

한국의 독특한 음식문화로 '쌈'이 있다. 물론 다른 나라에도 음식을 싸 먹는 것은 존재한다. 멕시코 음식 중 밀이나 옥수수 반죽으로 만든 또띠야를 기본으로 하는 타코, 버리토, 퀘사디아 등을 들 수 있으며, 라이스 페이퍼인 반짱을 이용한 베트남의 냄곤nemcuon, 중국의 유명한 베이킹 덕도 밀전병에 싸 먹는다. 우리나라도 다른 나라와 유사하게 밀이나 메밀을 이용하여 전병을 이용한 구절판, 메밀전병 등이 있지만 한국의 쌈이라고 하면 상추를 비롯한 '채소쌈'이 대표적이다. 위에 설명한 외국의 쌈은 탄수화물로 만든 전병에 다양한 재료를 채우는 형태이지만, 채소 쌈은 반대로 다양한 채소에 탄수화물인 밥, 또는 고기를 싸 먹는다. 채소 쌈은 다양한 채소를 이용하는데 잎사귀가 손바닥만 하게 조금 넓고 크면 거의 쌈 재료로 이용된다. 쌈 채소로 주로 이용되는 채소들로는 상추, 배추, 깻잎, 미나리, 쑥갓, 콩잎과 쪄먹는 호박잎, 양배추 등이 있다. 또한 다시마, 김, 미역 등 해조류와 푹 익힌 김치도 양념을 털고 물로 헹구어 쌈으로 이용하기도 한다.

생채소를 곁들인 쌈 문화가 발달한 것은 사계절이 뚜렷하고 국토의 70%가 산으로 둘러싸인 한국의 지형 특성상 신선한 채소와 산나물을 구하기 쉬웠기 때문이다. 그런데 이러한 쌈 문화는 단지 음식에 그치는 것이 아니라 우리 민족의 실생활에 나타난 상징적 의미로 보는 견해도 있다. 언론인 이규태는 '싸다'는 것은 외부로부터 내부를 가리는 행위로 외개문화外開文化를 대하는 내향적인 문화가 우리 생활문화의 기조가 되어 있음을 말한다. 사립문이며 안방 문까지 활짝 열어 놓고 논밭 일을 나가는 것에 익숙한 한국인이 울타리나 담을 쳐놓고 살았던 이유는 바로 외부로부터 내부를 가리기 위한 쌈 문화의 소산이라는 것이다. 문화인류학자 마거릿 미드Margaret Mead가 '한국의 치마저고리는 입는 옷이 아니라 싸는 옷'이라고 한 말처럼 장옷으로 온몸을 감싸는 옷이 만들어진 것도 쌈문화에서 비롯되었다고 설명하기도 한다. 의식주에 나타난 감싸는 것에 대한 선호는 한국인의 특성과 문화를 이해하는 한 가지 방법이 될 것이다. 채소 쌈이 한식의 독특한 기호라면 우리나라 횟집이 한식인 이유를 상차림과 채소쌈 기호로 충분히 설명할 수 있다.

2) 세시 음식 이야기

농경사회였던 한국은 성공적인 농사를 위하여 24절기를 중요하게 여겼으며 이외 4대 명절에 속하는 설, 한식, 단오, 추석과 삼복초복, 중복, 말복을 지켜 음식을 준비하였다. 또한 한국인은 홀수를 좋아하여 홀수이면서 달과 날이 겹치는 단오5월 5일, 칠석7월 7일, 중양절9월 9일과 같은 날을 큰 명절로 여겼다. 명절에는 다양한 음식을 준비하여 조상에게 제를 올리고 가족과 이웃이 서로 나누어 먹었는데, 이를 절식holiday foods이라고 한다. 또한 봄, 여름, 가을, 겨울 각 계절에 나는 식재료로 만드는 음식은 모두 시식seasonal foods이라고 한다. 이처럼 일 년 중 때마다 만들어 먹는 명절음식名節飮食과 시절음식時節飮食을 일컬어 세시음식歲時飮食이라고 한다. 주요 명절과 절기에 관련된 음식들의 의미와 상징을 알아보면 다음과 같다.

(1) 명절음식

① 설날(음력 1월 1일)

설날은 정월 초하루를 이르는 말로 원일, 원단, 세수, 신일이라고도 하는데 한 해의 시작을 뜻한다. 설날에는 세배 온 손님을 위해 여러 가지 음식을 준비하는데 이를 '세찬'이라고 하며 대표적인 설 음식은 떡국이다.

- 떡국: 소고기 육수에 어슷하게 썬 떡을 넣고 끓여 편육과 황·백 지단으로 고명을 올려 내는 음식으로 설날 흰 떡국을 먹음으로써 한 해 동안 재물이 풍성하기를 기원. 흔히 '떡국을 먹으면 나이를 먹는다'라고 표현하는데, 한국풍속세시사전에 따르면 떡국은 오래 살기를 기원하는 무병장수를 의미

② 정월대보름(음력 1월 15일)

음력 정월보름으로 아침에 부럼이라 하여 껍질이 단단한 밤, 호두, 은행, 무 등을 깨물어 한 해의 무사태평과 부스럼이 없기를 축수한다. 정월대보름의 대표적인 절식은 오곡밥, 묵은 나물, 복쌈, 귀밝이술 등이 있다.

- 오곡밥과 묵은 나물: 5가지 곡식을 섞어 지은 잡곡밥과 도라지, 표고, 숙주, 무 등 말린 나물은 풍년을 기원하고 더위를 이긴다는 의미

- 복쌈: 오곡밥과 묵은 나물을 김과 산나물을 곁들여 먹는 것으로 새해의 복을 싸서 먹음으로써 새해의 복이 끝없이 계속되기를 기원하는 의미
- 귀밝이술: 차가운 청주로 귀가 밝아지고 좋은 소식만 들을 수 있다는 의미

③ 추석(음력 8월 15일)

추석은 1년 중 가장 크고 둥근 달을 볼 수 있는 날로 한가위, 가배일 또는 중추절仲秋節이라 부르며 설날과 함께 가장 큰 명절이다. 햇곡식으로 송편과 신도주를 빚고 햇과일로 조상에 차례를 지내고 성묘한다. 대표적인 음식으로는 오려송편, 토란탕, 주악 등이 있다.

- 오려송편: 햅쌀로 빚고 소를 넣어 솔잎을 깔고 찐 떡으로 은은한 솔 향기와 함께 가을 산의 정기를 한껏 받아 건강해지기를 기원
- 토란탕: 쇠고기 양지머리 육수에 토란을 넣고 끓인 맑은 탕으로 추석날에 과식을 해서 배탈이 나기 쉬우므로 소화성이 좋은 토란을 탕으로 끓여 먹음

(2) 시절식

① 단오(음력 5월 5일)

단오, 수릿날, 중오절, 단양이라 불렀으며, 일 년 중 가장 양기가 강한 날로서 부녀자들이 창포 삶은 물로 머리를 감고, 창포 뿌리를 깎아 비녀를 만들어 '수복'이라는 글자를 새겨 꽂기도 하였다. 대표 음식은 무더운 여름을 건강하게 나기 위한 제호탕, 준치탕 등이 있다.

② 중양절(음력 9월 9일)

봄에 왔던 제비가 강남으로 떠나는 날로 산과 들로 나가 단풍을 감상하며 가을에 가장 아름답고 향이 좋은 국화꽃을 띄운 술을 마시고 시를 지었다. 국화는 예부터 선비들이 사군자四君子의 하나로 귀히 여겼으며 약으로 쓰거나 국화전, 국화주를 빚는 데 이용되어 왔다. 대표 음식은 국화술, 국화전, 신설로, 연포탕, 유자화채 등이 있다. 신선로는 여러 가지 어육과 채소를 색스럽게 돌려 담고 육수를 부어 끓이면서 먹는 음식으로 입을 즐겁게 하는 탕이라 하여 일명 '열구자탕悅口子湯'이라고도 한다.

③ 동지

일년 중 밤의 길이가 가장 긴 동지는 반드시 음력 11월에 들어서 음력 11월을 동짓달이라 불렀다. 또한 동지를 민간에서는 작은 설로 부르며 크게 축하했다. 이 날은 온갖 귀신과 잡신을 쫓는다는 벽사의 뜻으로 팥죽을 쑤어 먹는데 동짓날 팥죽을 먹으면 팥죽의 붉은 색이 악귀를 쫓아 잔병을 없애고 건강해진다고 믿었다. 그리고 설날 떡국을 먹듯이 동짓날에는 새알심 넣은 팥죽을 먹어야 한 살 더 먹는다고 생각하여 자기 나이 수만큼 새알심을 넣어 먹는 풍습이 있다.

3) 통과의례 음식 이야기

통과의례通過儀禮는 출생, 성년, 결혼, 사망 등 사람이 태어나 죽을 때까지 겪어야 할 일생의 의식을 통틀어 말한다. 전통적으로 한국인은 특히 백일, 돌, 혼례, 회갑(수연례), 제례를 중요한 의례로 여기고 그에 맞는 특별한 의식과 음식을 준비해 왔다. 통과의례 관련 음식들의 의미와 상징을 알아보면 다음과 같다.

(1) 삼칠일과 백일

삼칠일은 아기가 태어난 지 21일째 되는 날로 가족과 친지들이 모여 아이의 탄생을 축하하고, 산모의 노고를 치하하는 의미에서 생겼으며 흰쌀밥과 소고기 미역국, 백설기 등을 먹는다. 또한 백일은 출생 후 백일째 되는 날로 아기가 완전한 한 사람의 모습을 갖추기 위한 단계를 무사히 거쳤음을 축하하는 의미가 있고 흰밥과 미역국, 백설기, 붉은 수수경단, 오색 송편을 차렸으며, 백일 떡은 백 사람에게 나누어 주어야 장수한다고 믿었다. 백설기는 삼신三神과 아기의 신성함을 나타내기 위해 흰쌀로만 만든다.

(2) 첫돌

우리나라에서는 아기가 태어나서 만 1세가 되는 생일을 첫돌이라 하여 축복을 위한 상차림과 함께 아기의 앞날을 점쳐보는 돌잡이 행사를 한다. 요즘은 연회를 전문으로 하는 외부장소에서 서양식 식탁과 장식을 곁들여 돌상을 차리기도 하지만, 예나 지금이나 첫

돌을 축하하기 위해 차려지는 음식에는 큰 변화가 없다. 아기 돌상에는 음식 외에도 아기의 무병장수와 다복을 기원하는 여러 상징물을 올려놓았는데 아이가 무엇을 잡는지에 따라 어른들은 아이의 인생을 예측했다. 요즘에는 이런 전통이 조금 변형되어 돌상에 마이크나 청진기, 축구공, 판사봉 등을 흔히 볼 수 있는데 이는 지금 시대에 인기 있는 직업인 가수, 의사, 운동선수, 판사 등이 되기를 바라는 부모 마음을 알 수 있다.

표 5-3 ▼ 전통 돌상 차림 음식과 돌잡이 물건

돌상에 차려지는 음식	백설기, 수수팥단자, 오색송편, 과일
전통 돌잡이용 물건과 음식	• 공통: 쌀, 돈, 대추, 연필(과거: 붓과 먹), 책(과거: 남아는 천자문, 여아는 국문 책) • 남자아이: 활, 화살 • 여자아이: 색지, 실패, 자
돌잔치 대접 음식	쌀밥과 미역국 위주의 반상
돌잔치 선물	실, 돈, 금반지, 은수저

(3) 혼례

혼례는 여러 사람의 축복을 받으며 인생의 새로운 출발을 하는 것인 만큼 한국 통과의례 중 대표적인 경사에 속한다. 한국의 전통적 혼례는 혼담이 오가는 것에서 시작하여 시집간 딸이 친정에 가서 부모님을 뵙는 근친覲親까지 길고 복잡한 의례가 따르게 된다. 이에 따라 음식도 납폐의 봉치떡, 폐백음식, 이바지음식, 근친의 차반 등 다양하게 준비하였는데 현대에 와서도 꾸준히 이어지는 것은 폐백음식과 이바지음식이다.

① 초례상

전통 혼례를 나타내는 초례상에 차리는 음식은 지방마다 조금씩 차이가 있지만 보통 정화수 한 대접을 중앙에 놓고 쌀, 팥, 콩, 밤, 대추, 곶감, 과일과 떡을 올린다. 그 밖에 올리는 것으로 보자기에 싼 닭 한 쌍, 송죽화병 한 쌍, 청색 · 홍색 양초를 꽂은 촛대 한 쌍 등이 있다. 송죽이나 사철나무는 굳은 절개를, 밤과 대추는 장수와 다남多男, 닭 한 쌍은 동고동락을, 청홍색의 양초는 음양의 조화를, 그리고 종이꽃은 아름다움을 상징한다.

그림 5-10 ▶ 전통 혼례상

② 폐백 음식

폐백 음식은 신부가 시댁 어른들께 인사를 올리기 위해 신부 측에서 준비하는 음식으로 지역과 집안에 따라 조금씩 차이가 있지만, 보통 대추 고임과 육포 등이다. 이때 준비하는 대추는 자손을 생산해 대를 잇겠다는 시아버지께 드리는 약속이며, 육포는 시어머니께 드리는 음식으로 시댁 어른을 공경하며 잘 모시겠다는 의미를 담고 있다. 또한 폐백 구절판을 준비하는데 구절판은 아홉 개의 목각 그릇에 잣, 은행, 어포 등을 담으며, 예로부터 9는 부와 행운, 완전함과 충만함을 의미한다.

③ 이바지 음식

이바지는 신붓집이나 신랑집에서 신랑 신부와 함께 온 후행 또는 상객들이 돌아갈 때 큰상에 차렸던 음식을 싸서 보낸 것이다. 본래 의미는 새 식구가 들어왔음을 고하는 시댁 제사에서 사용할 음식을 신부가 마련하는 것으로서, 시부모님을 잘 모시겠다는 마음의 표현이자 친정어머니의 솜씨와 정성을 담아 보내는 음식이었다. 그러나 지금은 시댁 식구들에게 인사하는 의미로 이바지 음식을 가지고 간다. 보통 국수, 산적, 갈비, 편육, 건어물, 찜, 전, 한과, 떡, 술 등을 준비한다. 요즘은 '신행新行음식'이라고도 불리는데 신랑 신부가 신혼여행을 마치고 친정에 와서 음식을 가지고 가는 것을 뜻하며, 메뉴도 점차 간소화되는 추세이다.

(4) 수연례

사람이 살아가는 데 있어서 생일은 개인적으로 매우 뜻깊은 날로서 다양한 방법으로 축하를 하게 된다. 첫돌 이후 다시 생일이 중요해지는 때는 60세 이상이 되어서이다. 수연례란 바로 60세 이상 되는 어른의 생신날을 맞아 자손들이 손님을 초대하여 잔치를 열고 생신을 맞은 어르신에게 장수를 기원하는 의식을 말한다. 예전에는 짧은 수명 탓에 수연 중 자기가 태어난 해로 돌아왔다는 의미를 가진 회갑回甲, 즉 61세 생일상을 성대하게 차렸지만, 지금은 70세 생일인 칠순에 더 비중을 두고 축수祝壽를 한다. 상차림 음식은 고배상큰 잔치 때 보기 좋게 과일, 떡, 한과 등의 음식을 높이 괴어 올려 차린 큰 상, 찬물, 떡, 국수를 준비한다.

(5) 제례

제례는 돌아가신 조상을 추모하여 지내게 되는 의례 절차로, 매년 돌아가신 날에 지내게 되는 기제忌祭와 정월 초하루 및 추석에 지내는 속절제俗節祭가 가장 대표적 제례이다. 제사는 '자손의 효'에 대한 의미를 담고 있어 제사상의 제물 가짓수나 양보다는 형편에 맞춰 정성껏 마련하는 것이 중요하다. 제사를 위하여 마련하는 제물은 술, 과일, 포, 밥, 갱탕, 적, 전, 김치 등의 찬물이 있다. 제기로 사용되는 그릇은 평소 사용하는 그릇과는 달리 굽이 있는 그릇으로 보통 나무, 유기, 백자로 만든 제기를 사용한다.

4) 궁금한 음식 이야기

미식관광 시 관광객이 듣고 싶은 음식 이야기는 무엇일까? 미식관광 산업은 농업에서부터 서비스업까지 다양한 업종이 밀접하게 연계되어 있으며, 공급 체인supply chain 상의 각 단계마다 식자원 유형이 달라 고객이 듣고 싶은 음식 관련 이야기 또한 다양할 수 있다. 식재료 산지나 식품공장, 유통시장 등을 방문할 경우 식재료의 객관적이고 과학적인 맛 프로파일이나 가공 기술 등에 초점을 맞춘 해설이 필요한 반면, 쿠킹클래스 체험이나 레스토랑에서 식사를 즐길 때는 기호학적 관점의 식문화 해설이 더 중요하다. 다음은 각 단계별 고객이 듣고 싶은 내용을 간단히 소개한다.

(1) 농업: 자연환경과 농산물

- 식재료는 무슨 맛, 향을 가졌을까?
- 품종과 원산지에 따라 식재료 맛은 어떻게 다른가?
- 산지 특유의 지리적 특성에 따라 식재료 맛은 어떻게 다른가?
- 재배 방법, 수확시기, 생산자농부에 대한 이야기
- 이 식재료로 어떤 요리를 만들 수 있을까?

(2) 제조업: 식품가공기술

- 저장, 냉장, 냉동, 및 포장 기술이 식재료 맛과 향에 어떤 영향을 미치는가?
- 왜 이런 저장 기술이 발달하였는가?

(3) 유통업: 식품매장과 전통시장

- 진열된 식재료 관련 이야기
- 신선한 식재료 고르는 방법은?
- 한국인이 유독 많이 먹는 식재료와 그 이유는?
- 여기서만 살 수 있는 식재료는?
- 상인들의 사는 이야기
- 시장의 역사와 특성

(4) 서비스업: 쿠킹클래스와 레스토랑 등

- 사용된 식재료에 관한 정보
- 요리하는 방법은?
- 조리법에 따라 식재료의 맛과 향은 어떻게 달라질까?
- 요리하는 사람은 누구일까?
- 집에서도 쉽게 만들어 먹는 방법은?
- 어떤 맛일까?

- 맛있게 먹는 방법은?
- 차리는 방법과 식사 예절은? 왜 그렇게 하는지?
- 어떤 메뉴랑 어울릴까?
- 잘 어울리는 전통주나 와인은?

5) 외국인이 궁금해하는 한식문화 이야기

한식 밥상에 익숙하지 않은 외국인들은 한식문화에 대한 호기심이 많다. 중국이나 일본과는 달리 한국인은 왜 숟가락과 젓가락을 모두 사용하는지, 왜 비벼 먹고 쌈 싸 먹고 말아 먹는 음식이 발달했는지, 밥상에 오르는 반찬이 왜 이렇게 많은지, 공깃밥 추가는 유료이나 반찬 추가는 왜 돈을 받지 않는지, 왜 뜨거운 돌솥이나 뚝배기에 음식을 담아 먹는지, 왜 고기를 가위로 잘라주는지 등의 질문을 많이 한다. 또한 한국인은 사람을 만나 인사할 때 왜 "식사하셨어요?"라고 인사를 하는지 물어보는 외국인들도 많다고 한다. 이러한 질문에 대해 이제는 충분히 설명할 수 있으리라 판단된다. 우리에게 익숙한 것들이 외국인들에게는 모든 것이 진기해 보여 관심과 흥미의 대상이 될 수 있음을 기억하고 관광객 측면에서 궁금한 한식 이야기를 발굴하여 정리해 보자.

CHAPTER

미식관광 해설과 맛 체험

우리는 맛의 시대에 살고 있다고 해도 과언이 아니다. 일상에서뿐만 아니라 특별한 날이나 여행을 갈 때에도 제일 먼저 찾아보고 결정을 하는 것이 먹거리에 관한 것이다. 최근에는 음식을 먹기 전 사진을 찍는 것이 당연한 순서가 되었고 이를 통해 음식을 눈으로 즐기며 추억으로 남기기도 한다. 즉, 먹는 것에 대한 즐거움이 다양해지고 있는 것 같다. 그런데 우리는 정말 음식을 제대로 즐기고 있는 것일까? 사람들은 무엇을 먹을 것인가에 대한 관심은 많지만 음식이 가진 본연의 맛이 무엇인지, 왜 우리가 그 음식을 맛있게 생각하는지는 별로 생각하지 않는다. 이에 본 장에서는 맛 체험에 대한 이해를 바탕으로 미식관광에서 있어서 맛 체험의 중요성과 활용방법을 알아보고자 한다.

1. 맛 체험의 이해

맛 체험이라고 하면 미각교육을 떠올리는 경우가 많다. 미각교육은 보통 기본 맛이라고 하는 짠맛, 단맛, 신맛, 쓴맛을 중심으로 하여 맛을 구분하거나 각각의 맛을 인지할 수 있는 능력을 배양하는 것을 중점으로 하고 있다. 그렇다면 맛 체험은 미각교육과 어떻게 다를까? 맛 체험은 미각교육처럼 맛의 인지를 기본으로 하되, 지역 환경이나 품종이 다른 식재료나 음식을 사람이 가진 모든 감각을 활용하여 다양한 방법으로 체험해보고 느껴보는 것이다. 따라서 맛 체험은 음식을 구성하는 재료 본연의 맛, 다른 재료와의 조화, 완성된 음식에서 차지하는 각 재료의 맛의 비중 등을 제대로 느끼고 체험하는 것에 중점을 둔다. 그러므로 맛 체험은 완성된 음식의 맛에 대한 구분이나 인지로 그치는 것이 아니라 각 재료의 품종이나 품질 특성의 이해를 바탕으로 재료가 생산된 지리적 특징 및 환경떼루아: terroir의 영향 요소를 파악하고 오감을 최대한 활용하여 식재료나 음식을 체험한다는 면에서 단순한 미각교육과는 차이가 있다고 하겠다.

1) 맛 체험의 의의

자극적인 맛에 길들여진 현대인에게 적극적이고 진지한 맛 체험은 매우 의미있고 중요한 일이다. 음식을 구성하는 다양한 식재료의 맛, 조리법에 의한 맛의 향상, 셰프의 의도 등 다양한 측면에서 음식의 맛에 대한 특징을 이해하고 음미한다면 사람들은 음식을 먹는 즐거움을 알게 되고 식재료에 대한 이해도 훨씬 높아질 것이다. 즐겁고 유익한 맛 체험을 위해서는 '맛에 대한 새로운 정보'와 '기억에 남는 체험 과정'이 매우 중요하다. 식재료를 직접 생산한 생산자, 음식을 직접 만든 셰프가 들려주는 식재료나 음식에 대한 차별화된 맛 관련 설명은 그 어떤 정보보다도 음식의 맛을 특별하게 느끼게 한다. 이러한 정보를 바탕으로 오감을 활용한 맛 체험 과정을 경험한다면 같은 식재료라도 지역적인 다양성을 인지하게 되고 음식의 맛을 다채롭게 즐길 수 있게 된다. 올바른 맛 체험은 맛을 제대로 음미하게 하고 올바르고 건강한 식재료를 선택하게 만들어 결국 생산자와 소비자를 연결하는 건전한 푸드 시스템food system을 만드는 데 일조할 수 있을 것이다.

올바른 맛 체험의 의의는 다음과 같이 정리해 볼 수 있다.

- 맛 체험은 음식의 먹는 즐거움을 오감으로 체험하고 느끼게 한다.
- 맛 체험은 다양한 오감 체험 과정을 통해 음식과 식재료의 새로운 특징을 경험하게 한다.
- 맛 체험은 음식과 식재료가 가진 맛의 다양성을 존중하게 한다.
- 맛 체험을 통해 식자원과 관련된 지역의 특징을 이해하고 지역 기반 생산의 중요성을 인식하게 한다.
- 맛 체험을 통해 식재료와 음식 생산자에 대한 고마움을 느끼게 한다.
- 맛 체험을 통해 식문화 보존을 위한 사회구성원으로서의 자신의 역할을 인지하고 올바른 소비행동을 유도한다.
- 맛 체험을 통해 책임 있는 소비자와 음식시민을 양성한다.

2) 맛 체험과 떼루아

사람들은 맛에 영향을 주는 다양한 요소들이 있다는 것을 알고 있지만 실제로 음식의 맛을 제대로 음미하거나 경험하기 위한 준비는 부족하다. 이에 맛을 제대로 즐기기 위해서 제일 먼저 알아야 할 요소가 바로 떼루아terroir다. 떼루아는 주로 와인과 관련하여 많이 언급되는데 와인마다 생산되는 지역의 특성이나 자연환경에서 비롯되는 독특한 풍미나

그림 6-1 ▶ 식재료의 맛과 떼루아

출처: 벤자민 주아노(2013).

맛을 설명하기 위해 사용되어 온 용어로 최근에는 와인뿐만 아니라 다른 농식품의 특징을 설명하는 데 광범위하게 이용되고 있다.

떼루아는 흙을 의미하는 '떼르terre'의 파생어로 특정 지역의 자연환경을 다른 지역의 그것과 구별하기 위한 개념으로 쓰이고 있다. 특히 유럽에서는 지리적 표시보호제도Protected Geographical Indication, 원산지 명칭 보호제도Protected Designation of Origin, 전통 특산품 보증Traditional Speciality Guaranteed 등 지역 농식품 특성의 차이를 인지하고 이들 가치의 중요성을 인정하는 제도들이 등장하면서 떼루아는 단순히 농식품이 생산되는 지역과 자연환경이라는 지리적 특징의 범위를 넘어서 농식품의 품질이나 맛에 영향을 미치는 기술, 역사, 사람, 명성 등 농식품의 특징을 결정하는 데 영향을 미치는 사회적·기술적 요소까지 그 개념이 확대되고 있다.

EU의 지역 생산물 보호 제도

유럽 연합이 종합적으로 관리하는 지역상품 보호를 위한 제도는 원산지 명칭 보호, 지리적 표시 보호, 전통 특산품 보증 등이 있다. 이들은 각각의 심사 기준에 맞춰 통과된 역사성, 지리적 특성, 품질 등을 인정받은 상품들이며 예를 들면 프랑스 샹파뉴의 샴페인, 이탈리아 파르마의 파르미지아노 레지아노 치즈 등이 있다. 이와 같은 지역상품 보호제도는 생산물에 대한 품질인증뿐만 아니라 생산자, 가공, 유통의 전 과정에 대한 품질 인증을 의미하며, 이를 통해 지역 내 생산, 유통 관계자들이 품질인증에 대한 책무를 함께 나누고 이를 통해 발생하는 권리와 부가가치를 지역으로 다시 환원함으로써 공동체 의식을 바탕으로 한 상생의 목표를 가지고 있다.

원산지 명칭 보호(PDO)

지리적 표시 보호(PGI)

전통 특산품 보증(TSG)

출처: European Commission: Agriculture and Rural Development.

유럽 연합과 마찬가지로 우리나라에서도 지리적 표시제도를 도입하여 농산물과 수산물 및 그 가공품을 지적 재산으로 인정하고 보호하고 있다. 여주 이천쌀, 인제 콩, 횡성 한우, 순창 전통고추장 등이 그 예이다. 그러나 아쉽게도 보호되고 있는 지역생산품들의 품종, 떼루아 등의 영향에 따른 맛에 대한 차이나 특징을 잘 알고 즐기는 사람은 많지 않다. 이제라도 이러한 로컬푸드의 떼루아를 연구하고 이를 바탕으로 한 맛을 정의하여 단지 법적 인증이나 브랜드로서의 지리적 표시제를 활용하는 것이 아니라 사람들이 진정한 지역의 맛을 체험하기 위한 기본 정보습득과 신뢰장치로서 사용되는 것이 바람직할 것이다.

표 6-1 ▼ 지리적 표시제와 지역별 쌀의 떼루아 특징

지역 대표 쌀	떼루아 특징
이천 쌀 (농산물 지리적 표시 등록 제12호)	• 이천지역은 지하수가 풍부하고 분지형 지형으로 일사량과 강우가 충분하고, 계절 및 밤낮의 기온차가 커서 벼농사에 좋은 자연 요건을 갖추고 있음 • 최초로 농산물 지리적 표시 등록이 된 쌀임 • 단백질 함량이 우리나라 쌀 평균보다 0.8% 낮아 찰기와 질감이 좋음
철원 쌀 (농산물 지리적 표시 등록 제13호)	• 철원지방은 추가령 지구대를 따라 형성된 해발고도 200m 전후의 넓은 평야 지대임 • 화산활동으로 형성된 현무암 지대로 점토 함량이 높고 유기물 및 보비력이 높아 양질의 벼를 생산할 수 있는 환경 • 겨울에 춥고 낮은 기온이 오래 지속되어 병충해가 상대적으로 적어 친환경 쌀을 생산하는 데 알맞은 조건
여주 쌀 (농산물 지리적 표시 등록 제23호)	• 여주는 높은 산이 적어 햇빛을 충분히 받을 수 있고 밤낮의 일교차가 큰 영향으로 당도가 높은 벼를 생산할 수 있음 • 농업용수가 풍부한 지역으로 조선시대에는 한강수로를 통해 임금님께 진상된 특산품임
보성 웅치 올벼쌀 (농산물 지리적 표시 등록 제71호)	• 보성 웅치 올벼쌀은 햅쌀밥을 차례상에 올렸던 전통을 계승한 쌀 • 순수한 찰벼를 다 여물기 전에 수확하여 전통방식의 가마솥에서 수증기로 찌고 햇볕에 건조해 현미로 도정하는 과정을 거침 • 독특한 생산방식으로 올벼쌀은 고소한 맛을 지니고 영양소 파괴가 적다는 것이 특징임
김포 쌀 (농산물 지리적 표시 등록 제79호)	• 김포는 한강과 서해안을 끼고 있어 반도성 기후를 가지며 가을철 밤낮의 일교차가 크고 벼가 익을 수 있는 적합한 온도를 가지고 있어 벼농사의 결실을 좋게 만듦 • 아밀로스 함량이 낮아 찰기와 점도가 높은 특징이 있음 • 쌀알의 투명도가 높고 밥을 지었을 때 윤기가 있음

지역 대표 쌀	떼루아 특징
진도 검정쌀 (농산물 지리적 표시 등록 제84호)	• 진도는 해양성 기후와 유기질이 풍부한 간척지로서 오래전부터 유색미가 생산되어 온 지역으로 전국 검정쌀 생산량의 약 77%를 생산 • 진도 검정쌀은 표면에 윤기가 많고 구수한 맛과 향이 좋음
군산 쌀 (농산물 지리적 표시 등록 제97호)	• 벼농사에 적합한 자연환경, 미네랄이 풍부한 군산 앞바다의 환경을 지님 • 찰기가 많아 부드러운 식미를 자랑하고 단백질 함량이 낮아 밥맛이 좋음

[밥 맛에 영향을 주는 요인]

① 쌀의 단백질 함량은 밥의 찰기, 투명도, 구수한 냄새에 영향을 미친다. 보통 단백질 함량이 높을수록 밥이 쉽게 누렇게 변한다. 우리나라 양곡표시제도에서는 단백질 함량이 낮을수록 높은 등급을 받게 되며 소위 프리미엄 쌀들은 대체로 단백질 함량이 낮다.

② 밥맛에 영향을 주는 주요 요인 중의 하나는 품종이다. 밥맛이 우수한 것으로 평가받는 국산쌀 품종으로는 해들, 알찬미, 삼광, 신동진, 새일미, 영호진미, 일품, 오대 등이 있다.

- 해들(2017년 개발): 밥맛 검정에서 고시히카리보다 더 맛있는 것으로 평가 받음
- 삼광(2003 개발): 쌀알이 맑고 투명하며 적당한 찰기와 부드러운 식감을 가짐
- 신동진(1999년 개발): 쌀알이 다른 품종들에 비해 1.3배가량 큼
- 영호진미(2009년 개발): 윤기가 많고 식감이 부드러우며, 씹을수록 고소한 것이 특징
- 오대(1982년 개발): 철원지역에서 주로 재배되는 품종으로 쌀알이 굵고 찰지며 특유의 구수함과 단맛을 지님

출처: 1. 매일경제(2019. 04. 19).
2. 서동철(2022).

3) 조리 · 발효의 맛

음식의 맛에 영향을 미치는 요소들은 매우 다양하다. 위에서 설명한 떼루아가 음식의 맛에 기본적으로 영향을 미치는 요소이지만 여기에 다양한 요인들이 작용하여 우리의 맛 체험을 더욱 풍부하게 만든다. 특히 식재료에 다양한 맛을 만들어내는 가장 중요한 요인은 바로 '조리'와 '발효'라고 할 수 있다. 조리 과정 중 가열과 조미, 발효를 통해 원재료의 맛과 풍미가 살아나기도 하며 새로운 맛과 모양을 가진 음식으로 재탄생하게 되기 때문이다. 이외에도 완성된 음식이 담기는 그릇, 곁들이게 되는 다른 음식과 음료, 음식을 함께 하는 사람과 분위기, 장소 등도 음식의 맛 경험에 많은 영향을 주게 된다.

(1) 조리

같은 식재료라도 다양한 조리법을 적용할 수 있으며, 어떤 조리방법을 사용했느냐에 따라서 다른 맛을 갖게 된다. 한 가지의 조리법만 활용한 음식도 있지만 잡채나 육개장 등 여러 가지 조리법을 활용하는 음식도 많다. 어떤 조리법을 활용하든지 각 음식에 사용하는 식재료의 특징을 잘 살려서 최대한 오감을 자극하는 음식으로 탄생시키는 것이 최적의 조리법이라고 할 수 있다.

조리는 '못 먹는 부분을 손질하여 버리고, 세척하고, 썰어서 먹기 좋게 양념을 하거나 조미 이를 조리기구에 넣고 익히는 과정가열조리'으로 정의할 수 있다. 우리가 많이 활용하고 있는 가열조리 방법은 [표 6-2]와 같다.

표 6-2 ▼ 가열조리 방법과 특징

가열법	세부적 특징
끓이기	식재료에 물을 가해서 100℃의 온도에서 끓이는 방법으로 국, 찌개를 만들 때 사용하는 조리법이다. 쌀과 같은 탄수화물은 호화가 되고 육류나 생선류는 단백질이 응고되어 먹기에 좋은 상태로 만들어준다.
데치기	식재료를 끓는 물에 단시간 넣었다가 건져내는 조리법을 데치기라고 한다. 데치기는 채소를 이용한 음식에 자주 사용하는 조리법으로 식재료의 조직을 부드럽게 하고 쓴맛이나 떫은맛과 같이 좋지 않은 맛을 없애주며 식재료의 색을 자연상태보다 더 선명하게 만들어 주기도 한다.
찌기	가열된 수증기를 활용한 간접적 조리법으로 다른 조리법에 비해서 시간이 오래 걸리는 단점이 있지만 음식의 모양과 식감이 유지된다.
졸이기	식재료에 양념을 넣고 가열하여 조리하는 방법으로 졸이기를 통한 조림음식은 양념장이 식재료 속까지 잘 베어서 진한 맛을 내며 한국인 밥상에 자주 올리는 음식이다.
굽기	굽기와 튀기기는 건열조리법에 속한다. 수분을 사용하지 않고 식품에 직접 열을 가해서 식재료 자체가 가진 수분을 활용해서 익히는 조리법이다. 특히 굽기는 식재료가 가진 고유의 향이나 질감을 살리기에 좋은 조리법이다.
튀기기	튀기기는 기름에 식재료를 익히는 방식이다. 보통 180℃ 이상의 고온에서 짧은 시간 안에 조리하고 튀김옷을 입혀 튀기는 경우가 많아서 식재료 자체의 수분과 향을 비교적 잘 보존하면서 조리할 수 있는 조리법이다.
볶기	불에 달군 프라이팬이나 냄비에 기름을 두르고 식품을 넣어 가열하는 방법으로 굽기와 튀기기의 중간 방법이다. 볶는 조리법은 식재료의 향을 살리고 고소한 맛이 생기며, 지방과 지용성 비타민의 흡수가 좋아진다.

가열조리 이외에 조리의 또 한 가지 방법은 조미調味이다. 보통 조미는 식재료의 좋은 맛은 살리고 바람직하지 않은 맛을 제거하는 조리 과정 중의 한 단계로 생각할 수 있지만 전처리가 끝난 재료에 맛을 첨가하여 음식으로 완성하는 마지막 조리 단계이기도 하다. 조미는 식재료의 부족한 맛을 보충하거나 강화해야 할 때, 같은 재료라도 맛의 변화를 줄 때 활용한다.

(2) 발효

발효식품은 날것도 익힌 것도 아닌 제3의 맛으로 표현한다. 대표적으로 생채소를 소금에 절여 만드는 김치는 가열 조리를 하지 않으므로 조미한 날 음식으로 보이지만 '익은 김치'는 분명히 날 것과는 다르다. 미생물이나 균류 등을 이용해 식재료를 삭혀 새로운 맛으로 탄생한 발효 음식인 것이다. '발효된 맛'은 식품의 아미노산과 핵산 성분이 미생물의 영향을 받아 만들어 낸 감칠맛이 주를 이룬다. 하지만 제3의 맛이라고 불리는 '발효맛'은 매우 복합적인 맛으로 한마디로 맛을 설명하는 것은 쉽지 않다. 장류, 김치, 젓갈 등이 우리나라의 발효맛의 대표적인 예이며, 이 외에도 발효식품에는 술, 치즈, 요구르트, 빵, 식초 등이 포함된다. 발효식품은 새로운 맛과 풍미로 식단을 풍요롭게 할 뿐만 아니라 저장성과 보존성이 좋으며 영양학적으로도 우수하여 건강에 이로운 식품으로 인정받으면서 날로 그 중요성이 더해지고 있다.

2. 맛 체험을 위한 오감의 활용

보통 '맛이 있다'와 '맛이 좋다'는 말은 유사하게 사용되고 있다. 하지만 엄밀히 말하면 '맛이 좋다'는 것은 먹을거리가 본래 지니고 있어야 하는 맛이 나는지에 대한 부분을 의미하며, '맛이 있다'에서 맛은 먹을거리에 '맛난 맛'이 있는지 여부에 관한 것이다. 이때의 '맛난 맛'이란 단지 입속에서 느끼는 미각을 일컫기보다는 오감을 모두 이용하여 체험하고 느끼게 되는 음식의 전체적인 맛이라고 할 수 있다.

사람들이 보통 맛을 느끼는 것은 음식을 입 속에 넣고 씹을 때라고 생각한다. 그러나 음식과 식품의 맛을 체험하는 것은 보통 '음식을 먹기 전 → 먹는 동안 → 음식을 먹은 후' 등 세 단계로 이루어지게 되며 각 단계별로 우리가 가진 오감을 활용하여 다양한 맛을 느낀다고 할 수 있다. 음식을 먹는 각 단계별로 시각, 촉각, 후각, 청각, 미각(입 안에서의 맛, 입술과 이가 느끼는 촉감, 입 안에서의 후각) 등의 감각을 골고루 이용하게 된다. 결국 음식을 먹고 맛을 체험하는 것, 즉 '맛 체험'은 신체 일부분이 아니라 온몸을 활용한 음식 경험으로서 여러 감각기관을 적절히 사용할수록 더욱 섬세하고 새로운 맛의 묘미를 느낄 수 있게 된다.

1) 입 안에서 느끼는 맛, 미각

입 안에서 맛을 느끼게 되는 것은 입 안의 미각세포에서 시작된다. 미각세포들은 50~150개 정도가 모여 '미뢰taste buds'라는 조직을 구성하며 음식을 입 안에 넣고 씹기 시작하면 침과 섞이면서 즙이 나오게 되고 음식에 포함된 화학물질들이 미뢰에 닿아 미각이 생기게 된다. 미각세포는 화학수용체chemoreceptor라고 부르는데 수천 종의 화학수용체에 의존하는 후각과 달리 미각은 다섯 종류의 화학수용체에 반응하며 이는 짠맛, 단맛, 쓴맛, 신맛, 그리고 감칠맛을 포함한다.

그런데 사람마다 맛을 느끼는 농도는 매우 다르다. 아직 맛에 둔감하지 않은 아이들이나 쓴맛을 민감하게 느끼는 사람들이 채소를 꺼리는 이유는 바로 이 쓴맛을 다른 맛보다 민감하게 느끼기 때문이다. 또한 단맛이나 짠맛은 우리가 느끼는 맛 중에서 매우 자극적인 맛에 속하기 때문에 이 맛에 둔감해진 사람들은 일반 사람들이 느끼는 단맛과 짠맛의 농도에서는 맛을 잘 느끼지 못하고 좀 더 농도가 진한 맛의 음식을 찾게 되고 심한 경우 성장장애, 영양결핍, 고혈압, 당뇨병 등 건강에도 좋지 않은 영향을 미치게 된다.

사실 일반인들도 동일한 음식을 자주 먹다 보면 그 음식의 맛에 둔감해지게 된다. 이렇게 미각 수용체가 감각에 적응하는 과정은 다른 감각기관의 습관화와 유사하다. 예를 들어 처음 커피를 마시게 되면 쓴맛에 당황하게 된다. 자연적으로 쓴맛이 나면 몸에 해롭다는 신호를 두뇌에 보내기 때문이다. 하지만 커피를 자주 마실수록 커피의 쓴맛에 익숙해지게 되고 커피가 가진 다른 맛을 느끼게 되어 그 맛들을 즐길 수 있게 되는 것이다. 즉 미각 수용체의 장기적 적응은 반복적인 노출, 개인적 경험, 기억 등 여러 가지 요인들을 통해 음식이 가진 맛에 적응하게 된다.

미각이 예민하다는 것은 적은 농도에도 특정 맛을 분간할 수 있다는 것을 의미하고, 음식의 맛을 내기 위해 양념을 많이 하지 않더라도 음식에 사용된 여러 가지 재료 본연의 맛을 음미하고 즐길 수 있다는 것을 의미한다. 와인의 맛과 향을 감별하고 평가하는 소믈리에나 커피 감별사인 큐그레이더Q grader들은 옅은 농도에서도 맛을 잘 식별한다. 이들의 일상식은 간이 세지 않고 특히 맛 감별을 해야 하는 날에는 식빵이나 맨밥 등을 먹고 맛을 더욱 예민하게 느낄 수 있는 상태로 만든다고 한다. 이처럼 미각은 개인적 특성, 외부 환경적 특징 등의 영향으로 편차가 심하다고 할 수 있다. 우리가 미각을 제대로 활용하기 위해서는 먼저 우리의 입맛이 어떤 상태인지를 파악하고 미각테스트 등을 통해서 미각의 민감도를 알고 있는 것도 필요하다.

(1) 짠맛

짠맛을 가진 대표적인 식품은 소금이다. 소금은 나트륨과 염소의 화합물로서 나트륨은 우리 몸의 신경 전달, 수분 균형, 이산화탄소 제거, 근육 수축 등에 작용해 생명을 유지하는 데 중요한 역할을 하는 물질 중의 하나이다. 그러나 소금의 과잉 섭취는 신체에 여러 가지 문제를 일으킬 수 있기 때문에 음식에 소금을 사용하는 것을 줄이고자 많은 노력을 하고 있다. 하지만 우리가 소금을 통한 짠맛을 포기할 수 없는 것은 음식에서 짠맛을 제거하면 다른 맛과 향도 제대로 느낄 수 없는 상태가 되기 때문이다. 즉 음식의 맛이 있고 없음을 결정짓는 기본 맛은 짠맛이라고 해도 과언이 아니다. 소금은 음식의 기본 맛을 살리는 것 이외에도 잡냄새와 쓴맛 등 나쁜 맛을 제거하는 데에도 효과적이다. 또한 다른 맛과의 대비효과나 억제효과를 통해 맛을 더욱 돋운다.

① 대비효과

미각을 자극하는 두 가지 맛이 있을 때 한 가지 맛에 의해 다른 맛을 더욱 강하게 느끼게 하는 것을 말하며 단맛이 있는 음식에 소금을 조금 넣으면 단맛이 더욱 강해지는 것을 느낄 수 있다. 수박에 소금을 살짝 뿌린다던지, 단팥죽에 소금을 넣어 단맛을 증가시키는 것 등이 예가 될 수 있다. 또한 단맛이 강한 제빵제과 레시피를 살펴보면 소량의 소금이 들어가는 것을 볼 수 있는데 이것도 대비효과의 일종이다.

② 억제효과

두 가지의 맛이 있을 때 한쪽의 맛이 다른 쪽의 맛으로 인해 약해지는 것을 말한다. 특히 소금의 억제효과는 신맛이 함께 존재할 때 알 수 있다. 즉 초무침에 소금을 조금 넣으면 강한 신맛을 억제시킬 수 있다. 일본 매실 절임인 우메보시나 초밥에 소금을 넣는 것은 간을 하는 것 이외에도 강한 신맛을 부드럽게 만들기 위해서이다. 반대로 소금이 다량 들어간 젓갈을 맛있게 먹을 수 있는 것은 젓갈 속에 들어있는 각종 아미노산과 유기산이 짠맛을 부드럽게 만들어 주기 때문이다.

(2) 단맛

단맛은 당류에서 비롯되는 맛이며 우리가 에너지원으로 사용하는 탄수화물이 바로 당의 한 형태인 포도당으로 이루어져 있다. 탄수화물은 우리 몸을 움직이는 주요 에너지원으로 항상 소모되기 때문에 우리 몸에서 가장 많이 필요로 하는 영양성분 중의 하나이다. 이러한 이유로 인체가 단맛을 느끼는 것은 에너지원인 탄수화물을 찾았다는 신호라고 할 수 있다. 또한 단맛은 낯선 음식을 대할 때에도 긴장을 풀어주게 하는 맛이며, 향에서도 달콤한 향이 나면 기분을 좋게 만든다.

당류는 탄수화물 중에서 비교적 분자가 작고 물에 녹으면 단맛이 나는 화합물을 말하는 것으로서 당을 구성하는 분자의 수에 따라 단당류, 이당류 등이 있다. 당은 종류에 따라 다양한 느낌의 단맛을 내는데, 이당류인 설탕과당과 포도당이 결합된 당은 혀에 감지되기까지 시간이 좀 걸리는 대신 단맛이 오래 지속된다. 맥아당포도당과 포도당이 결합된 형태 또한 설탕보다도 약하고 느리게 감지되지만 지속력은 길다. 이에 비해 단당류인 과당은 단맛이 빠르고 강력하게 느껴지지만 금방 사라진다.

대부분의 과일에는 과당이 함유되어 있는데 과일의 단맛이 강하면 과일향이 더욱 진하게 느껴지고 차가우면 단맛이 더 강하게 느껴진다. 이처럼 온도에 따라 같은 과일이라도 단맛의 강도가 다르게 느껴지는 것은 과당의 함량이 달라지기 때문이 아니라 과당의 형태가 변하기 때문이다. 차갑거나 약산성 상태일 때에는 단맛이 강해지고, 온도가 높아지면 단맛이 감소하여 60℃ 이상이 되면 절반 수준으로 감미도가 감소된다. 보통 다른 맛은 일정 농도를 넘으면 불쾌한 맛으로 변하는데, 단맛은 농도에 상관없이 쾌적한 맛으로 느껴진다. 이러한 이유로 어린이들이 사탕과 초콜릿 등을 질리지 않고 먹을 수 있는 것이다. 단맛에 대한 민감도는 사람에 따라 매우 다른데 설탕의 경우 단맛을 느끼는 역치는 10배까지도 차이가 난다고 한다.

다양한 단맛 중 설탕은 식품에 가장 많이 쓰이는 단맛 재료로서 맛으로 따지면 포도당, 과당, 설탕 중 가장 맛있는 단맛을 낸다. 또한 식품제조나 조리 중 사용되었을 때 설탕은 수분을 끌어당기는 특성으로 음식을 촉촉하게 유지하고, 단백질의 응고를 방해하여 음식을 부드럽게 만들고 아이스크림의 어는 온도를 낮추어 부드러운 아이스크림으로 만들어준다. 또한 가열하면 캐러멜화Caramelization가 일어나고, 아미노산과 같이 있을 때에는 마이야르 반응Maillard reaction을 일으켜 음식의 풍미를 높여준다.

(3) 신맛

우리가 느끼는 신맛은 물에 녹아 있는 수소이온을 느끼는 맛으로 수소이온이 많을수록 pH는 낮아지고 신맛이 강해진다. 단맛이 친근하고 경계 없이 맛볼 수 있는 맛이라면 신맛은 무작정 즐길 수 있는 맛이 아니며 매우 조심스러운 맛이다. 그래서 사람들이 신맛을 느끼는 이유가 본능적으로 음식의 부패 여부를 판단하기 위한 것이라는 이론도 있다. 지금은 안전한 식품들이 공급되기 때문에 강한 산미를 가진 식품도 어느 정도 즐길 수 있지만 예전에는 위험을 경고하는 맛이었을 것이다. 음식에 대한 경험과 학습이 부족한 아기들의 경우 신맛에 깜짝 놀라거나 싫어하는 것을 볼 수 있다.

신맛은 단맛과 어울리면서 맛과 향을 상승시키는 효과가 있다. 과일의 향은 단맛이 있어야 상승된다고 했는데 산미도 같은 역할을 한다. 즉 신맛이 있어야 향을 제대로 느끼게 되는 것이다. 과일 음료를 개발하는 과정을 살펴보면 먼저 과일에 어울리는 당도를 찾고 그 당도에 맞는 산도를 결정한 후 향을 맞춘다. 당도와 산도의 비율당산비이 적절하지 않으면 제대로 된 풍미 구현이 어렵기 때문이다.

음식에서 적절한 산미는 새콤한 맛으로 우리의 입맛을 자극한다. 단맛과 어우러지면 새콤달콤한 맛을 내어 사람들이 좋아하는 맛이 되고 신선한 향에 신맛이 더해지면 상큼한 맛으로 느껴진다. 특히 기름기가 많은 음식과 먹으면 느끼함을 억제해 주는데 이러한 이유로 삼겹살과 신김치가 잘 어울린다는 느낌을 갖게 되는 것이다.

신맛을 내는 유기산은 구연산, 주석산, 사과산, 호박산 등 다양하다. 산미료들의 특징은 다른 맛물질들과는 다르게 분자가 수소이온과 나머지 부분으로 분리가 된다는 것이다. 이러한 이유로 해리된 수소는 신맛을 내고, 나머지 부분은 각기 다른 맛을 내게 된다. 예를 들어 호박산은 해산물 느낌의 감칠맛을 낸다. 다양한 산미료가 있지만 우리가 주로 사용하는 것은 식초와 구연산이다. 보통 가정에서는 식초를, 식품가공에는 구연산이 많이 쓰이고 있다.특히 구연산은 유기산 중 가장 상쾌하고 부드러운 맛으로 감귤류레몬, 오렌지, 자몽, 귤 등에 많이 들어있다.

(4) 쓴맛

단맛이 에너지원에 대한 정보를 준다면 쓴맛은 독소에 대한 정보를 주는 맛 지표이다. 동물들은 본능적으로 쓴맛이 나는 것은 독이라고 판단하고 쓴맛이 나는 잎은 먹지 않는다. 미각 수용체의 구성을 보면 단맛, 신맛, 짠맛은 1종, 감칠맛은 2종의 수용체가 있지만 쓴맛은 25종의 수용체가 있다. 이러한 이유로 미각 중에서 가장 소량으로 감지가 되는 맛이라고 할 수 있다. 또한 미각은 10세까지는 예민하다가 성장하면서 점차 둔화되어 나이가 들면 보통 어느 정도의 쓴맛을 즐길 수 있게 된다. 그러나 쓴맛 감지 수용체에 대해서는 개인별로 반응하는 정도가 다르며 1,000배의 차이가 발생한다고도 한다. 따라서 미각이 예민한 아이들이거나 쓴맛을 유난히 잘 느끼는 사람들에게 쓴맛이 나는 음식을 강요하는 것은 그 음식을 더 멀어지게 만드는 일이 된다.

쓴맛의 인지 차이를 조금 더 살펴보면 9세 이하의 아이들에 있어서는 성별 차이가 발견되지 않지만 사춘기 이후에는 남성에 비해 여성들이 쓴맛을 더 잘 느끼게 되며 특히 임신 중에는 민감도가 매우 높아진다고 한다. 이는 아무래도 쓴맛이 독성과 연관되었을 가능성이 높기 때문에 태아를 지키려는 모성본능과 관련이 있을 것이라는 견해도 있다. 성인이 되면 어느 정도의 쓴맛을 즐기게 되는데, 우리가 자주 마시는 커피, 차, 술과 같은 기호식품은 쓴맛을 가진 것이 대부분이다. 즉 쓴맛이 나는 먹거리여도 독성에 의한 것이 아니라는 사실이 확인되면 거부감이 줄어들고 즐길 수 있게 되는 것이다. 흔히 쓴맛은 식욕을 촉진하는 맛으로 사용되어 우리나라에서는 입맛을 돋우기 위해 달래, 냉이, 씀바귀 등의 쓴맛이 나는 봄나물을 즐겨 먹고, 서양에서는 식사 전 드라이한 식전주를 마신다. 이

것은 음식을 먹을 때 쓴맛을 내는 분자가 위 속에 있는 쓴맛 수용체와 결합하면서 '그렐린Ghrelin'이라는 식욕 촉진 호르몬의 분비가 증가하기 때문이다.

(5) 감칠맛

감칠맛은 단백질을 구성하고 있는 아미노산과 관계가 깊다. 그러나 인간은 아미노산이 10개만 결합되어도 맛으로 느낄 수 없으며 감칠맛의 정도는 단백질로 결합하지 않은 상태로 소량 존재하는 유리 아미노산의 양에 따라 달라진다. 음식의 감칠맛을 내는 가장 주된 방법은 감칠맛이 풍부한 재료를 오래 끓여 우러나오게 하는 것이다. 그러나 단백질이 풍부한 육류만이 감칠맛을 내는 것은 아니다. 채소는 단백질 함량이 낮지만 구성성분 중 아미노산의 10% 이상이 단백질로 결합하지 않은 유리 아미노산 상태이기 때문에 채소를 넣고 끓인 국물도 감칠맛이 나게 된다. 그런데 단백질을 구성하는 모든 아미노산이 감칠맛을 내는 것은 아니며 글루탐산glutamic acid과 아스파르트산aspartic acid만이 감칠맛을 낼 수 있다. 이 중 우리가 먹는 식품에는 다른 아미노산에 비해 글루탐산이 월등히 많은데 축산물, 유제품, 수산물, 콩, 밀 등에 특히 많이 함유되어 있고 심지어 커피와 코코아에는 함유되어 있는 단백질 중에도 글루탐산이 가장 많다. 사람들이 고기를 좋아하는 이유 중 하나는 바로 감칠맛 때문이다. 단백질이 많은 육류를 조리하게 되면 단백질 구성성분인 글루탐산이 유리 글루탐산으로 분해되어 감칠맛을 느낄 수 있게 된다. 고기뿐만 아니라 우유로 발효한 치즈, 콩 발효로 만든 된장과 간장, 생선을 발효시켜 만든 젓갈도 모두 유리 글루탐산이 증가하여 풍부한 감칠맛을 갖게 되는 것이다.

아미노산계 이외에 감칠맛을 내는 것으로는 핵산계nucleic acid[1)]가 있는데, 대표적인 것은 이노신산나트륨IMP과 구아닐산나트륨GMP이다. IMP는 쇠고기 맛, GMP는 버섯 맛을 내며, 이 두 가지가 혼합될 경우 맛이 더 풍부해지는 상승효과가 일어난다. 또한 IMP, GMP가 아미노산계인 MSG를 만나도 시너지를 내므로 함께 사용하면 더욱 강한 감칠맛을 만들게 된다. 예를 들어 국물을 만들기 위해 MSG가 많은 다시마, IMP가 많은 멸치,

1) 핵산계 감칠맛의 대표적인 것은 5-이노신산(IMP), 5-구아닐산(GMP)으로 이것은 우리 몸의 유전자 정보를 담당하는 아데닌이라는 핵산이 변형된 것이다. 이 두 분자에는 감미물질과 유사한 부위가 있는데 핵산계 조미료는 MSG와 마찬가지로 이들 물질에 나트륨을 붙인 것이다. 이노신산나트륨은 가다랑어의 감칠맛의 본체이고 구아닐산나트륨은 마른 표고버섯의 감칠맛의 본체이다.

GMP가 많은 버섯을 함께 사용하면 한 가지 재료의 양을 늘려 사용했을 때보다 감칠맛이 훨씬 강해진다.

2) 맛의 변주, 후각

우리가 경험하는 맛은 실제로는 음식이 가진 냄새로부터 오는 경우가 대부분이다. 앞서 설명했듯이 입으로 느끼는 맛은 단맛, 짠맛, 쓴맛, 신맛, 감칠맛뿐이고 보통 말하는 딸기맛, 레몬맛, 구수한 맛 등 모든 맛은 전부 코로 경험한 것을 맛으로 표현하는 것이다. 우리의 후각 수용체는 400여 가지나 되며 이를 통해 1~10조 가지의 냄새를 구분할 수 있다고 한다.

음식을 먹기 전 냄새를 맡고 향을 음미하기도 하지만 음식의 전체적 향미는 약 80퍼센트가 비후鼻後, retronasal[2] 냄새에 의해 결정된다고 한다. 음식이 맛있다고 하는 것은 결국 음식을 입에 넣고 미각을 느끼면서 동시에 어울리는 향이 만났을 때이다. 이렇게 음식의 맛에 지대한 영향을 끼치는 향은 음식에서 0.1%도 되지 않는 아주 적은 성분으로 존재하지만 이러한 향기 성분이 없다면 우리는 이렇게 다양하고 풍부한 음식의 맛을 즐길 수가 없게 된다.

사람들은 식품이 가진 자연 그대로의 향미를 즐기기도 하지만 대체적으로는 가열과 발효과정을 통해 새로운 향을 만들거나 재료에 어울리는 소스나 양념을 곁들여 향미를 증폭시킨다. 커피를 생각해 보자. 커피 생두는 별맛이 없지만 '발효–건조–로스팅'의 단계를 거치며 향미가 좋은 커피가 된다. 가열에 의한 당과 아미노산의 화학반응인 마이야르 반응mailard reaction, 당류의 가열로 생기는 캐러멜 반응caramel reaction, 뿐만 아니라 아무 맛이 없고 느끼하기만 한 지방도 가열을 하면 다양한 향을 만들어낸다. 갓 구운 빵, 돼지기름으로 볶은 짜장소스, 오크통에서 오래 숙성된 와인 등을 생각하면 바로 떠오르는 맛들은 대부분은 그 향에서 비롯된 것이다.

이처럼 우리가 생각하는 맛을 표현하는 데에는 향이 차지하는 비중이 높고 단순히 코

---

2) 비후 냄새: 들숨을 통해 코로 들어오는 것이 아닌 입 뒤쪽 비도를 통해 들어오는 냄새로 숨을 내쉬거나 들이쉴 때 공기가 입 위쪽에서 코를 통해 이동하는데 이러한 공기의 흐름을 타고 음식 냄새가 코로 들어가게 되며 이 냄새는 코에 있는 감각수용체들을 지나면서 미각에 영향을 주게 된다.

로 들어오는 냄새뿐 아니라 결국 우리가 느끼는 단맛, 신맛, 짠맛 등의 미각과 조합하여 '맛'으로 느끼게 하는 것이다. 즉 향은 미각과 잘 구분되지 않고 미각과 결합하여 음식의 풍미로 작동한다고 할 수 있다.

향에 대한 이해를 하고 나면 우리가 '맛이 있다', '맛이 없다'라고 판단하는 기준은 단지 미각에 의한 것만이 아니고 맛과 향의 조화에 대한 부분이 많이 포함된다는 것을 알게 된다. 이러한 이유로 음식이나 식재료의 맛을 표현하기 위해서는 향에 대한 특징을 묘사하는 것이 중요한데 안타깝게도 음식의 향미에 대한 묘사가 많이 이루어지고 있지는 않다.

3) 맛과의 첫 만남, 시각

우리의 뇌는 시각 87%, 청각 7%, 촉각 3%, 후각 2%, 미각 1%의 정보를 전달받는다고 한다. 따라서 음식을 먹기도 전에 눈으로 파악하게 되는 음식의 정보를 통해 음식에 대한 선입견을 갖게 된다. 여기에 사람들이 살면서 경험하게 되는 수많은 식재료와 음식들에 대한 기억이 더해져 먹기도 전에 눈으로 보는 것만으로도 맛있을 것 같은 음식, 맛없어 보이는 음식, 먹으면 안 되는 음식, 먹어도 되는 음식 등을 판단한다. 즉 시각적 정보를 활용하여 어느 정도는 맛을 예측하게 되는 것이다.

예를 들어 오렌지색 컵에 사과주스를 마시게 하면 오렌지향이 나는 사과주스라고 대답하는 사람이 많다고 한다. 또한 노란색의 딸기맛 사탕과 빨간색의 바나나맛 사탕을 먹게 하더라도 노란색은 바나나맛, 빨간색은 딸기맛으로 생각하기 십상이다. 결국 색은 맛과 향을 느끼는 데에도 크게 영향을 미치는 것을 알 수 있는데 그 이유는 시각적 정보가 후각보다 빠른 속도로 인지하는 정보이기 때문이다.

이처럼 시각 정보가 음식의 맛을 예측하는 데 많은 영향을 미치기 때문에 음식의 맛과 향은 색상과도 어울려야 제맛이 난다고 할 수 있다. 사람들은 색을 보며 기대하는 맛이 있다. 보편적으로 난색 계열의 색은 달콤하고 부드러운 맛과 연관 짓게 되며, 노란 계열의 색은 오렌지나 레몬의 신맛, 커리의 매운 맛을 떠올리게 한다. 식재료에서 보기 드문 파란색, 형광빛이 도는 음식을 보면 새롭다는 느낌보다는 먹기도 전에 맛이 이상할 것 같다는 편견이 생기게 되고 호감도가 떨어지게 된다. 또한 색을 맛과 연관 짓는 것은 그 사람이 속해 있는 식문화 환경에 따라 달라지기도 한다. 빨간 고추와 매운맛에 익숙한 우리나라 사람은 빨간색을 보면 매운맛을 많이 떠올리지만 서양인들은 달콤한 맛을 더 많이 떠올리는 것을 예로 들 수 있다.

이처럼 식재료나 음식 자체의 색이 맛을 예측하는 데 많은 영향을 미치는 것뿐만 아니라 음식과 관계된 주변 색이나 시각적 정보도 음식의 맛을 느끼는 데 영향을 줄 수 있다. 빨간색은 식욕을 돋우는 대표적인 색으로 알려져 있고, 초록색도 신선함이 느껴지는 색으로 식욕을 자극하는 색이다. 파란색은 음식 자체의 색으로서는 호감이 가지 않지만 음식의 깔끔한 맛을 돋보이게 하기 위해 식탁이나 식기류에 사용하기도 한다. 즉 색깔마다 느껴지는 보편적 이미지가 있으나 어떻게 조화가 되었는지에 따라 음식의 맛을 달리 느끼게 되는 것이다.

4) 맛의 소리, 청각

시각과 마찬가지로 음식을 먹기 전, 음식과 관련된 소리는 우리에게 음식의 상태와 맛을 상상하게 만든다. 기름에 지글지글 튀겨지고 있는 튀김 소리, 보글보글 끓고 있는 찌개 소리, 탄산음료의 기포 올라오는 소리 등은 음식을 먹기 전부터 기대를 갖게 하고 식욕을 자극한다. 더불어 사과를 씹어먹을 때의 아삭한 소리, 감자칩을 먹을 때 바삭바삭한 소리 등 음식을 먹을 때 나는 소리 또한 음식의 맛을 상승시켜 준다.

음식과 직접 연관된 소리 이외에도 음식을 먹을 때를 생각해 보면 주변 환경에서 발생하는 많은 소리들이 있다. 음식점의 배경음악, 식기가 부딪히는 소리, 같이 식사하는 사람의 목소리나 상대방이 음식을 먹는 소리 등 다양한 소리에 노출된 상태에서 음식을 먹게 되며 음식의 맛에 많은 영향을 주지 않을 것 같은 소리들이 음식을 먹을 때에 의외로 맛에 영향을 주게 된다. 그 이유는 우리가 음식을 먹는 동안 보통은 음식의 맛이나 냄새에만 집중하며 먹는 것이 아니기 때문이다. 흔히 우리는 시끄러운 주변 환경에서 식사를 할 때 '음식이 코로 들어가는지, 입으로 들어가는지 모르겠다'라고 표현하는데, 그만큼 청각이 음식의 맛을 느끼는 데 중요한 요소로 작용한다고 할 수 있겠다. 반대로 음식을 음미하는 데 집중할 수 있도록 소리를 조절한다면 음식 맛이 증가할 수 있을 것이다.

팻덕 레스토랑의 청각자극 메뉴

이러한 사실에 기반하여 영국 팻덕Fat Duck 레스토랑에서는 '바다의 소리'라는 메뉴를 선보였다. 음식을 서빙하기 전 바닷소리가 담긴 작은 녹음기가 삽입된 커다란 소라가 먼저 제공되고 고객들은 바닷소리를 듣게 된다. 이후 바다를 주제로 한 생선과 해초류로 만든 음식이 나온다. 이 메뉴를 접한 고객들은 바닷가에서 신선한 해산물을 먹는 느낌을 받았다고 평을 하고 식사에 대한 만족감을 드러냈다. 이처럼 청각적 요소는 식재료나 음식의 특징적인 맛을 부각시키는 데 일조할 수 있으며 음식과 잘 어우러진 배경음악 등의 활용으로 음식을 한층 더 맛있게 먹을 수 있는 조건을 만들어 줄 수 있다.

5) 맛의 리듬, 촉각

촉각은 '외부의 자극이 피부 감각을 통해 전달되는 느낌'이다. 음식이나 식재료의 촉감을 말해보자면 먼저 손으로 만져 '딱딱하다, 무르다, 거칠다, 말랑말랑하다' 등의 감촉을 생각해 볼 수 있다. 또한 음식을 입 안에 넣었을 때에도 음식의 단단함, 표면의 특징, 농도, 온도 등을 감지하게 되고 특히 음식의 촉감에 따라 다양한 맛을 느끼게 된다. 우리가 흔히 이야기하는 '씹는 맛', '살살 녹는 맛'은 바로 입 안에서 느끼는 식재료나 음식의 촉감이며 이것은 식품의 조직감, 즉 물성에 따른 것이다.

식품의 물성은 식품이 가지고 있는 구조로부터 생기는 물리적 특성으로 입 안의 감촉으로 감지할 수 있으며, 향미를 느끼는 화학적 감촉과는 다르게 질량, 힘과 같은 물리적 감촉과 관계가 있다. 식품의 물성은 대체로 액체fluid 및 유동체semi-fluid, 고체solid 혹은 반고체semi-solid 형태로 나타나게 된다.

음식을 먹으며 느낄 수 있는 감촉은 크게 두 단계로 분류할 수 있다. 첫 번째 단계는 음식물이 입으로 들어왔을 때 바로 느껴지는 음식물의 조직 성분에 의한 것이고, 두 번째 단계는 치아와 혀, 입 안의 피부와의 마찰을 통해 느껴지는 질감을 말한다. 질감이란 '물체가 지닌 표면적 특성'을 의미하는 것으로 이러한 표면적 특성을 통해 입 안에서 식감을 느끼게 되는 것이다. 질감의 특성은 '부드럽고–딱딱한', '매끄럽고–거친', '젖은–마른' 등의 느낌을 말하며, 양쪽의 극단적인 느낌 사이에 다양한 강도의 차이가 있다. 특히 맛의 질감은 치아나 혀로 전해지는 음식물의 느낌으로 겉은 바삭하고 내용물은 부드러운 튀김류, 끈적끈적하고 딱딱한 겉면과 촉촉한 속을 느낄 수 있는 맛탕과 같이 복합적인 감촉을 느끼게 된다.

손과 입술, 그리고 입 안에서 치아와 혀로 느끼게 되는 식품의 여러 가지 촉감은 [표

6-3]에서와 같이 식품조직의 성질과 정도에 따라 달라지게 된다.

표 6-3 ▼ 식품조직의 촉각적 특성 분류

구분	조직감	내용
1차적 특성	경도	• 물질을 눌러서 변형하는 데 필요한 힘으로 딱딱한 정도 • 경도가 클수록 식품이 단단함을 의미함 • 일반적으로 [무르다 ↔ 굳다 ↔ 단단하다]로 표현
	응집성	• 물체가 있는 그대로의 형태를 유지하려는 힘. 물체 안의 식품구조가 얼마나 단단한가를 의미함 • 응집성이 클수록 식품구조가 단단함 • 일반적으로 [힘이 없다 ↔ 질기다]로 표현
	점성	• 흐름에 대한 저항력, 액체의 끈끈한 성질 • 예를 들면 물엿은 물보다 흐름에 대한 저항력이 더 크므로, 물보다 점성이 크다고 할 수 있음 • 일반적으로 [묽다 ↔ 진하다 ↔ 되다]로 표현
	탄성	• 기기로 누르거나 압력을 가한 후, 식품이 원상태로 회복되는 성질, 탄력의 정도 • 반죽이나 묵 등에서 잘 볼 수 있음 • 일반적으로 [탄력이 없다 ↔ 말랑말랑하다]로 표현
	부착성	• 식품 표면과 타 물체의 표면이 부착되어 있는 힘을 분리하는 데 필요한 힘 • 캔디나 엿의 끈끈한 정도를 말함 • 일반적으로 [미끈미끈 ↔ 끈적끈적]으로 표현
2차적 특성	파쇄성	• 부서지는 데 필요한 힘의 정도, 혹은 식품의 아삭한 정도 • 사과를 손으로 자를 때 누르거나 감자칩을 먹을 때 필요한 힘의 정도 • 일반적으로 [부스러지다 ↔ 깨지다]로 표현
	씹힘성	• 고체 식품을 삼킬 때까지 입 안에서 씹는 데 필요한 힘의 정도 • 일반적으로 [연하다 ↔ 쫄깃하다]로 표현
	검성	• 반고체 식품을 삼킬 수 있을 때까지 필요한 에너지 혹은 물컹거리는 정도 • 일반적으로 [푸석푸석하다 ↔ 질기다]로 표현

이처럼 다양한 촉감으로 인해 음식의 맛은 한층 더 풍부해지게 되며 바삭한 튀김, 쫄깃한 면발, 탱탱한 새우 등 사람들은 음식의 맛을 표현할 때 맛 자체보다 식재료나 음식의 질감을 자연스럽게 맛으로 표현하기도 한다. 식품의 질감은 '식감'으로 표현되며 식재료를 활용하여 음식 맛을 살리는 식감을 얻기 위해서는 적절한 조리법을 선택해야 한다. 음

식이나 식재료 자체의 질감으로 부족한 경우 함께 곁들이는 음식이나 고명 등 부재료를 통해서 음식 질감의 대비효과contrast effect를 주어 맛의 리듬을 살릴 수 있다.

식품의 질감 이외에 우리가 음식으로 느끼는 또 한 가지 촉감은 바로 온도이다. 입술과 혀로 느껴지는 온도감각은 음식의 맛을 결정하는 데 매우 중요한 요소 중 하나이다. 미지근한 수박, 식은 설렁탕 등은 생각만으로도 맛이 있을 것이라고 기대하기 힘들다. 단지 느낌뿐만이 아니라 실제로 식품의 맛 성분은 온도에 따라 느끼는 감도가 달라지기 때문에 최대한 맛을 살리기 위해서는 적정 온도를 찾는 것이 중요하다. 과일 중에서도 수박이나 배와 같이 당도가 높고 수분 함량이 많은 과일은 온도를 차갑게 해서 먹는 것이 더 맛있게 느껴지지만 바나나는 실온 상태에서 더 달게 느껴지는 것도 이러한 이유 때문이다. 일반적으로 사람의 혀가 맛을 느낄 수 있는 온도는 30~40℃이며 맛에 따라 느낄 수 있는 최적 온도가 다르다. 단맛은 35℃, 짠맛은 37℃, 신맛은 25℃, 쓴맛은 40℃, 매운맛은 60℃에서 가장 잘 느껴진다고 한다. 또한 레드와인은 15℃, 커피는 65℃, 밥은 45℃ 정도에서 가장 좋은 풍미를 느낄 수 있어 음식의 맛을 제대로 느끼고 맛있게 먹기 위해서는 음식마다 적정한 온도를 찾는 것이 필요하다.

3. 미식관광에서의 맛 해설

미식관광객은 새로운 것을 경험하는 것을 흥미롭게 여기며, 특히 그 지역의 식재료나 음식에 관한 관심이 높다. 따라서 지역 식재료나 음식의 특징과 장점을 어떻게 전달할지 고민해야 한다. 이 부분의 해답을 얻기 위해서는 지역의 식자원에 관한 충분한 연구가 필요하며, 그 핵심은 그 지역의 음식을 어떻게 특징 지을 것인가 하는 것이다. 이와 관련하여 지역에 따라 식재료나 음식이 서로 같음과 다름을 해설하는 데 도움이 되는 4가지 측면을 살펴보도록 한다.

1) 식재료 품종에 따른 맛 비교 및 해설

미식관광에서 지역의 식재료나 음식에 대해 해설하기 위해서는 그 지역에서 특산물로 재배되는 품종의 특성을 알아보고, 다른 지역과의 차이도 살펴보아야 한다. 각각의 품종은 맛에 영향을 주는 고유한 성분 및 화학 물질에 차이가 있기 때문이다. 예를 들어, 과일의 당도, 산도, 향기 성분의 양과 종류는 품종에 따라 다를 수 있다. 또한 각 품종은 유전적으로 다른 특성이 있어 맛과 향을 결정하는 데 영향을 줄 수 있다. 이러한 유전적 차이는 동일한 조건에서 재배되더라도 품종 간에 맛의 차이가 나타나는 이유이다. 그러므로 지역의 식재료를 효과적으로 이해시키려면 같은 재료의 다른 품종을 비교하여 맛을 경험해 보는 것이 해설에 도움이 될 수 있다.

우리나라는 쌀을 주식으로 하며, 밥맛을 중요하게 생각한다. 지역마다 대표 쌀 품종이 있고 품종에 따라 특징이 다르다. 한편 이는 다음에 설명할 떼루아, 즉 지리적 조건과 재배환경과도 연관이 있다. 왜냐하면 해당 품종이 특정 지역에서 우수한 특징을 갖는 것은 재배환경이 해당 품종의 성장에 영향을 주기 때문이다.

사례 1 지역별 우수 쌀 품종과 특징

품종명	특징	재배지역
해들	밥맛과 재배 안정성이 높은 최고 품질의 쌀로 맛의 영향을 주는 아밀로스 함량은 18.0%, 단백질 함량은 6.1%로 부드러우면서도 차진 맛을 내는 품종	경기 이천지역
오대	냉해에 강하고 내병성이며, 쌀알이 큰 편이며 찰기가 있어 밥맛이 우수함	철원지역
삼광	전국에서 두 번째로 많이 재배되는 품종으로 수량, 품질, 재배 안정성이 우수하고 단백질 함량이 낮아 밥을 지었을 때 식감이 부드러움	중부지역
신동진	쌀알이 크고 밥을 지었을 때 윤기가 돌고 밥맛이 좋음	전라지역
영호진미	재배 안전성과 완전미 수량이 높고, 쌀알이 맑고 균일하며, 밥을 했을 때 윤기가 많고, 씹을수록 고소하며 부드러운 식감이 특징	경상지역

식재료 아카이브(쌀)

2) 떼루아에 따른 맛 비교 및 해설

음식과 식재료에 대한 지역적 특성을 해설하기 위해서는 떼루아terroir를 이해해야 한다. 예를 들어, 녹차 산지인 보성을 여행하는 사람은 녹차 시음에 대한 기대를 한다. 그렇지만 보성에 가서 단지 녹차를 마셔봤다는 것으로 만족할 만한 미식체험이 되지는 않는다. 같은 녹차라도 보성의 녹차는 하동이나 제주의 녹차와는 어떤 차이가 있는지, 어떤 부분을 신경 쓰며 음미하면 좋은지 등 보성녹차를 차별화할 수 있는 포인트에 대한 체험이 중요하다.

따라서 맛 해설을 위해서는 그 음식과 식재료에 특별함을 더해주는 지역의 기후와 토양의 특징, 생산되는 품종, 특별한 생산방법 등 떼루아를 바탕으로 한 스토리텔링이 필요하다. 같은 품종의 식재료여도 원산지의 지리적 조건과 재배환경에 따라 형태, 맛, 향, 식감 등이 달라지기 때문이다.

사례 2 전라남도 보성군 녹차의 재배 환경과 맛

- 지리적 특성: 전라남도 보성군은 보성강과 득량만 주변에 다원이 형성되어 습도가 높고 안개가 많아 고품질 차를 생산할 수 있는 지리적 여건을 갖추고 있다.
- 지형적 특성: 보성지역의 토양은 맥반석 성분이 함유되어 수분 보유 능력이 좋아 차의 생육조건에 아주 적합하며, 바다와 강이 인접해 있어 온도가 따뜻하고 안개일수가 많아 차나무의 성장기에 많은 수분을 공급한다. 안개에 의해 생기는 자연적 차광은 그늘을 마련해주어 차의 맛을 더욱 좋게 해준다.
- 기후적 특성: 연평균 기온이 13℃로 온대지역에 속하므로 뿌리에서 흡수된 아미노산이 잎으로 이동되지 않고 뿌리에 축적되어 총 질소와 총 아미노산 함량이 낮아 맛이 담백하고 음용 후 감칠맛이 나는 것이 다른 지역의 차와 가장 큰 차이점이다. 또한 산, 바다, 호수가 어우러진 지역으로 해양성 기후와 대륙성 기후가 만나는 지점에 위치해 일교차가 심한 재배 환경은 차의 아미노산 형성에도 큰 영향을 준다.

출처: 램프쿡_식품이야기.

3) 농법에 따른 맛 비교 및 해설

농업 분야에서 식재료를 재배하는 경작 방식이 기후 위기, 환경오염, 자원 부족 등으로 전통적인 경작 방식에서 크게 변화하고 있다. 실례로 전통적인 경작 방식인 노지재배에서 비닐하우스, 스마트팜 등 시설재배가 증가하고 있다. 한편 지속가능성을 위해서 농업

분야에서는 합성농약이나 화학비료 등의 사용을 최소화하려는 친환경농법이, 축산분야에서는 동물복지나 무항생제 인증 등이 시도되고 있다. 맛을 해설하기 위해서는 식재료를 생산하는 방법의 차이가 맛과 어떤 관계가 있는지도 살펴보아야 한다.

농법은 식물의 성장에 직접적인 영향을 미치는 중요한 요소이다. 예를 들어, 식물은 노지재배와 비닐하우스에서는 토양으로부터 영양을 공급받는다면 수경재배와 식물공장에서는 배지에 양액으로 공급받는다. 토양은 식물에게 필요한 영양분을 공급하며, 땅의 특성에 따라 풍부한 미네랄 및 유기물 함량이 달라지므로 작물의 영양성분 및 맛에 영향을 줄 수 있다. 또한 최근 우유의 새로운 이슈로 등장한 자연방목과 유기사육·축사사육 우유의 영양성분을 비교한 결과 사육 방법에 따라 우유의 영양성분에 큰 차이가 있다고 한다. 영양성분과 맛이 반드시 비례하지는 않을지라도 지속가능성과 동물복지 측면에서도 먹거리에 대한 올바른 선택은 반드시 고려되어야 하며, 미식 경험을 위한 맛 해설에서도 다루어져야 할 것이다.

사례 3 재배 유형별 환경의 차이점

재배 유형	광 환경	온도 환경	비료 환경
노지 재배	자연광	자연의 기상	토양에 비료 공급
비닐하우스	피복재와 골재에 의한 차광	식물생장 적온 유지 (가온, 보온)	토양에 비료 공급
수경재배	피복재와 골재에 의한 차광	식물생장 적온 유지 (가온, 보온)	배지에 양액 공급
식물공장	인공광	식물생장 적온 유지(냉난방)	배지에 양액 공급
결과	작물을 노지, 비닐하우스, 비닐하우스 수경재배, 식물공장 등 다른 환경에서 재배할 때 이에 따른 식품 성분의 변화가 관찰되었음. 이와 같은 결과는 재배환경 중 주로 광光 환경의 차이에 기인하는 것으로 생각됨		

농사로 영농기술

사례 4 재배환경의 차이에 의한 식품 성분 변화

농사로
영농기술

작물명	재배 환경	베타카로틴(μg)	비타민 B1(mg)	비타민 C(mg)
시금치	노지	7,051	0.161	50.44
	하우스	4,979	0.048	43.70
고비	야생	356	-	6.41
	재배	859	0.03	33.0

※ 가식부 100g 기준, 식품성분의 양

출처: 농사로_영농기술(현장기술 상담).

4) 조리법에 따른 맛 비교 및 해설

같은 식재료를 다른 맛으로 즐기는 가장 좋은 방법은 조리법에 변화를 주는 것이다. 조리는 식재료를 이용해 먹을 수 있는 음식을 만드는 과정으로 식재료에 물리화학적 변화가 나타나며, 같은 재료를 사용하더라도 조리 방법에 따라 그 맛과 풍미가 달라질 수 있다. 한편 같은 재료와 조리법으로 음식을 만들어도 요리를 만드는 사람의 숙련도에 따라 맛의 차이가 나타날 수 있다. 맛있는 음식을 만들기 위해서는 조리 시간과 온도의 조절, 소스의 조합, 양념의 사용, 조리순서의 결정 등 섬세한 판단과 기술이 요구되기 때문이다. 이러한 조리 기술은 요리사의 경험과 노하우에 따라 다양한 창의성과 개성이 발휘될 수 있다. 따라서 조리법에 따른 맛 비교와 해설에서는 조리법뿐만 아니라 요리사도 해설의 대상이 될 수 있다.

조리법에 따른 맛을 비교하고 해설하기 위해서는 식재료의 특징과 조리할 때의 변화, 조미 특성 등에 대한 이해가 필요하다. 대표적인 조리법에는 습열조리, 건열조리, 초단파조리[3], 비가열조리법이 있고, 식품 대부분은 가열로 조리되며 풍미에 차이가 나타난다. 예를 들어 닭은 물에 삶아서 삼계탕을 만들 수도 있고, 기름에 튀겨서 프라이드 치킨으로

3) 초단파 조리: 외부로부터 열이 전달되는 것이 아니라 식품 자체에 있는 물분자가 급속히 진동하여 열이 발생되는 원리를 이용한 조리법이다. 초단파를 이용한 조리기구로는 전자레인지 등이 있다.

만들 수도 있다. 삼계탕과 치킨의 맛을 비교해서 해설할 때 조리법 차이에 의해 닭이 물리화학적으로 변하는 과정에서 나타난 풍미 특성을 비교해서 설명할 수 있다. 한편 조미는 '맛있는 음식'을 만드는 데 있어 중요한 요소로서 맛을 첨가하여 특정한 맛을 내는 조리 과정 중 하나이며, 좋은 맛은 살리고 바람직하지 않은 맛은 제거하는 과정을 포함한다. 흔히 맛은 절대적이라고 생각하지만 첨가물이나 온도와 같은 요소에 따라서 쉽게 변한다. 이러한 조미 특성을 활용하면 식재료가 가진 맛을 강조할 수 있으며 바람직하지 않은 맛은 줄일 수 있게 된다. 사용한 조미 재료가 무엇인지, 해당 조미 재료가 음식의 맛을 결정하는 데 어떤 역할을 했는지를 조사하여 해설에 이용하면 해설 내용이 좀 더 풍성해질 것이다.

사례 5 맛의 혼합에 따른 상호작용

분류	맛의 혼합	효과	실제 예
대비작용	단맛(주)+짠맛	단맛이 강하게 느껴짐	단팥죽에 소금을 약간 넣음
	감칠맛(주)+짠맛	감칠맛이 강하게 느껴짐	다시국물에 소금을 약간 넣음
	짠맛(주)+신맛	짠맛이 강해짐	소금으로 간을 한 무생채에 식초를 넣으면 짠맛이 강해짐(저염식에 응용)
억제작용	신맛(주)+단맛	신맛이 약해짐	초절임에 설탕을 넣음
	신맛(주)+짠맛	신맛이 약해짐	초절임에 소금을 넣음
	쓴맛(주)+단맛	쓴맛이 약해짐	커피에 설탕을 넣음
상쇄작용	짠맛+신맛	조화된 맛으로 느껴짐	김치
	단맛+신맛		청량음료
상승작용	MSG+HMP (또는 GMP)	감칠맛이 강하게 느껴짐	• 감칠맛에 감칠맛 첨가 • 다시마와 다랑어포의 혼합 맛국물

출처: 최낙언의 자료보관소.

4. 맛 체험 운영 실무

1) 맛 체험 운영 과정

미식관광에 있어 맛 체험은 미식관광객에게 새로운 맛과 미식의 즐거움을 발견할 기회를 줌으로써 여행의 경험을 풍성하게 하고, 기억에 오래도록 남을 수 있게 한다. 본 장에서는 맛 체험을 체계적으로 준비할 수 있도록 과정을 제시하고, 단계별로 요구되는 활동을 알아본다.

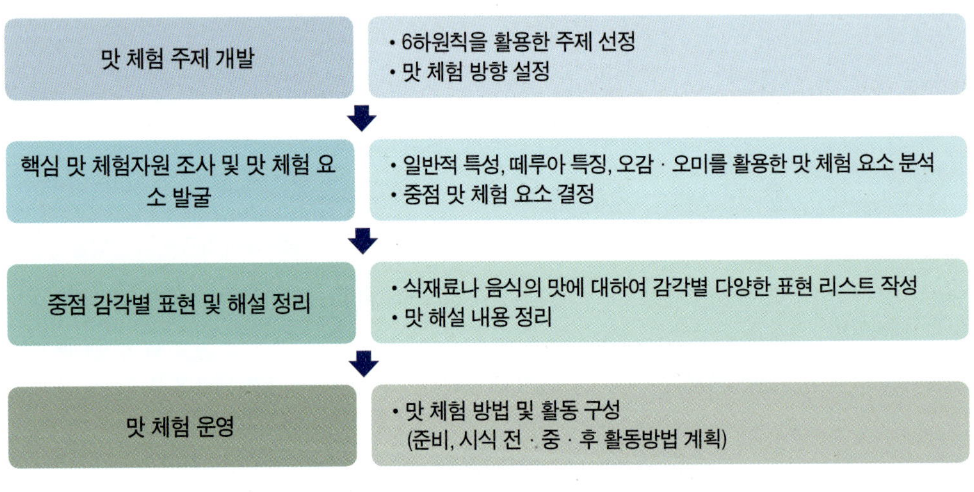

그림 6-2 ▶ 맛 체험 계획 및 운영 프로세스

2) 맛 체험 운영계획

(1) 맛 체험 주제 개발

맛 체험을 운영하기 위해서는 먼저 어떤 주제로 맛 체험을 운영할지 결정해야 한다. 잊지 말아야 할 점은 맛 체험과 미식투어 주제와의 연결이다. 팀원들과 다양하게 의견을 나누어 가능성 있는 맛 체험 주제를 결정한다. 특히 주제 결정 시에는 육하원칙5W1H에 따른 질문을 이용하여 토의를 진행하면 효과적으로 주제 방향을 잡는 데 도움이 된다.

사례 6 육하원칙을 이용한 맛 체험 주제 개발

5W1H		예시
What	맛 체험에 활용할 주재료는 무엇인가?	토마토
When	언제 고객에게 선보일 것인가?	피자 시식 전
Where	맛 체험을 진행할 구체적인 장소는 어디인가?	이탈리아 레스토랑
Who	맛 체험에 참여할 대상은 누구인가?	20대 남녀
How	어떤 방법으로 맛을 체험하게 할 것인가?	토마토의 품종 비교
Why	왜 그 음식(식재료)으로 맛 체험을 하려고 하는가?	우리나라에서는 주로 과일처럼 먹는 토마토와 요리에 사용되는 토마토가 어떻게 다른지 체험

(2) 주제에 맞는 핵심 맛 해설 요소 발굴

맛 체험을 위한 주제가 개발되었다면 결정된 주제에 적합한 맛 체험 재료의 정보를 수집해야 한다. 핵심 맛 체험 요소 발굴을 위한 정보 수집은 다음 [그림 6-3]의 4단계를 참고한다.

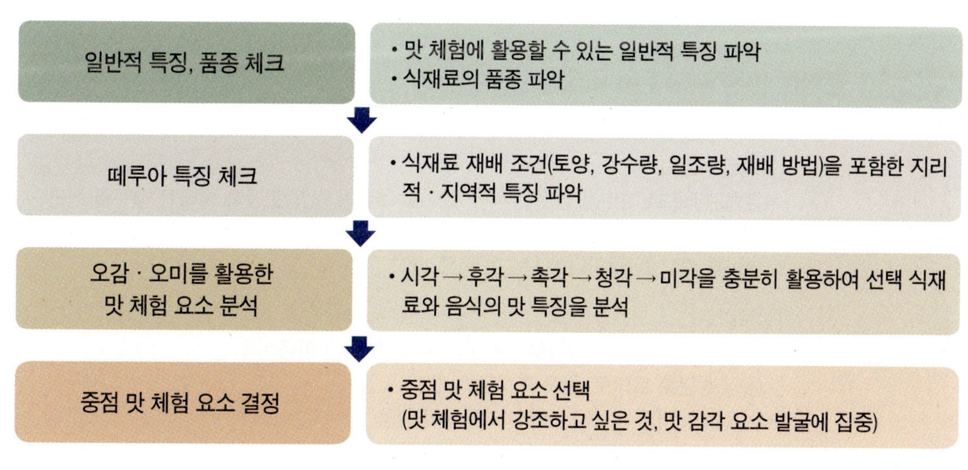

그림 6-3 ▶ 주제에 맞는 핵심 맛 체험 요소 발굴 과정

① 일반적 특징 및 품종 확인

먼저 핵심 맛 체험 주제식재료, 음식 등에 대한 맛 관련 일반적 특징과 품종 특성에 대한

정보를 정리해 본다. 음식의 경우 그 음식에 들어가는 주요 식재료에서 찾아낼 수 있는 일반적 특성들을 확인한다. 만약 맛의 차이를 체험하려고 한다면 품종에 따라 맛 특성이 다를 수 있으므로 품종에 대한 특징을 파악하는 것 또한 필요하다. 조사내용은 맛 체험 계획과 운영의 기초자료로 활용할 뿐만 아니라 맛 체험을 어떤 방향으로 운영해야 하는지에 대한 가이드라인 설정에 활용된다.

사례 7 일반적 특징 및 품종 확인_토마토

구분	과채류
일반적 특징	• 색이 진할수록 달며 표면이 과분으로 덮여 있는 것이 탄력성이 좋고 줄기가 진한 녹색이 신선한 것임 • 세계적으로 5,000여 종이 있으며 국내에서도 수백 여 종의 품종이 있음
영양적 특징	• 열량은 낮고(14kcal/100g) 포만감은 높음, 식이섬유가 풍부함
유효성분	• 비타민 A(항암효능, 산화 억제 효과), C(피로 해소, 신진대사 활성화), B(지방분해), 리코펜(항산화 작용), 루틴(고혈압 예방), 유기산(구연산, 사과산, 주석산 등), 알칼리성 미네랄(칼륨, 칼슘, 나트륨, 마그네슘)

사례 8 품종에 따른 토마토의 특징

식재료 아카이브 (토마토)

일반 토마토	[완숙토마토] • 유럽계 레드토마토를 완전히 익힌 것으로 육질이 단단해 완숙 상태가 일주일 정도 유지됨 • 토마토 특유의 향이 나며 당도가 높은 편임 [찰토마토] • 과육을 절단했을 때 내용물이 꽉 차 있어서 붙여진 이름 • 동양계 분홍 토마토, 완숙 후 기간이 짧은 편임 • 당도는 낮지만 식감이 단단하고 껍질이 얇음
방울토마토	• 체리 토마토라고도 부름 • 일반토마토보다 당도가 높음 • 찰토마토보다 관리가 쉽고 오랫동안 보관이 가능함

② 떼루아 특징 체크

일반적인 특징을 파악했다면 다음은 재배 또는 생산지의 특성을 확인한다. 지역 식재료 맛에 차이가 나는 근본적인 원인은 품종에 따르기도 하지만 지리적, 지역적 떼루아의 특성에 기인하기도 하기 때문이다. 품종에 따라서 특정 지역에서 많이 생산되는 예가 있기도 하다. 따라서 해당 식재료의 생산에 영향을 미치는 지리적, 지역적 특징인 떼루아 특징을 파악해야 한다. 확인해야 할 떼루아 특징은 식재료 맛에 영향을 미칠 수 있는 토양의 상태, 기후, 강수량, 재배(생산) 방법 등이 있다.

사례 9 떼루아 특징_대저토마토

지역명	부산광역시 강서구 대저동	
구분	내용	조건
토양의 물리성	토질	미사질양토
	유효 토심(cm)	50cm 이상
	배수성(배수등급)	양호
토양의 화학성	산도(pH)	pH 6.0~6.5
	유기질 함량(g/kg)	높을수록 좋음
기상 특성	연평균 기온	15~25
	생육 적온	17~27
	개화 적온	20~25
	일조시간	길수록 좋음

출처: 국립농산물품질관리원. 부산대저토마토 지리적 표시등록 자료.

③ 오감 · 오미를 활용한 맛 체험 요소 분석

식재료에 대한 기본적인 특징 파악을 마치고 나면 오감 · 오미를 활용한 본격적인 맛 분석을 해보아야 한다. 실제 맛 체험을 할 때 사람들이 맛을 음미하게 되는 자연스러운 순서는 시각 → 후각 → 촉각 → 청각 → 미각 순으로 이루어지게 된다. 따라서 기본적인 맛

분석도 이러한 순서대로 진행해 볼 수 있다. 시각, 후각, 촉각, 청각을 활용해 식재료를 먹어보기 전에 알 수 있는 특징을 살펴본 후에 해당 식재료나 음식을 먹어보면서 일반적인 미각단맛, 신맛, 짠맛, 쓴맛, 감칠맛+매운맛, 떫은맛, 입 안에서의 질감, 씹을 때의 풍미 등의 특징을 파악한다.

사례 10 오감을 활용한 식재료 맛분석표 작성

대저 토마토	오감	특징
	시각	흠집 여부 표피색 과피의 조직감(치밀한 정도) 크기와 모양 꼭지의 신선도
	후각	향
	촉각	매끄러움 단단한 정도
	식감 (미각+촉각)	당도 과즙 껍질 두께(질긴 정도)

출처: 램프쿡_맛 체험 이야기.

④ 중점 맛 체험요소 결정

식재료에 대한 오감・오미의 특징을 확인했다면, 이제 맛 체험에 활용할 맛 체험 요소를 결정해야 한다. 중점 맛 체험요소의 결정은 맛 체험을 통해 체험객이 발견했으면 하는 의도된 설정으로 그 식재료의 맛을 가장 잘 느끼고 이해할 수 있는 오감과 미각 요소를 결정하는 과정이다.

예를 들어 우리나라는 토마토를 주로 과일처럼 간식이나 후식으로 이용해서 단맛이 강화된 토마토가 많이 출시되고 있다. 스테비아 토마토를 일반토마토로 오인해서 요리에 사용하면 어떻게 될까? 이러한 의문을 맛 체험으로 운영하고 싶다면 중점 맛 체험 요소는 시각과 미각으로 결정하고 일반토마토와 모양은 같지만, 단맛이 강한 스테비아 토마토를 비교하는 맛 체험 운영을 계획해 볼 수 있다.

(3) 중점 감각별 표현 및 해설 정리

맛 체험에 활용할 중점 맛 체험 요소를 결정했다면 체험대상자들에게 경험하게 하고 싶은 맛에 관한 설명과 표현 방법을 찾아야 한다. 맛 체험 참여자에게 맛에 대해 표현해 보라고 하면 '맛있다', '맛없다' 등 매우 단순하게 표현하는 경우가 대부분이다. 따라서 음식에 적용할 수 있는 다양한 표현을 활용하여 맛 체험 대상자들이 미처 표현하지 못한 음식의 다양한 맛들을 일깨워주는 것만으로도 맛을 풍부하게 느끼게 하고 음식을 좀 더 즐길 수 있게 할 수 있다.

① 감각별 맛 표현 정리

오감과 미각으로 체험한 맛은 우리가 일상적으로 사용하는 여러 감각에 대한 형용사를 활용하여 다양하게 표현할 수 있다.

표 6-4 ▼ 오감과 미각 관련 표현

감각	감각 형용사
시각	빨갛다 동그랗다 두껍다
후각	고소하다 비리다 고릿하다
미각(식감)	뜨겁다 물컹하다 쫄깃하다
청각	아삭아삭 사각사각 바삭바삭
촉각	거칠다 단단하다 축축하다

미각	미각 형용사
단맛	달다 달콤하다 달짝지근하다
짠맛	짜다 짭짜름하다 간간하다
신맛	시다 새콤하다 시큼하다
쓴맛	쓰다 씁쓸하다 씁쓰레하다
감칠맛	고소하다 구수하다 얼큰하다
매운맛	맵다 매콤하다 맵디맵다

② 향분류표

다음 [표 6-5] 향분류표Aroma wheel는 식재료의 향 표현에 활용할 수 있도록 재분류한 것으로 모호한 식재료의 향 표현에 도움을 준다.

표 6-5 ▼ 향분류표에 의한 향 분류

분류		향
꽃향	꽃류	은방울꽃, 오렌지꽃, 장미, 바이올렛, 체리놀
향신료향	향신료	정향, 후추, 감초, 아니스, 시나몬
과일향	감귤류	레몬, 자몽
	딸기류	딸기, 블랙베리, 라즈베리
	열매 과일	체리, 살구, 복숭아, 사과
	열대과일	파인애플, 메론, 바나나
	말린 과일	딸기잼, 건포도, 말린자두, 무화과
식물향	신선한 식물	포도줄기, 잔디, 피망, 유칼립투스, 박하
	조리된 식물	아스파라거스, 그린 올리브, 블랙 올리브, 엉겅퀴
	말린 식물	건초, 홍차, 담배
허브향	파류	마늘, 파, 양파
	콩류	오이, 완두콩
견과류향	견과류	땅콩, 아몬드, 헤이즐럿
캐러멜향	캐러멜류	꿀, 버터, 간장, 초콜릿, 당밀, 바닐라

출처: 1. Specialty Coffee Association of America(1955). Coffee Taster's Flavor Wheel.
2. U.C.Davis(1987). Wine Aroma Wheel 에서 재구성.

3) 맛 체험 운영 실무

맛 체험 운영 실무 단계에서는 맛 체험객에게 어떤 활동을 통하여 맛을 경험하고, 인식하게 할 것인지 적절한 운영 방법을 구체화해야 한다. 이때 가장 중점을 두어야 하는 부분은 사람들의 미각력을 깨우고 제대로 맛보는 과정을 알게 하여 음식을 천천히 음미할 수 있도록 유도하는 것이다. 이러한 과정을 통해 맛 체험자들이 음식의 제맛을 탐색하고 인지할 수 있도록 하고, 미식관광에서 만날 수 있는 먹거리들의 다양한 맛을 제대로 느낄 수 있도록 도와주게 된다.

맛 체험 운영은 '재료 준비 → 시식 전 → 시식 중 → 시식 후'의 네 단계로 나누고 단계 안에서의 세부적인 운영을 어떻게 해야 할지를 계획한다.

(1) 재료 준비

맛 체험 재료와 중점 체험 요소로 결정된 맛 요소를 효과적으로 체험할 수 있도록 재료를 준비한다. 재료 준비는 주재료인 식재료와 접시 등 필요한 부재료가 무엇인지 확인하고, 필요한 수량과 구입처 등을 확인한다. 구하기 어려운 토종 재료나 제철이 아닌 재료가 필요하다면 미리 구입처와 구매할 수 있는 수량 등을 파악해야 한다.

사례 11 재료 준비 계획

맛 체험 주제	대저토마토와 일반토마토, 나의 토마토 취향을 찾아요.
주재료	일반토마토, 대저토마토
부재료	개인 접시, 나이프와 포크, 물, 맛 체험 노트(활동지)
수량	품종별 1인 1개, 각 20개씩
구입처	부산 하나농장

이렇게 준비된 재료는 맛 체험이 진행되기 전에 각각의 체험객 앞에 배분되어야 한다. 재료를 어떻게 배분할지 미리 계획하고, 체험 현장에서 재료가 부족하지 않도록 계획 인원 수량보다 여유 있게 준비한다.

사례 12 시식 재료 준비

(2) 시식 전 활동

이 단계는 맛 체험 운영 시 체험객이 실제로 맛 체험에 참여하는 첫 단계라고 할 수 있다. 음식 또는 식재료에 대한 푸드큐레이터의 스토리텔링을 진행할 수 있다. 맛 체험으로는 음식을 입에 넣기 전에 느낄 수 있는 시각, 손에 의한 촉각, 후각, 청각 등의 감각 요소를 활용한 체험을 진행한다. 각각의 감각 활동으로 느낄 수 있는 정보에 대한 예시를 주고 체험객이 감각을 일깨워 천천히 맛을 의식할 수 있도록 진행해야 한다. 감각을 통해 획득한 정보는 맛 체험 노트에 작성할 수 있도록 유도한다. 운영자의 진행 역량이 필요한 부분이다.

표 6-6 ▼ 시식 전: 이용 감각과 활동, 획득 정보

이용 감각	세부 활동	획득 정보
시각	관찰하며 보기	색, 모양, 무늬 등
촉각	만져서 느끼기, 눌러보기	질감, 점도, 무게 등
후각	냄새 들이마시기	냄새 강도, 향의 분간, 향으로 연상되는 기억 등
청각	귀 기울여 듣기	음식 소리, 연상되는 소리 등

사례 13 시식 전: 맛 체험 노트 작성

구분	대저토마토	일반토마토
시각	• 둥글고 주황색과 초록색이 얼룩덜룩해요. • 꼭지의 잎 끝이 약간 말라 있어요.	• 둥글고 빨간색이에요. • 초록색 꼭지가 싱싱해요.
촉각	• 껍질이 미끌거리고, 단단해요.	• 껍질이 미끌거리고, 누르면 손자국이 남아요.
후각	• 풋내가 나요.	• 풋내와 꽃향기가 나요.
청각	• 쓱쓱 소리가 나요.	• 소리가 나지 않아요.

(3) 시식 중 활동

음식 또는 식재료를 시식하면서 느낄 수 있는 미각, 입 안에서 혀나 이, 입천장으로 느껴지는 촉각, 후각(비후적 측면), 청각 등에 초점을 맞추어 활동을 만들 수 있다. 이때 중심 체험물의 미각적 특징을 살리기 위해서 비교 식재료를 동시에 맛보게 하거나 음식의 맛을 살릴 수 있는 부가 재료 추가, 주변 환경 등을 활용하여 특별한 맛을 최대한 느낄 수 있도록 활동을 구성해 본다.

표 6-7 ▼ 시식 중: 이용 감각과 활동, 획득 정보

이용 감각	세부 활동	획득 정보
미각	혀로 맛보기	단맛, 쓴맛, 짠맛, 신맛, 감칠맛, 매운맛, 떫은맛 등
촉각	혀와 치아, 입천장, 입술 등으로 느껴보기	질감, 점도
후각	저작, 연하 시 날숨에 집중하기	향(종류, 강도), 풍미(시식 전 향과 비교)
청각	저작 시 입 안에서 나는 소리에 집중하기	음식의 소리
연하 후	음식 연하 후 입 안에 남는 여운에 집중하기	음식의 후미(음식을 목으로 넘기기 전과 비교)

사례 14 시식 중: 맛 체험 노트 작성

구분	대저토마토	일반토마토
미각	약간 짭짤하고, 신맛이 남	신맛과 단맛이 적절
촉각	껍질이 단단하고, 과즙이 입에 쫙 퍼짐	약간 물컹하고 부드러운 느낌
후각	코로 맡았을 때보다 풋내와 단향이 강해졌음	코로 맡았을 때는 향기가 좋았는데, 막상 입에 넣으니 생각보다 향기가 덜 느껴짐
청각	아삭아삭	물컹물컹
연하 후	후미가 오랫동안 남음	후미가 있지만 빨리 사라짐

(4) 시식 후 활동

시식 후의 활동은 시식 전, 시식 활동에서 체험한 것에 대해 기획자의 의도대로 맛을 인지했는지에 대한 여부를 확인하는 활동으로 구성한다. 더불어 맛은 주관적 성향이 강하기 때문에 체험자의 맛에 대한 느낌이나 의견을 나누는 부분을 추가하여 서로의 경험을 공유하는 시간을 갖도록 한다. 시식 후 이러한 공유 활동은 각자 자신만의 맛 세계를 갖고 있음을 이해하고, 경험한 음식과 식재료에 대한 맛을 오랫동안 기억할 수 있도록 한다.

표 6-8 ▼ 시식 후 활동 내용

대표적 활동	세부 내용
음식에 대한 의견 나누기	작성된 맛 체험 노트를 바탕으로 개인별 맛 체험 의견 공유 활동
개인 취향 찾기	음식 및 식재료에 대한 개인별 취향 결정과 그 이유에 대해 작성
맛 체험 활동에 대한 소감 나누기	맛 체험 활동에 대한 전반적인 만족도, 기억에 남는 부분 등 소감에 대한 의견 공유 활동

사례 15 시식 후: 맛 체험 노트 작성

대표적 활동	세부 내용
음식에 대한 의견 나누기	• (시식 전) 맛 체험을 통해 알게 된 것은? – 토마토를 오늘처럼 자세하게 관찰해 본 적이 없었다. 그런데 자세히 관찰하니 토마토의 색과 모양, 향기가 조금씩 다르다는 것을 알게 되었다. 대저토마토, 처음 들어본 이름이다. • (시식 후) 맛 체험을 통해 알게된 것은? – 먹기 전에는 일반토마토가 예쁘고 향기가 있어서 맛있을 것 같았는데, 실제로는 물컹하고 심심한 맛이난다. 오히려 대저토마토가 과즙도 풍부하고 식감이 단단해서 더 맛있게 느껴졌다. (기대 이상)
개인 취향 찾기	• (시식 전) 현재 토마토 취향은 무엇인가? 이유는? – 일반토마토. 색이 예쁜 빨간색이고, 단 향기가 나서 대저토마토보다 맛이 좋을 것 같아서 • (시식 후) 현재 토마토 취향은 무엇인가? 이유는? – 대저토마토. 실제로 먹어보니 단단한 식감과 과즙, 약간 짭짤한 맛이 나의 취향이다.
맛 체험 활동에 대한 소감 나누기	• 토마토를 더 맛있게 즐길 수있는 나만의 비법은? – 일반토마토는 된장찌개에 넣어 먹으면 좋을 것 같고, 대저토마토는 생과로 먹는 게 더 좋을 것 같다. 대저토마토에 치즈를 올리고 올리브오일을 조금 뿌려 먹으면 더 맛있지 않을까 생각한다.

예시로 제시한 토마토 맛 체험을 경험한 체험객은 토마토의 풍미, 식감 등 토마토 품종 사이에 차이가 있음을 발견했을까? 맛 체험을 통해 미식을 즐기는 방법을 익히면 식재료와 음식에 대한 이해도가 높아진다. 또한 이전에 알지 못했던 새로운 맛을 발견하고, 맛을 더 풍요롭게 하는 조미 아이디어를 떠올릴 수도 있다.

맛 체험 운영 실무에서 제시한 4단계는 일반적으로 많이 활용하는 방법이다. 앞선 맛 분석 단계에서 '어떤 맛 체험에 중점을 둘 것이냐'의 결정에 따라 맛 체험은 다양한 구성을 생각해 볼 수 있다. 예를 들어 특정 지역의 감자를 소개하기 위해서는 체험하고자 하는 감자 품종과 비교할 수 있는 다른 지역의 감자와 함께 비교체험을 하는 것이 맛의 특징을 인식하게 하는 데 더욱 효과적일 것이다. 따라서 이때에는 비교체험에 초점을 두고 맛 체험 활동을 구성하는 것이 효과적일 것이다. 반면 다양한 지역 식재료가 섞인 음식의 맛 체험이 목적이라면 그 음식의 주재료가 되는 식재료의 맛을 먼저 시식하고 그것들로 만들어진 음식을 시식하면서 맛의 조화가 어떻게 이루어지고 어떤 맛들이 상승하였는지 등 맛의 조화를 느끼는 부분에 초점을 맞추어 맛 체험 활동을 진행하는 것이 더 좋을 것이다.

CHAPTER

미식관광 스토리텔링

스토리는 말해주는 것이 아니라 말을 하도록 주제를 알려주고 스스로 스토리텔링을 시작하도록 자극하는 것이다. 스스로 스토리텔링을 하기 위해서는 큐레이팅과 연결하여 기획, 연출, 연기까지 해야 한다. 미식관광 스토리텔링을 기획할 수 있도록 미식과 관광 스토리텔링을 이해하고 콘텐츠를 선별하여 가공하는 방법을 찾아 다양하게 접목해 본다.

1. 미식관광 스토리텔링의 이해

1) 관광 스토리텔링의 이해

(1) 스토리

이야기는 신화, 전설, 민담의 세 가지 형태로 존재한다. 세 가지의 이야기 형태는 주인공의 성격과 행위, 시간과 공간, 전승자의 태도, 전승 범위, 증거물 등에서 뚜렷이 구분되는 특징을 보인다. 신화는 신적인 존재인 주인공의 행위를 다루는 이야기이지만 현대에 들어 특정한 물건, 사람 등에 대한 우상화 현상으로 변화하게 되었다. 즉, 조작된 신화 또는 유사적인 신화가 보다 다양해졌다. 대중스타, 기록을 깬 야구왕, 백만장자, 외계인, X-파일 이야기 같은 것이 전통적 신화를 대신하게 되었다. 전설은 역사시대에 인간들에게 일어난 사건과 행위를 전하는 이야기, 민담은 일상적인 인간의 허구적이고 세속적인 이야기를 말한다.

이야기가 발전하여 서사문학 양식들이 생겨나고 이것이 확대되어 다양한 문화산업이 가능하게 되었다. 소설 · 동화 · 판소리 · 서사민요 · 서사무가 등이 이야기와 관련된 문화양식이며, 신화 · 전설 · 민담과 같은 전통적 이야기와 작가들에 의해 창작된 서사문학을 기초로 한 만화 · 드라마 · 영화 · 캐릭터 등이 문화산업으로 창출된다는 것이다. 이야기는 가치에 대한 진술로서 과학적 진리에 적용되는 기준의 영향을 받지 않는다는 특징이 있으며, 이는 이야기가 이성이 아니라 감성에 직접 호소한다는 점을 강조한 것이다. 이와 관련하여 덴마크의 미래학자 얀센Rolf Jensen은 정보 전쟁이 치열했던 1960년대부터 시작된 '정보사회'의 다음 세대인 21세기가 'dream society꿈과 감성을 파는 사회'라고 예언하였다. 이 dream society에서는 정보가 아니라 가장 훌륭한 이야기를 가진 전사가 세계를 지배한다는 아이디어와 정보 전쟁이 아닌 가치관을 내용으로 하는 '콘텐츠 전쟁contents war'이 중요하다는 내용이다. 그는 감성에 바탕을 두고 꿈을 대상으로 하는 시장이 정보를 기반으로 하는 시장보다 점점 더 커질 것이며, 감정을 대상으로 하는 시장이 물리적 상품을 대상으로 하는 시장을 능가할 것이라고 주장했다.

(2) 스토리텔링

스토리텔링은 사건에 대한 진술이 지배적인 담화 양식이다. 즉 스토리텔링storytelling이란 story + tell + ~ing의 세 요소로 구성된 하나의 단어로서 화자와 청자의 구술을 통한 이야기story가 나아가 다양한 매체를 통해tell 확산~ing되는 행위를 의미한다. 이 세 요소 중에서 구술의 속성인 현장성과 현재성 나아가 화자와 청자 사이의 소통으로 인해 상호작용이 일어나는 현재진행형의 의미인 '~ing'가 강조되어 왔다.

스토리텔링은 단순히 이야기를 하는 행위뿐만 아니라 음성이나 동작까지를 포함하는 일련의 활동으로 상호작용하는 데 목적이 있다고 볼 수 있다. 또한 스토리텔링은 깊숙이 내재된 인간의 본능으로 스토리는 이 세상을 이해하고 설명하는 데 도움이 되는 인간의 지식 구조를 형성하는 기본 방식이다. 전하고자 하는 메시지를 배경, 인물, 갈등 상황으로 적절히 구성하여 화자와 청자가 현장에서 이야기를 공유하면서 자신들의 상상력과 감정을 첨가하여 자신들의 언어로 생동감 있게 표현하는 공동 의미체계를 기반에 두고 있다.

이러한 스토리텔링은 창작의 영역이 아닌 소통의 영역이다. 사람들은 스토리를 전달하는 매체tell인 구전, 텔레비전, 신문, 라디오, 잡지, 인터넷, SNS, 광고 등을 통해 상호작용~ing이 일어날 수 있도록 근원적인 이야기story부터 만든다. 탄탄한 스토리, 재미있는 스토리, 창의적인 스토리, 독창적인 스토리, 나아가 감성을 자극하는 스토리를 창작하기 위해서는 글의 소재를 찾아 내용을 구성해야 한다. 스토리텔링은 형식적으로 사건과 인물, 배경이라는 구성요소를 가지고, 시작과 중간과 끝이라는 사건의 시간적 연쇄로 기술되는 특징이 있으며, 화자와 주인공 같은 인물의 형상을 통해 사건을 겪은 사람의 경험을 전달한다는 점에서 단순한 정보와 구별된다.

구전, 텔레비전, 신문, 라디오, 잡지, 인터넷, SNS, 광고 등 스토리텔링 매체가 다양해진 과정은 온라인 환경의 발달에서 비롯된다. 매체를 통해 공유되는 스토리텔링 유형은 크게 원자료, 가공자료의 텍스트, 오디오, 사진, 그림 등의 정지 이미지와 동영상과 애니메이션 등의 활동 이미지로 나뉜다.

(3) 관광 스토리텔링의 개념

일반적으로 관광지에 대한 평가는 관광지가 가지고 있는 자원 요소들의 나열을 중심으로 이루어진다. 이러한 자원들의 매력도가 얼마나 되며, 관광객들의 기대와 평가는 어떠한가에 대한 조사를 통해 관광지에 대한 이미지가 결정지어진다. 그러나 현 세대 관광지에 대한 이미지는 정해진 틀에 맞추듯이 평가 내려질 수 없다. 관광지 이미지는 각각의 관광객들이 가지고 있는 생각들이 총체적으로 모여진 것이며, 또한 그러한 것에 대한 사회적 담론이 더해져서 나온 결과물이기 때문이다. 개성적인 관광객들에 맞추어 관광지도 개성적인 스토리를 보유해야 한다. 관광분야에서는 스토리텔링이 관광자원을 중심으로 관광지와 관광객이 정보와 체험을 공유하면서 하나의 공동 스토리를 만들어가는 과정으로 관광객의 체험과 추억의 관리를 통해 관광객, 관광지, 지역주민이 공동의 감성체계를 만들어가는 것으로 정의하고 있다(한국관광공사, 2005). 관광지에서 스토리텔링은 관광객의 체험을 보다 짜임새 있게 할 뿐 아니라 그들에게 몰입의 상태로 유도하게 한다. 투어가이드의 설명과 해설 등이 관광 스토리텔링에 해당되며, 이와 관련해서 일반적으로 어휘력, 연설, 대화, 목소리, 숙어, 문법, 텍스트 등이 중요하게 여겨진다. 한편 관광 스토리텔링은 커뮤니케이션, 광고, 홍보, 프로모션 등으로 그 영역을 확장할 수 있다.

(4) 관광 스토리텔링의 과정

관광스토리텔링은 [표 7-1]에서 보는 바와 같이 ① 스토리 발굴 → ② 목표 설정 → ③ 테마 개발 → ④ 스토리 체험 → ⑤ 스토리 공유 → ⑥ 전달 매개체의 과정을 거쳐 만들어진다.

표 7-1 ▼ 관광 스토리텔링 과정

절차	주제	내용
1단계	스토리 발굴	관광 대상 지역이 가지고 있는 자연적, 문화적 자원 요소 나열
2단계	목표 설정	자원을 감각적으로 경험하고 전파할 수 있는 주 공략 대상과 가족 구조 설정
3단계	테마 개발	관광 대상이 쉽게 이해할 수 있도록 스토리 자원을 테마 형태로 정의 및 구분
4단계	스토리 체험	관광지와 관광객이 교감할 수 있는 스토리체험 계획
5단계	스토리 공유	관광객의 관광경험담을 스토리자원으로 재생산
6단계	전달매개체	관광지에 대한 긍정적인 인상을 이미지화하여 미디어에 전파

시간과 돈을 들여 관광을 온 고객들은 관광지에서 준비한 문화, 자연, 산업, 장소와 시설 등의 스토리 자원 리스트를 읽으며 새로운 경험을 기대한다. 다른 곳에서는 볼 수 없는 상징성, 관광지에서만 할 수 있는 특색있는 활동이 준비되어야 한다. 관광지가 충분한 자원을 준비했다고 해도 이를 관광객에게 '특별한 경험' 후보지로서 제시하기 위해서는 매개체가 필요하다. 홍보가 필요하다는 뜻이다. 언론과 정부 관계자 등 지역의 관광에 연관된 모든 이해관계자를 관광지에 초대하는 시도는 지역의 매력을 알리고 최종적으로는 잠재된 고객을 발굴하기 위한 것이다. 특이한 관광지는 새로운 것에 관한 관광객의 호기심을 자극하지만, 일상적이고 평범한 자원 또한 관광객에게 더 큰 흥미를 불러일으킬 수 있음도 간과해서는 안 된다.

낯선 공간에서 익숙한 것을 경험하는 일은 '힐링' 테마에 포함된다. 테마는 관광지가 준비한 스토리를 가장 간결하게 표현할 수 있는 기호체계이다. 관광객은 카테고리화되어 있는 관광 테마를 통해 어떤 스토리를 겪게 될지 예상한다. 관광지는 그들이 요구하는 코드와 맞아 떨어지는 공동의 감성을 형성할 수 있어야 한다. 관광 스토리텔링은 지역을 대상으로 관광객들이 일관적인 이미지, 즉 테마부터 갖게 하는 데에서 시작한다. 관광지에 대한 이미지를 토대로 관광객들은 장소를 방문하기 전에 체험할 스토리를 확인하고, 장소가 만들어 낸 스토리와 방문객이 만들어 낸 스토리 간의 활발한 교류를 통해 공동의 스토리를 만든다.

2) 미식관광 스토리텔링의 이해

미식관광 스토리텔링은 인물, 장소, 식재료 등을 소재로 이용하여 콘텐츠를 구성한다. 콘텐츠 구성을 위해 제공된 정보, 문헌, 감정 개입, 소비자 참여 등의 유형을 이용한다. 미식관광은 누가, 어디에서, 무엇으로 만들었는지가 스토리의 자원으로 활용된다. 명장이나 중요 무형문화재를 대대로 이은 인물이 조리한 역사 깊은 음식, 특정 지방의 기후와 지역에서만 생산되는 특정 식재료로 그 지역 특유의 조리법으로 조리된 음식, 특별한 식재료로 갖은 정성을 들여 만들어진 희귀하고 특이한 음식 등과 같이 관광 상품은 일상적인 것과의 차별성을 지니고 있어야 한다.

관광객은 음식을 섭취한 후 어떤 효과와 차별성을 기대한다. 차별성에는 그 음식의 기능성과 역사적 정보도 포함된다. 정보는 명백히 증명된 사실이므로 허구가 혼합될 수 없기에 스토리라고 할 수는 없지만 차별성을 줄 수 있다. 고문헌에 근거해서 재현한 음식은 조상의 지혜와 경험을 간접 체험하는 것이므로 음식에 대한 차별성을 생성할 수 있다. 또한, 어린 시절에 먹었던 음식에 대한 향수와 그 음식을 만든 이에 대한 그리움이라는 레트로뉴트로[1] 감성도 차별성을 생성하는 전략이다. 어린 시절에 먹었던 음식에 대한 향수와 그 음식을 만든 이에 대한 그리움이라는 공통 정서 또한 차별성을 생성하는 전략이다. 추억을 주제로 이야기를 주고받는 것은 사람과 사람이 가까워지는 가장 쉬운 방법이다.

스토리텔러는 이야기를 포장할 감정, 공감대, 다수의 청중이 듣고 싶어 하는 이야기가 무엇인지 고민해야 한다. 동시대의 공통 정서처럼 쉽게 관심을 끌 수 있는 소재를 문자 또는 영상의 매체로 소비자에게 제공하면 이후는 소비자가 직접 자신만의 스토리를 상상할 수 있게 시간을 주어야 한다. 관광지에서 경험한 하나의 이야기에서 관광객은 또 다른 이야기를 생성하고, 연상하고, 전파한다. 더욱 많은 이들에게 특정한 이미지로 인식된 관광은 신문기사, 여행잡지, TV 프로그램 등 대중매체를 통해 정보가 제공되고 인터넷 커뮤니티나 블로그 등을 통해 소개된다.

3) 전통문화와 미식관광 스토리텔링

사람들은 전통이라는 한 가지 주제에 집착하지 않는다. 전통 하나로는 관광객의 재방문을 기대하기 어려우니 자연스럽게 관광콘텐츠가 다각화된다. 전주를 대표하는 미식관광 콘텐츠는 한정식과 비빔밥이지만, 최근 트렌드에 따라 가맥과 막걸리 정식을 대표메뉴로 전파하는 소상공인의 수가 늘었다. 전통적인 이미지에 집착하는 대신 관광지의 색다른 매력을 기억에 남도록 하는 데 중점을 둔 것이다. 평창송어축제가 열리는 시기에 평창의 음식만을 소개하지 않고, 지역 생활호스트가 백룡동굴, 장암산, 이효석, 양떼목장, 월정사 등 다양한 연계 관광콘텐츠를 안내해서 소비자가 지역의 풍부한 문화와 자연에서 다양하게 개인 스토리텔링을 할 수 있도록 유도하는 것과 같다. 내외부적인 물리적 환경

1) 레트로: 과거의 복고주의 유행 속에 느림과 안정, 자연으로 회귀하고 본성으로 돌아가자는 의지가 낳은 트렌드
뉴트로: New + retro의 신조어로 레트로가 중장년층의 추억이 중심이라면 뉴트로는 밀레니얼 세대가 접해보지 못했던 1990년대 이전의 아날로그 감성이 풍기는 문화에 대한 신선함을 재해석하여 만들어진 유행

과 더불어 음식과 관련 있는 비물리적인 환경의 구성을 스토리에 적합한 형태로 재구성하는 것은 스토리텔링의 효과를 한층 강렬하게 만든다.

관광이 전파되기 가장 쉬운 방법은 시각적으로 인상 깊은 체험을 통해 미경험자가 대상지를 '이미지'로 기억할 수 있게 하는 것이다. 한국의 전통문화와 미식관광이 상호 작용하는 사례를 보면 지역별 특색을 살린 음식과 조상의 지혜가 담긴 궁중 · 반가 음식이라는 두 갈래가 나뉘어 있다. 전자가 오감을 이용한 체험식 미식관광이라면 후자는 기호학적, 역사적 배움을 제공하는 미식관광이다. 결혼예물로 대추를 받은 김수로왕, 피난 가던 중 진상품으로 올라온 인절미를 먹은 인조, 인삼갈비찜을 꾸준히 섭취한 후로 병치레가 잦던 체질이 개선되었다는 퇴계 이황 등 역사적 인물들을 강조한 미식 이야기는 관광객에게 호평을 받아왔다. 김치나 장醬 명인이 만든 음식이라며 전문성을 강조하고, 전주 콩나물국밥이나 영덕 대게처럼 유명장소의 지역성을 강조하는 것, 임금님 진상품 목록에 빠지지 않던 어란魚卵처럼 식재료의 차별성을 강조하는 것 또한 인증된 미식관광 스토리텔링 방법이다.

한국의 대표적인 특징인 24절기의 특색을 강조하는 미식관광 스토리텔링도 존재한다. 제철에 맞춰 음식을 달리 먹으며 조상의 지혜를 느끼는 것이다. 초복 · 중복 · 말복에는 쇠의 기운이 있어 흙의 성질을 지닌 닭으로 더위를 물리치고자 삼계탕을 먹는다. 육개장은 칼칼한 맛이 이승의 고난과 역경을 의미하고, 매운맛이 우울감을 완화시키며, 양을 불리기 쉬워 장례 음식으로도 준비된다. 꼬리에 꼬리를 무는 배움 · 해설과 함께하는 문화체험을 통해 관광객은 다채로운 재미를 느끼고 그 감정을 예비 소비자에게 전파한다. 이는 소비자에게 식사에 대한 이해도를 높이고 풍미를 더하는 조미료와 같은 역할을 한다. 즉, 미식관광은 전통과 현대의 접점에서 새로운 가치를 창출한다.

2. 미식관광 스토리텔링 적용 및 사례

고객의 니즈를 충족하는 콘텐츠를 내놓으려면 미식관광 산업이 지속적인 변화를 꾀할 수 있도록 체계화되어야 한다. 스토리텔링의 과정은 가급적 글로 써서 문서화하고 결과에서 발생하는 가치는 직관적인 숫자로 남겨두는 쪽이 좋다. 소비층이 원하는 양질의 커뮤니케이션 서비스를 알아채는 일도 중요하다.

예컨대, 제대로 된 한식 레시피를 알리고 싶어 유튜브를 시작했다고 밝힌 더본코리아의 대표이자 요리연구가 백종원은 유튜브 시작 7개월 만에 구독자 330만 명을 달성했다. 명절 음식부터 술안주까지 쉽게 조리할 수 있게 방송을 꾸리는 그의 영상은 5개국 언어의 자막을 제공하여 외국인들도 한식을 쉽게 접할 수 있게 하였다. 백종원은 지역 음식점의 맛 소개와 함께 향토음식에 관한 추억을 공유하면서 고객과 상호작용을 하는 TV 프로그램 등도 진행했다. 이는 그 자신과 한식에 대한 이미지를 긍정적인 방향으로 굳히는 역할을 했다.

한식을 주제로 하는 유튜버 중 가장 구독자가 많은 유튜버 '망치'는 영어로 한식 조리법을 소개하는데, 초보도 따라 할 수 있을 만큼 쉬울 뿐 아니라 8개의 카테고리로 조리법을 나누어 레시피 검색이 편하도록 채널을 구성했다. 현지에서 대체할 수 있는 식재료 소개도 유튜버 망치의 영상이 가진 장점이지만, 그녀에게는 무엇보다 스토리텔러로서의 재능이 출중하다. 유튜버 망치의 영상은 레시피만 제공하지 않고 음식과 관련된 추억과 소소한 일상을 함께 나눈다. 이를 통해 한국인뿐만 아니라 외국인까지도 한국음식문화에 대한 공감대를 형성한다. 망치의 유튜브 영상에 30개국 이상의 자막은 그녀의 스토리텔링을 사랑하는 팬들이 자발적으로 보내준 것이다. 이러한 사례들을 종합하면 미식관광 스토리텔링 상품의 운영에 있어서 다양성, 체계성, 그리고 공통 추억을 자극하는 감성의 중요성이 확인된다.

최근 몇 년, K-POP이나 K-DRAMA 그리고 높아진 대한민국의 위상 등을 계기로 한국문화, 특히 식문화에 관심을 보이는 외국인이 늘어났다. 해외 한식당은 호황을 누리고 한국어 교육 기관의 규모가 나날이 커진다. 한발 더 나아가 한국의 매력에 빠져 배움을 청하는 이들이 유학생 신분으로 한국 땅을 밟는 일도 흔하다. 이 새로운 고객층에 대한 정보가 축적되면서 이들을 겨냥한 관광 상품도 개발되고 있다. 아시아권 관광객은 신문명을 선호하며 퓨전에 큰 관심을 보인다. 특히 동남아권에 한국의 현대적 요소는 큰 매력으로 작용하는데 이는 유럽권 관광객이 자연과 전통을 좋아하는 것과 대비된다. 국가별 선호의 차이는 그간의 어떤 공간에서 어떤 삶을 경험했는지, 즉 어떤 스토리를 쌓았는지의 차이이다. 음식에 대한 태도도 여기에서 비롯된다. 많은 외국인이 왜 한국인은 비벼 먹고 싸 먹고 말아먹는지 이해하지 못한다. 외국인에게 비빔밥은 재료 고유의 향이 비벼지면서 서로에게 묻히고 사라지는 괴상한 음식으로 보일 수 있다. 외국인이 비빔밥에서 더 긍정적인 관심을 보이는 쪽은 내용물인 음식이 아니라 음식을 담고 있는 돌솥이라는 따뜻한 그릇이다. 외국인을 공략하고자 하는 미식관광 운영자는 이해에 어려움을 겪는 외국인을 위해 비빔밥에 담긴 의미를 해설해 주어야 한다. 예를 들어 그냥 "한국인은 모든 음식을 비벼 먹는다."라고 하지 않고 "비빔밥은 한 접시에 우주의 기운이 모두 담겨서 새로운 맛을 재탄생시키는 요리이다."라고 함으로써 운영자는 외국인에게 훌륭한 미식관광 스토리텔링을 제공할 수 있다.

상품의 종류와 무관하게 원활한 운영에 있어 중요한 부분은 고객의 감성을 자극하고 진정성을 부각하는 작업이다. 한정식 식당의 마당 평상에서 고추와 마늘을 다듬는 할머니가 있다면 고객은 이 모습을 보면서 곧 먹을 음식에 들어간 재료와 할머니가 다듬고 있는 재료가 같은 것이라 예상하고 식당이 연출한 진정성을 전달받을 수 있을 것이다. 이것이 미식관광 스토리텔링의 예이다. 또 다른 예로는 대량 생산품이 아닌 직거래 재료는 식당에 비용적인 이득을 주지 않지만, 음식에 스토리를 부여할 수 있다. 이 재료로 만든 요리는 농부와 직접 식재료 거래를 맺고 소량 매입한 감성적인 상품임을 강조하는 것이다. 강원도처럼 시장이 활성화된 지역에서 제철 식재료를 매일 공수하는 노력을 들이는 식당 주인도 비슷한 이미지 효과를 노리는 것이다. 특히 나이가 어릴수록 집에서 직접 요리하는 것보다 남이 요리하는 것을 즐긴다. 그들이 미식관광에서 요구하는 신뢰는 맛 그 자체가 아니라 맛을 향한 과정에서 전달되는 감성을 기반으로 하고 있다. 따라서 미식관광 스토리텔링은 음식에 대한 다양한 인식을 가진 이들에게 깊이 있는 해석과 이해, 공감을 나누며 운영되어야 한다.

사례 1 통인시장과 광장시장

일제 강점기 통인시장은 일본인들을 위한 물품을 파는 작은 시장이었고 광장시장은 우리 나라 상인들이 모여 포목점 위주의 제품을 파는 대형 시장이었다. 비슷한 시기에 생겨 지금까지 유지해 온 시장이지만 그 규모와 목적이 판이하게 다른 4대문 안의 시장으로 비교가 된다.

서울 통인시장은 우리의 전통시장 느낌을 고스란히 가지고 민화 호랑이 그림이 시장 앞에 멋스럽게 내세워져 있어 백호가 수호하는 우리의 전통시장임을 내세웠다. 튀김떡볶이, 엽전도시락으로 재미와 맛을 즐길 수 있고, 먹을 수 있는 식당을 마련하여 즐기고 쉴 수 있게 공간을 구성했다. 일본인을 위한 시장이었던 과거의 부정적인 이미지 대신 대신 백호를 시장의 대표 이미지로 내세워 현대인의 감성을 자극하고 보다 각인된 시장의 느낌을 전할 수 있다. 소량씩 개인 취향대로 즐길 수 있는 다양한 음식이 있다는 이야기(설명)와 함께 흥미와 매력을 느낄 수 있는 맛 표현이 부가된 스토리텔링이 주어진다면 방문객들은 통인시장에 대한 새로운 감성을 느끼고 그 가치를 표현해 줄 것이다.

서울 광장시장은 대형시장이기도 하고 많은 해외 유명인의 방문과 몇몇 맛집으로 이미 유명세를 타고 있는 곳이다. 하지만 광장시장은 맛집 외에 뭔가 감성을 자극하고 멋스러움으로 인식되는 부분이 그 규모에 비해 미비하다. 음식시장의 꾸준한 성장세에 따라 이용객의 니즈를 반영하고 미래 먹거리에 대한 가치를 파악하여 이야기해야 오래오래 전해지는 스토리가 완성되고 많은 사람들의 구전 속에 더욱 인기 있는 공간으로 거듭날 수 있을 것이다.

사례 2 일본 마루토쇼유

마루토쇼유는 나라현에서 가장 오래된 간장 양조장에 위치해 있다. 지역 생산자가 직접 식재료를 재배하고, 체험프로그램, 다이닝, 숙박을 운영하며, 사람들과 직접적인 연대를 키우고 있는 곳으로, 1689년 창업한 양조간장 체험공간이다. 조부가 돌아가신 후 끊겼던 양조장을 손자가 할아버지의 흔적을 오랜 시간 연구하여 70년 만에 다시 부활시켰다. 시골 마을의 식당에서 식사 후 10분 거리의 텃밭에 가면 요리를 구성했던 채소 재료들이 싱싱하게 자란 모습을 볼 수 있다. 이를 직접 보고 만지고 맛보는 식문화 체험은 미식관광 여행객들에게 흥미로운 스토리를 생성할 수 있도록 하고, '마루토쇼유'라는 브랜드의 전통성 있는 이미지 또한 강조한다. 한정식 식당의 평상에서 고추를 말리고 마늘을 다듬는 모습을 보이는 것과 같은 홍보 방식이다. 이런 스토리텔링은 식당이 지닌 음식 재료에 대한 자부심을 보여줌과 동시에 소비자에게 쉽게 경험할 수 없는, 다른 곳과 차별되는 식사를 했다는 보람을 선물한다.

마루토쇼유는 한때 왕실에 납품할 정도로 뛰어난 간장을 생산했으나, 제2차 세계대전의 영향으로 1949년 문을 닫았다. 농기구를 넣어두는 창고처럼 쓰이던 폐양조장에서 간장제조법, 양조장의 역사 등이 적힌 고문서 1,000여 점을 발견한 것은 마루토쇼유의 18대 당주, 손자 기무라 히로유키 사장이다. 그는 옛 양조장 창고를 호텔로 개조하여 숙소로 만들고 300여 년의 마루토쇼유 역사를 간장의 역사와 함께 체험할 수 있도록 고객을 위한 스토리를 제공했다. 기무라 당주는 "70년 만에 부활한 양조장을 통해 일본인의 자연에 대한 경외와 음식의 중요성을 배운 소중한 경험이었다."라고 말하며 이곳을 소개한다. 그만큼 마루토 간장은 현지 자연의 축복인 지역산 식재료를 고집한다. 황실에 납품하던 때와 변함없는 간장의 풍미는 타와라모토의 원재료에서 비롯된 지역 고유의 맛이다.

천연 양조법을 지키는 특별한 간장, 음식 이름은 물론이고 어떤 간장을 썼는지까지 상세하게 적힌 특별한 식사, 100년 전처럼 신문지로 도배된 진흙벽이지만 시설만은 최신식인 특별한 숙박 경험은 여행객에게 감동으로 다가온다. "가까이 있으면 깨닫지 못하는 소중한 것". 이러한 마루토쇼유의 음식 및 숙박 프로그램은 역사와 미식을 조화롭게 엮는 일본 '가스트로노미 여행'의 대표 사례다.

3. 미식관광 스토리텔러의 자세

지속성 있는 미식관광 스토리텔링을 위해서는 스토리텔러가 일을 올바른 자세로 대하는 것이 중요하다. 최근 트렌드에서 스토리텔링은 소비자가 스스로 말을 하도록 유도해야 한다. SNS에 올릴 수 있는 미디어, 남들에게 전달해 주고 싶은 이야기거리가 많은 콘텐츠만이 성공적인 대화 주제가 되어 전파되기 때문이다. 소비자가 관광콘텐츠를 쉽게 경험할 수 있도록 판을 놀이화하는 것도 스토리텔러, 공급자의 역할이다. 시장 가판대 위의 낙지를 직접 손대고 먹는 것에서 거부감을 가진 소비자가 갯벌에서 직접 낙지를 잡아보니 낙지를 먹는 것에 흥미를 느끼면 이는 성공한 관광콘텐츠이다. 가까운 거리에서 음식 조리에 손을 보탰더니 거부감이 들지 않는다는 상황의 반전이 소비자에게 좋은 경험으로 남은 것이다. 하지만 직접 잡아보고 나서 더욱 낙지를 싫어하게 되는 등 관광콘텐츠에 불만족한 고객 또한 있을 수 있다. 미식관광 스토리텔러는 이런 고객에 대한 대응 방안을 반드시 마련해야 한다. 소비자가 행복할지를 생각하고 진정성 있는 목표를 제시해 관광객의 흥미를 붙들 수 있느냐가 스토리텔러로서의 재능을 판가름한다.

접근성 높은 관광 상품을 소개할 때는 타이틀과 소제목이 필요하다. 스토리텔러는 보이지 않는 것을 이해하기 쉽도록 고객에게 이야기로 전달해야 한다. 이를 고객이 알아채고 감각을 자극받음으로써 개인의 스토리텔링이 시작된다. 제목을 붙이고 이야기를 만드는 것은 결과적으로 공급자와 소비자 간에 편안하고 쉬운 대화를 하기 위한 목적을 띠고 있다. 비싼 레스토랑에 가면 셰프가 주방에서 나와 고객과 대화하는 경우가 있다. 이러한 연출은 음식에 엮인 스토리를 공고히 하고 소비자에게 식사 공간의 현장성을 강화하는 감각을 전달한다. 미식관광 스토리텔러, 즉 푸드큐레이터의 경쟁력은 오래전부터 존재하던 익숙한 식자원을 고객 눈높이에 맞춰 새롭게 해석하고 고객의 기억에 오래 남을 만한 푸드스토리를 큐레이팅하는 능력에서 비롯된다. 홀로 이해하는 것과 다른 이가 이해하기 쉽도록 설명하는 것에는 큰 차이가 있다. 배움과 가르침의 난이도는 천차만별이다. 스토리텔러는 고객에게 가르침을 편안한 방식으로 제공해야 하므로 본인부터 관련 분야의 전문가가 되어야 한다. 끊임없는 지적 호기심과 지속적인 학술 탐구로 넓은 지식을 쌓는 것이 푸드큐레이터의 자격에 포함되는 이유다.

관광객은 가짜 같은 진짜보다 진짜 같은 가짜 상품에 열광한다. 어설픈 연출에 만족할 수 있다면 굳이 관광 소비를 선택하지 않아도 된다. 공급자는 고객에게 진정성과 고품질을 함께 제공해야 한다. 푸드큐레이터에게는 다양한 자질이 요구되지만, 이 때문에 한식을 주제로 하는 미식관광 스토리텔러는 한식의 정체성과 식문화에 대해 자체적인 기호학적 해석과 깊은 이해를 본인의 주력 장기로 삼는다. 뚜렷한 의미와 강렬한 인상의 타이틀, 시대에 맞는 창조적인 해설, 반전성 있는 상황 연출은 고객의 흥미를 유발하고 관광콘텐츠의 가치를 높이게 된다. 이러한 방식으로 스토리텔러는 한식의 매력을 전달하는 데 있어 중요한 역할을 한다.

Part 4

미식관광 기획 실무론

CHAPTER

8 미식투어 상품기획 실무

본 장에서는 제2장에서 다루었던 미식경험 상품기획 이론을 바탕으로 직접 미식투어 상품을 기획해 보고 모의투어까지 진행해 봄으로써 상품기획의 실무 감각을 익혀본다.

1. 미식투어 상품 개발의 의의

미식투어는 유무형 요소들을 다양하게 포함하여 사람들에게 특정지역의 식문화를 재미있고 의미있게 즐길 수 있도록 하는 가장 융합적인 미식경험 상품이다. 미식투어는 도보로 즐길 수 있는 짧은 시간의 투어에서 교통편을 이용한 이동과 숙박이 포함되는 장거리 투어상품까지 다양하게 기획될 수 있지만 공통적으로 지역의 식문화를 투어의 핵심주제로 다루는 상품으로서 다음과 같은 의의가 있다.

1) 해당 지역의 음식 중심의 문화 체험

관광객들은 투어가 진행되는 지역의 과거, 현재의 식문화를 경험하며, 해당 지역의 식문화의 흐름과 특징을 이해할 수 있다. 또한 음식과 관련된 지역의 숨어 있는 문화적 특징들을 체험할 수 있다.

2) 해당 지역의 연계자원에 대한 활용 증진

음식이 중심 주제인 미식투어를 진행하면서 투어 구성 요소인 지역의 다양한 문화적, 사회적, 경제적 연계 자원의 활용을 도모할 수 있다. 이를 통하여 지역에서 활동하는 다양한 인사들과의 교류가 가능하며 지역민들 간의 상호 이해와 교류를 촉진하여 지역 발전에 이바지할 수 있다.

3) 지역 경제 활성화

해당 지역을 근간으로 한 다양한 주제의 미식투어를 기획함으로써 관광객의 방문 및 재방문을 유도하여 지역민들의 수익과 일자리 창출에 기여하고 장기적으로는 지역의 지속적인 경제 활성화를 도모할 수 있다.

4) 음식문해력을 가진 관광객을 위한 지속가능한 미식경험 활동 제공

이상적인 미식투어는 지속가능성을 고려한 미식경험을 할 수 있는 콘텐츠 개발에 목적을 두고 있다. 따라서 미식투어 참여를 통하여 관광객들은 지속가능한 소비 및 생활문화에 관심을 가지게 되며 개념 있는 미식생활을 추구하는 음식문해력Food literacy을 갖춘 소비자로 거듭날 수 있도록 하는 데 기여할 수 있다.

2. 미식투어 상품 개발의 유형

미식투어 상품은 주제, 관광객 유형, 지역범위 등에 따라 개발의 유형이 달라질 수 있다.

1) 주제별

같은 지역에서 이루어지는 미식투어라도 투어의 주요 주제가 되는 음식이나 식재료, 또는 계절 등 핵심 주제를 선정하고 주제에 따른 기본 및 확장 자원의 구성을 달리함으로써 다양한 주제별 미식투어기획이 가능하다.

2) 관광객 유형별

미식투어의 대상이 되는 관광객 유형은 지역음식에 대한 이해 정도, 음식문해력 정도, 특정식품 이용자채식주의자, 특정 종교인 등으로 구분될 수 있다. 특히 최근에는 소수 그룹의 프라이빗private 미식투어 요청이 많아지고 있는 추세이다. 예를 들어 해외 셰프들이 요청하는 '한국 식재료 체험 미식투어,', 채식주의자들의 요청에 의한 '사찰음식 투어' 등이 있다. 이때 투어 참여자들의 지역 또는 국가의 식문화에 대한 이해 정도는 미식투어에서의 체험 정도, 스토리텔링의 깊이를 결정하는 데 많은 영향을 미치므로 이러한 관광객 유형에 따라 동일 주제의 미식투어라도 구성요소 및 기획의 방향이 달라질 수 있다.

3) 지역 범위별

미식투어가 진행되는 지역범위는 대표적으로 도시, 도시근교, 농산어촌 등으로 나뉘며 이에 따라 기획 방향이 달라질 수 있음을 의미한다. 미식자원 부분에서 설명했다시피 각 지역이 가지는 자원의 종류와 특성은 매우 다르고, 체험의 종류와 범위도 달라지므로 미식투어 기획에 영향을 미친다.

3. 미식투어 상품 기획 실무

1) 미식투어 프로그램 기획 과정

미식투어는 보통 특정 지역을 중심으로 하며 지역 식문화이 이해와 체험을 위주로 관

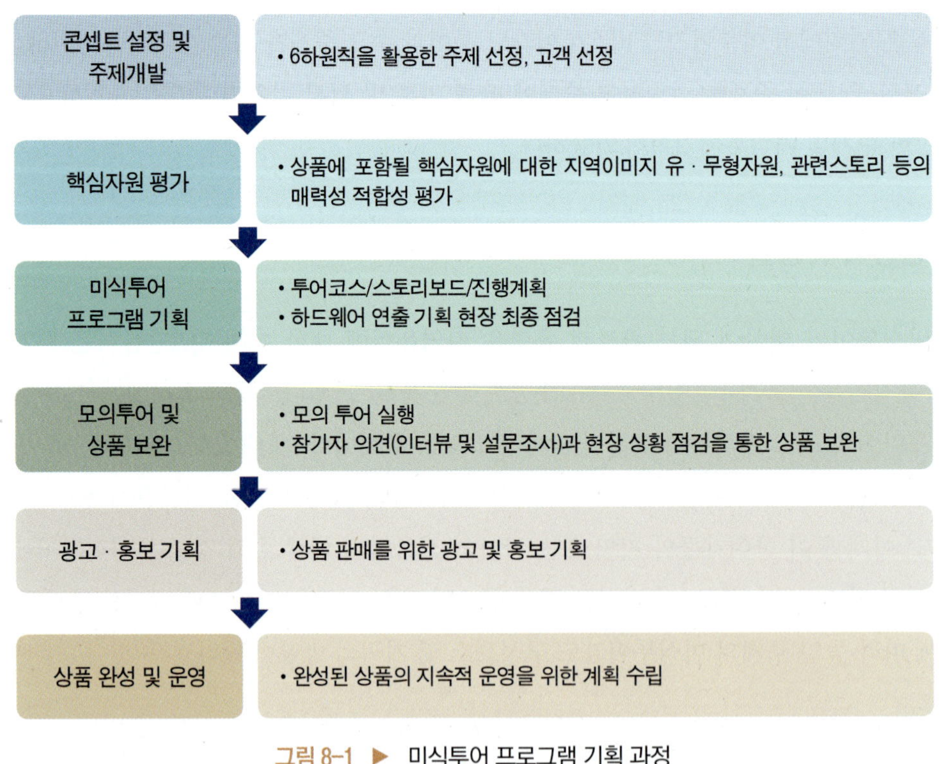

그림 8-1 ▶ 미식투어 프로그램 기획 과정

광객이 너무 무겁지 않고 재미있게 몰입할 수 있는 프로그램 개발을 목표로 해야 한다. 특히 특별한 목표를 가진 그룹예 유럽 셰프들의 한식 발효문화 체험이나 음식 취향예 채식주의자의 K-푸드 체험을 가진 관광객들과 같이 특별한 요구가 있는 미식투어객들이 늘어나고 있는 추세이므로 관광객의 눈높이에 맞춘 체계적인 미식투어 기획은 매우 중요하다. 미식관광 상품 기획을 위한 주요 과정을 검토하고 세부 절차에 따라 미식투어 기획을 본격적으로 실행해 보도록 하자.

2) 미식투어 프로그램 개발

(1) 미식투어 테마 발굴 및 기획 방향 설정

미식투어 그룹을 편성하여 각 멤버들은 어떤 주제로 미식관광상품을 기획할지에 대하여 정보탐색을 해본 후, 다양하게 의견을 나누어 가능성 있는 미식관광 주제와 이에 맞는 투어 대상을 결정하도록 한다[그림 8-2]. 주제를 결정할 때에는 육하원칙5W1H에 따라 토의를 진행하는 것이 효과적이다.

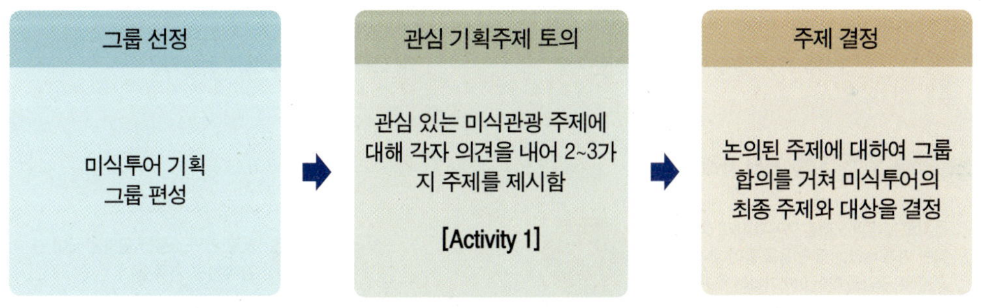

그림 8-2 ▶ 미식투어 테마 발굴 및 기획방향 설정

Activity 1 주제 아이디어 도출

다음 6가지 질문을 가지고 미식투어의 주제를 도출해 보도록 한다.

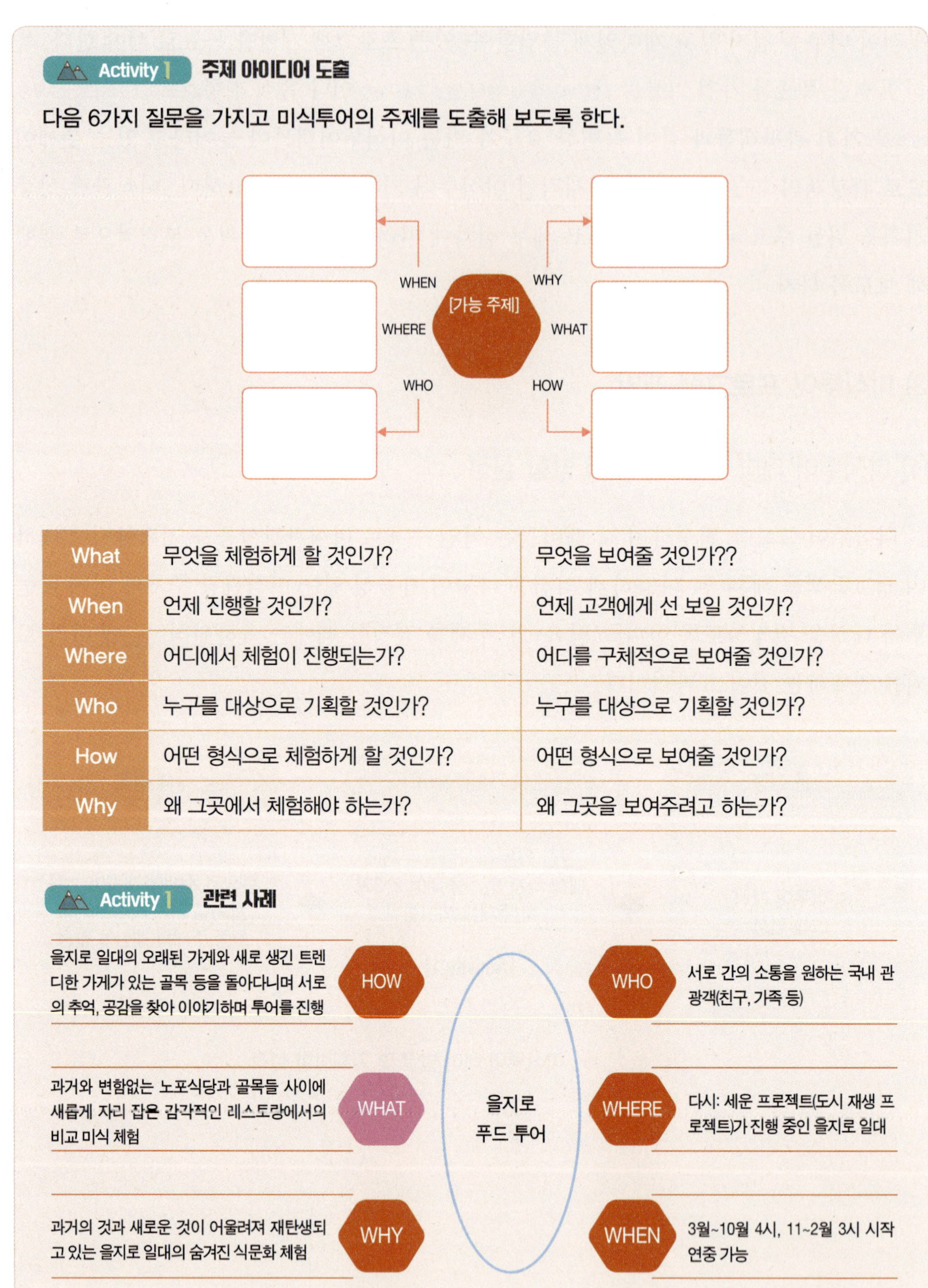

What	무엇을 체험하게 할 것인가?	무엇을 보여줄 것인가??
When	언제 진행할 것인가?	언제 고객에게 선 보일 것인가?
Where	어디에서 체험이 진행되는가?	어디를 구체적으로 보여줄 것인가?
Who	누구를 대상으로 기획할 것인가?	누구를 대상으로 기획할 것인가?
How	어떤 형식으로 체험하게 할 것인가?	어떤 형식으로 보여줄 것인가?
Why	왜 그곳에서 체험해야 하는가?	왜 그곳을 보여주려고 하는가?

Activity 1 관련 사례

을지로 푸드 투어

- HOW: 을지로 일대의 오래된 가게와 새로 생긴 트렌디한 가게가 있는 골목 등을 돌아다니며 서로의 추억, 공감을 찾아 이야기하며 투어를 진행
- WHAT: 과거와 변함없는 노포식당과 골목들 사이에 새롭게 자리 잡은 감각적인 레스토랑에서의 비교 미식 체험
- WHY: 과거의 것과 새로운 것이 어울려져 재탄생되고 있는 을지로 일대의 숨겨진 식문화 체험
- WHO: 서로 간의 소통을 원하는 국내 관광객(친구, 가족 등)
- WHERE: 다시: 세운 프로젝트(도시 재생 프로젝트)가 진행 중인 을지로 일대
- WHEN: 3월~10월 4시, 11~2월 3시 시작 연중 가능

(2) 주제에 맞는 핵심자원 발굴 및 평가

미식관광 상품기획을 위해 활용할 수 있는 지역의 기초자원에 대한 검토를 한 후, 결정된 상품기획 콘셉트에 적합한 자원들에 대해 데스크 리서치를 통해 대안들을 잠정 선택하고 현장 답사를 실시하여 정확한 정보, 활용 가능한 스토리 수집 및 활용 가능성을 평가하여 기획에 이용할 최종 핵심자원을 선택한다[그림 8-3]. 핵심자원 선택을 위한 대안 평가 기준은 투어 콘셉트에 따라 달라지지만 기본적으로 지역성, 전통성, 매력성, 독창성, 역사성, 스토리텔링, 흥미성 등에 대한 항목을 이용할 수 있다.

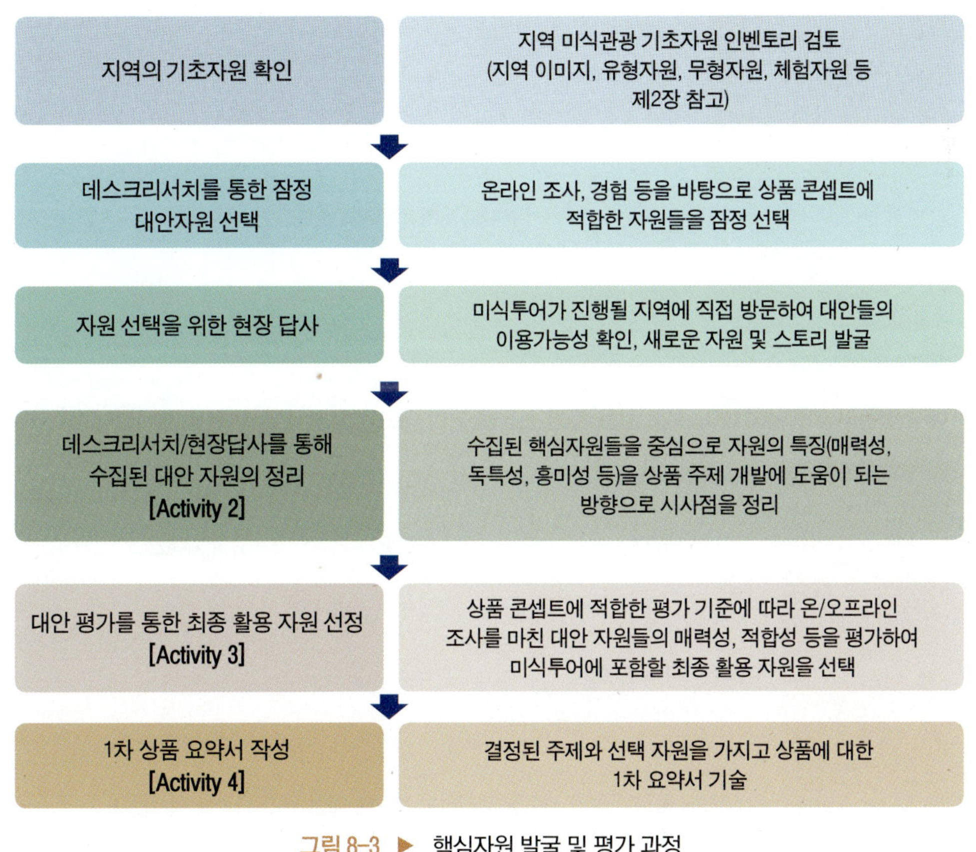

그림 8-3 ▶ 핵심자원 발굴 및 평가 과정

Activity 2

데스크 리서치/현장답사를 통해 수집된 대안 자원을 정리해 본다.

미식투어 지역 이미지	
미식관련 유형자원	
미식관련 무형자원	
미식관련 체험시설	
관광연계자원	
기타 활용 자원	
· · ·	

※ 자원 정리는 기획 주제나 내용에 맞게 여러 가지 분류로 변경하여 정리해 볼 수 있다.

Activity 3

예상 활동이나 체험에 따라 최종 활용 자원 선정을 위한 대안평가 및 선정 이유를 제시한다.

예상 활동			
대안	대안 1	대안 2	대안 3
대안의 특징	사진이나 특징 설명		
자원평가 기준 및 평가 결과	각 대안에 동일한 평가 기준을 제시하여 대안에 대한 평가 결과를 제시한다. (미식투어 주제에 따라 다양한 평가기준 설정이 가능함)		
선정 여부			
선정 이유	선택된 대안에 대해 선정 이유를 간략히 설명한다.		

Activity 3 관련 사례(1)

채식체험을 위한 레스토랑 평가

이름	대안 1				대안 2			
사진 및 설명	(사진)		• 버거, 피자가 주력 메뉴 • 글루텐프리, 너츠프리 옵션 보유		(사진)		• 두부를 이용한 비건 음식 레스토랑 • 랩, 샐러드 등이 주력 메뉴 • 글루텐프리 쿠키도 판매 중	
자원 평가	적합성	●●●●●	인지도	●●●●○	적합성	●●●●●	인지도	●●●●●
	접근성	●●●●○	오래됨	●●●○○	접근성	●●●●○	오래됨	●●○○○
	공감성	●●●●●	새로움	●●●●○	공감성	●●●●●	새로움	●●●○○
선정 여부	○				×			
선정 이유	• 비건식을 생각했을 때 쉽게 연상되는 두부나 샐러드를 주력으로 하는(대안 1)보다 기름진 피자나 패티육이 있는 버거를 비건 옵션으로 제공하는(대안 2)가 기획방향과 더 가까움 • 이미 기존에 다이어트 음식이라는 인식이 있는 랩이나 샐러드보다는 건강에 안 좋고 고칼로리라고 생각되는 피자, 버거 등이 저칼로리 건강식으로 먹어 보는 테이스팅 체험의 흥미성이 더 높음							

Activity 3 관련 사례(2)

레트로 감성을 경험할 수 있는 대중에게 잘 알려지지 않은 식음체험 장소 평가

Activity 4

도출된 상품 콘셉트와 선택 자원에 대한 정리 자료를 바탕으로 1차 상품요약서를 작성하여 본격적인 개발에 앞서 전문가(교수)의 피드백을 받도록 한다.

미식투어 주제(이름)				
미식투어 대상				
상품 장점 (개발전략 및 가능성)				
미식투어 자원 *	체험 시설	체험 음식	체험 활동	현장 관계자 해설
적정 시기와 소요시간				
예상 코스				
예상비용				

* 미식투어 자원은 주제에 따라 구성요소가 달라질 수 있다.

Activity 4 관련 사례

테마	망원동 먹그라! 걷그라! 투어(먹으면서 Green Life, 걸으면서 Green Life)			
미식투어 대상	• 친환경에 관심이 있는 내국인 • 관광을 통해 친환경 라이프 스타일을 경험해 보고 싶은 MZ세대			
미식투어 콘셉트	망원동을 함께 걷고, 먹고, 즐기면서 '그린 라이프'를 체험해 볼 수 있는 푸드 투어 상품이다. 지속가능한 사회를 위한 나만의 실천 방안을 생각해 보고, '지구가 원하고, 우리가 지향해야 하는 관광'에 대한 신개념 투어를 경험해 볼 수 있다.			
미식투어 지원	체험 시설	테이스팅 메뉴	체험 활동	현장 관계자 해설
	'알맹상점' 사장님과의 대화 카페M 테이블 대여	베지버거 채식 한그릇 가지롤 등 3회/약 12가지	투어 코스별 Photo time 제로웨이스트숍 체험 친환경 캠페인, 제로웨이스트 피크닉 참여 등	2명

적정 시기와 소요시간	피크닉 투어코스	4월~11월 초, 약 4시간	연말연시 투어코스	11월 말~3월, 약 4시간
예상 코스	당안리책발전소 → 알맹상점 → 타이거릴리 → (이지비건) → 다이너재키 → 평상시 → 망원한강공원		당안리책발전소 → 알맹상점 → 망원시장 → 타이거릴리 → (이지비건) → 다이너재키 → 어쩌다 가게 → (사일로상점) → 바 아마	
예상 비용	1인당 30,000원(가이드비 미포함)		1인당 50,000원(가이드비 미포함)	

미식투어 상품에 포함시킬 자원들을 어떻게 활용할지에 대하여 실무적 차원으로 설명하고 방법을 제시하는 단계로서 체험 장소, 테이스팅 식음료, 체험 활동 등에 대한 설명, 투어 콘셉트와의 연결성을 고려하여 스토리보드를 작성하고 예상 코스를 도식화하여 프로그램 구성을 완성한다. 또한 원활한 미식투어를 위해 필요한 각종 도구설명지, 테이스팅 노트 등나 물품도 함께 프로그램 구성 내용에 포함하도록 한다[그림 8-4].

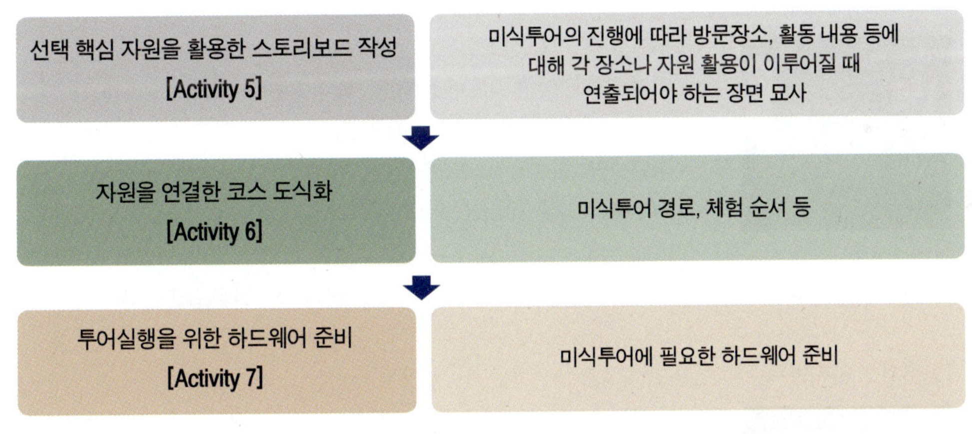

그림 8-4 ▶ 미식투어 스토리보드 작성과 프로그램 구성 절차

Activity 5 **스토리보드 작성**

선택한 자원을 활용하여 투어 콘셉트에 맞는 스토리보드를 작성한다.

관련 사진	• 투어 시 설명, 관람 포인트 • 이 장소에서 진행할 활동 등 정리

관련 사진	• 투어 시 설명, 관람 포인트 • 이 장소에서 진행할 활동 등 정리

※ 스토리보드는 그룹에 따라 다른 형식을 활용해도 무방하나 투어의 진행에 따라 방문 장소, 활동 내용에 대해 각 장면마다 설명이 포함되는 것이 좋다.

Activity 5 **관련 사례**

[방문지 1: 노가리 골목]

- 투어의 첫 시작 장소
- 아이스 브레이킹: 이구동성 게임, 맥주 한잔과 노가리 안주를 먹으며 투어 참가자끼리 친해지는 시간을 갖는다.
- 골목설명: 최초로 노가리를 팔기 시작하고 한국에서 두 번째로 OB 맥주를 취급한 을지로 노가리 골목의 시초인 을지 OB베어와 처음 옥외 영업 허가를 받아 지금의 화려한 노가리 골목 형성에 큰 역할을 한 수표교 등 노가리 골목 내 가게의 이야기를 설명한다.

[방문지 2: 을지면옥]

- 음식점 설명: 1985년 개업한 평양식 냉면집, 곱게 빻은 메밀을 넣은 면발과 양지머리, 돼지고기로 낸 육수로 만든 평양냉면이 유명하다.
- 면 요리의 역사: 과거에는 곡식을 수확해서 탈곡하고 그것을 빻아서 가루로 만들어야 하는 과정을 거쳐야 해서 고급 요리였다.
- 냉면에 관한 퀴즈: 함흥냉면 vs 평양냉면을 진행한다.

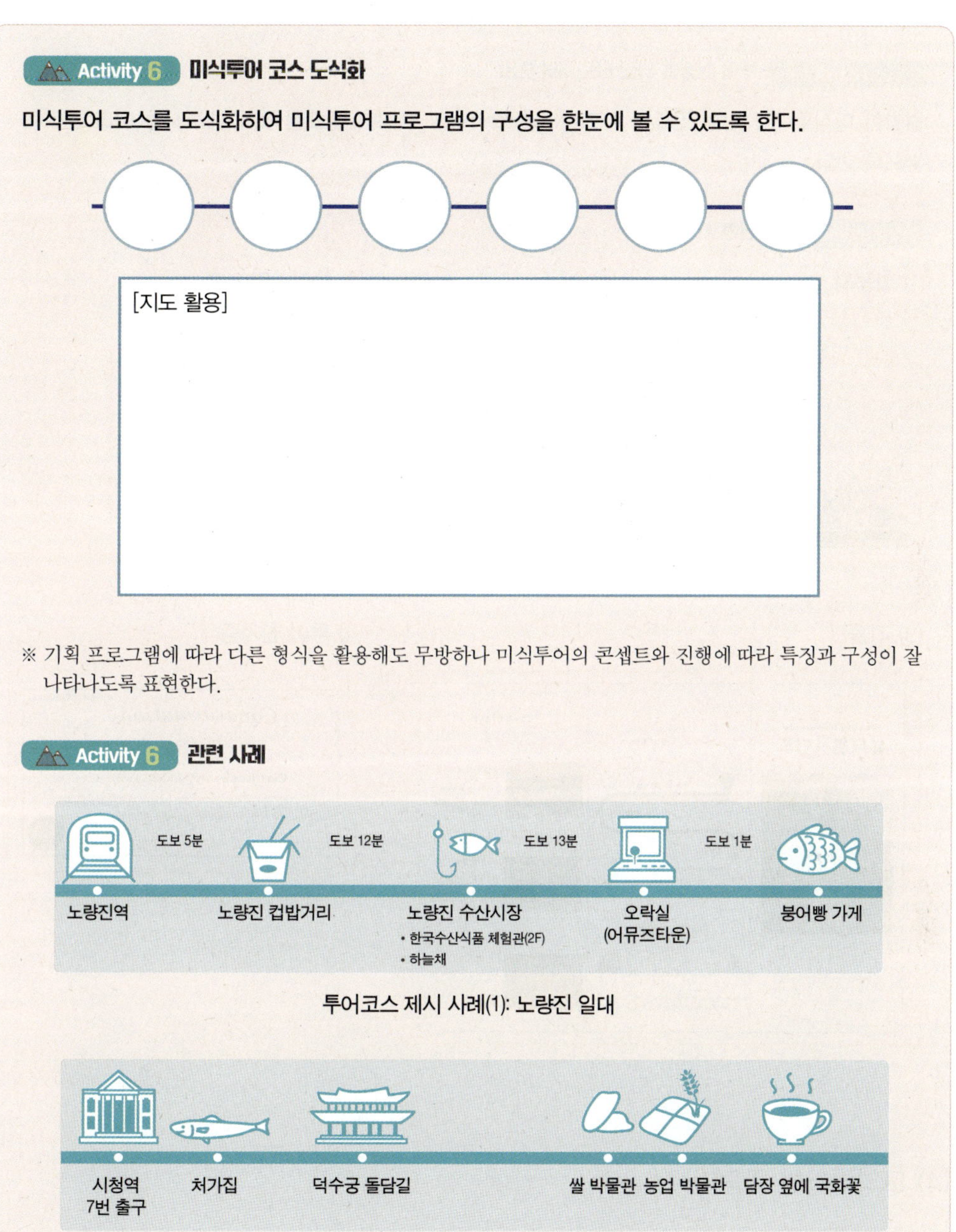

Activity 6 미식투어 코스 도식화

미식투어 코스를 도식화하여 미식투어 프로그램의 구성을 한눈에 볼 수 있도록 한다.

[지도 활용]

※ 기획 프로그램에 따라 다른 형식을 활용해도 무방하나 미식투어의 콘셉트와 진행에 따라 특징과 구성이 잘 나타나도록 표현한다.

Activity 6 관련 사례

투어코스 제시 사례(1): 노량진 일대

투어코스 제시 사례(2): 시청 앞 일대

(4) 모의투어와 최종기획

스토리보드와 코스 구성이 완성된 후 실제 관광객 대상과 유사한 참가자를 대상으로 모의투어를 진행한다. 모의투어를 통해 현재까지 개발된 기획 내용을 평가하고 부족한 점을 보강하여 기획을 마무리한다. 이때 홍보 방안을 함께 마련하여 최종기획서 작성에 활용하도록 한다[그림 8-5].

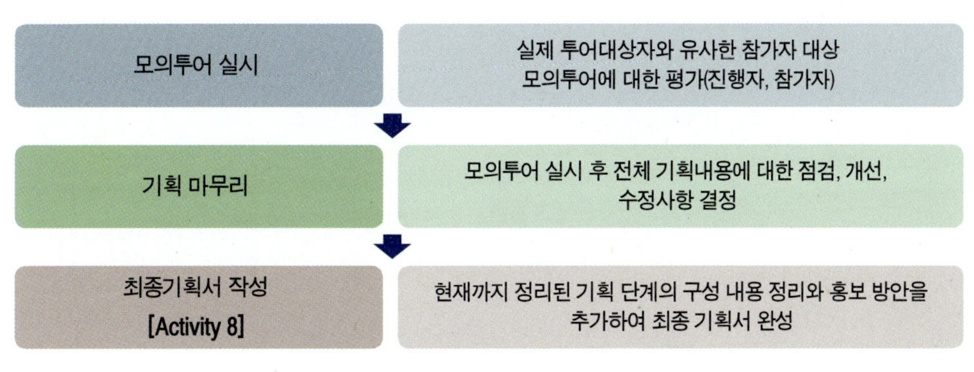

그림 8-5 ▶ 모의투어 진행과 최종 기획 과정

Activity 8 최종 상품 기획서 작성

다음과 같은 내용의 최종 상품기획서를 완성한다.

미식관광 상품기획서 내용 구성	
I. 미식투어 개요	기획상품명
	상품 개요: 기획 이유, 기획 배경
	투어 대상
II. 자원 평가	자원평가 요약 및 결과
	환경진단 결과(필요시)
III. 프로그램	최종 프로그램 요약서
	스토리보드
	투어코스
	투어 세부 필요사항: 하드웨어, 기타 필요사항
IV. 운영계획	광고 · 홍보 계획
	예상 비용 및 판매 가격
V. 기획 미식투어 특징	모의투어 진행결과를 통한 기획 미식투어 프로그램의 장단점 분석(SWOT)

CHAPTER

9 팜투테이블 체험 기획 실무

팜투테이블 체험상품은 지역(농산어촌)에서만 경험할 수 있는 지역 특화 미식관광 콘텐츠로 미식 관광객이 지역(농산어촌)을 즐기는 새롭고 특별한 경험을 제공한다. 본 장에서는 지역 미식자원을 활용한 팜투테이블 체험상품을 기획해 보고자 한다.

1. 팜투테이블 체험 상품 개발의 의의

미식을 즐기다 보면 자연스럽게 식재료에 대한 관심이 커지게 된다. 또한 '그곳에 가야만 경험할 수 있는 진기한 현지 식문화 체험'에 대한 미식관광객들의 관심과 수요가 높아지고 있으며, 지역민과 함께하는 미식체험활동에 적극적으로 참여하고자 하는 욕구가 있다.

팜투테이블 체험상품은 미식관광객의 현지 식문화 체험이라는 욕구에 소구하는 체험상품으로 다음과 같은 의의가 있다.

1) 지역 식재료와 먹거리 체험

체험객들은 농장에서 직접 신선한 식재료를 수확하거나 가공하는 과정을 경험할 수 있으며, 이를 활용하여 현지 요리나 맛있는 식사를 즐길 수 있다. 이는 방문객들에게 지역의 특산물과 식문화를 체험할 수 있는 독특한 경험을 제공한다.

2) 농부와의 교류와 이해 증진

체험객들은 농부와 함께 농작업을 진행하거나 농부로부터 농업 지식과 경험을 배울 수 있다. 이를 통해 농업에 대한 이해와 감사의 마음을 가지며, 지역 농부들과의 상호 이해와 교류를 촉진할 수 있다.

3) 경관자원을 활용한 지역 경제 활성화

지역(농산어촌)의 아름다운 풍경은 도시와 차별화될 수 있는 중요한 관광자원이다. 특히 팜투테이블 체험상품은 이러한 지역의 경관자원을 효과적으로 활용하여 관광객에게 독특한 경험을 제공할 수 있다. 예를 들어, 붉은 사과 열매가 달린 과수원을 방문하고, 사과를 주제로 한 다양한 체험과 팜파티를 즐기는 팜투테이블 프로그램은 참가자들에게 사과와 농장에 대해 잊지 못할 추억을 선사한다. 이를 통해 농장은 생산지를 관광자원으로 활용하며, 프로그램을 통해 농가 소득을 증대시킬 수 있다. 결국 팜투테이블 체험상품은 지역 경관자원의 가치를 경험하게 하고, 농산물 소비를 촉진하며, 농가 소득과 일자리를 늘려 지역경제 활성화에 기여할 수 있다.

4) 지속가능한 관광 활동

농장에서의 체험은 자연과의 조화와 지속가능한 농업 경영에 대한 이해를 높이는 데 도움을 준다. 이는 미식관광객들에게 지속가능한 소비와 생활 방식에 관한 관심을 가지게 하고, 지역의 자연과 환경 보호에도 기여할 수 있다.

2. 팜투테이블 체험상품의 유형

1) 식농食農체험

식농체험은 음식의 뿌리인 농작물을 직접 기르고, 가꾸며, 수확하는 농촌체험 활동과 수확한 농산물을 활용하는 요리활동의 연계 속에서 오감으로 음식을 즐기고 표현할 수 있는 방법을 학습할 수 있도록 맛 체험 액티비티를 주요 활동으로 구성한 체험상품이다. 맛 체험은 다중감각을 활용해 긍정적으로 식품의 맛을 인식하고, 감각의 민감성을 강화하는 시도를 통해 식품에 대한 호기심을 갖게 한다. 또한 열매의 달콤함 뒤에 숨은 흙과 자연, 농부의 수고로움을 자연스럽게 체험할 수 있다. 식농체험은 음식의 재료인 농산물을 생산하는 농장에서 미각을 포함한 다양한 감각을 활용한 활동을 함으로써 흙과 친해지고 지속가능한 미식이 무엇인지를 경험할 수 있다.

2) 팜파티(팜다이닝)

팜파티Farm Party, 팜다이닝Farm Dining은 농장주가 소비자를 초청해 농장에서 재배한 채소, 과일, 육류 등을 사용하여 다채로운 메뉴와 요리를 제공하며, 농촌문화와 농산물을 주제로 다양한 먹거리, 체험, 농산물 정보 제공 및 판매 등을 포함하는 이벤트라는 점에서 유사한 개념이라고 할 수 있다. 다만 이벤트의 규모에서 차이가 있으며, 팜피티가 팜다이닝에 비해 규모가 큰 편이다.

팜파티는 도시 생활에 지친 사람들이 자연과 농장 분위기를 즐기며 휴식과 여유를 갖게 하고, 도시 소비자와 지역 농업인의 직접적인 만남을 통해 지속가능한 도 · 농 교류로 이어질 수 있다. 주로 농장이나 목장, 과수원 등에서 개최되며, 다양한 농작물 체험, 가축과의 교감, 농장과 지역특산물을 주재료로 구성한 식사 등 농장에서 마련한 다양한 체험 활동을 즐길 수 있다. 한편 농장에서 벗어나 지역의 아름다운 경관자원을 활용하기도 한다. 미국의 아웃스탠딩 인 더 필드outstanding in the field는 벽이 없는 이동식 레스토랑으로 롱테이블 프로젝트를 운영한다. 재료를 식당으로 조달하는 것이 아니라 식사 재료가 수확되는 들판, 과수원, 해변을 따라 긴 테이블을 마련하고 음식을 먹는 사람과 땅을 연결하는 프로그램이다. 이처럼 팜파티는 지역의 경관자원과 지역 식재료, 생산자와 요리사를 연결하여 지역을 대표하는 미식관광 프로그램으로 확장될 수 있다.

아웃스탠딩 인 더 필드

3. 팜투테이블 체험상품 기획 실무

팜투테이블 체험상품인 식농체험과 팜파티는 자연경관, 농장 및 체험마을에서의 농사활동, 식재료와 음식 등을 활용해 제공하는 다양한 프로그램에 관광객들이 직접 참여하고 경험할 수 있다는 점에서 유사하다. 그러나 체험상품 개발 목적과 프로그램 내용이 다름에 따라 접근법 또한 차이가 있어 식농체험과 팜파티 체험상품 기획 실무를 구분하여 제시하였다. 그리고 2장의 미식경험 상품기획과 운영에서 다루어진 내용과 겹치는 부분은 본문에서 생략하였으므로 자세한 내용은 2장을 참고한다.

1) 식농 체험프로그램 기획 실무

식농 체험프로그램은 내가 먹는 식재료가 어디에서 어떻게 생산되는지를 확인할 수 있으며 농사체험과 농작물의 맛(미각) 경험, 요리활동 등을 연계하여 체험할 수 있다는 특징이 있다.

[그림 9-1]은 지역(농산어촌) 미식여행 경험에 특별함을 더하는 식농 체험프로그램을 체계적으로 기획할 수 있도록 주요 과정을 6단계로 구분하여 제시한 것이다. 각 단계에서 수행되어야 하는 내용을 확인하고, 세부 절차에 따라 본격적으로 프로그램 기획을 실행해 보자.

그림 9-1 ▶ 식농체험 상품 기획 과정

(1) 콘셉트 설정 및 주제 개발

식농 체험프로그램 기획을 위한 그룹을 편성하고, 어떤 주제로 식농 체험프로그램을 기획할지 정보 탐색 등 사전 조사를 한다. 정보 탐색 후 다양한 아이디어와 의견을 제시하고 가능성 있는 콘셉트와 주제theme를 개발한다. 콘셉트 및 주제 개발을 위해 육하원칙 5W1H에 따라 질문에 답을 정리하다 보면 기획 방향과 주제 결정에 도움이 된다.

Activity 1 주제 아이디어 도출

다음 6가지 질문으로 식농 체험프로그램의 주제를 도출해 보도록 한다.

What	식농 체험프로그램의 주제를 결정한다.	무엇을 체험하게 할 것인가? 예 제철 농산물, 생태환경 등
When	프로그램을 진행할 날짜와 시간을 정한다.	언제 프로그램을 진행할 것인가? 예 감자 수확기(6월 말 ~ 7월 초), 오전 10시
Where	구체적으로 프로그램을 진행할 장소를 정한다.	체험을 진행할 장소는 어디인가? 예 감자밭, 실내 체험장 등
Who	식농 체험프로그램의 대상을 정한다.	누구를 대상으로 기획할 것인가? 예 어린이 동반 가족, 20~30대 성인 등
How	프로그램 구성, 홍보, 모집 및 운영 방안 등을 계획한다.	어떤 형식으로 보여줄 것인가? 예 농사체험, 맛(미각) 체험, 요리 등
Why	프로그램 주제 선택 이유와 목적을 명확히 한다.	왜 그곳에서 체험하려고 하는가? 예 도시 소비자의 농업에 대한 이해 증진, 제철 식재료 먹거리 체험 등

(2) 주제에 맞는 핵심자원 발굴 및 평가

체험프로그램 기획을 위해 활용할 수 있는 지역의 체험농장이나 체험마을 등이 있는지를 확인한 후, 데스크리서치를 통해 결정된 체험프로그램 기획 콘셉트에 적합한 자원을 갖추고 있는지를 검토한다. 대안들을 잠정 선택하고 현장 답사를 시행하여 정확한 정보와 활용할 수 있는 공간 및 시설자원, 체험자원, 스토리 등 정보를 수집하고, 활용 가능성을 평가하여 체험프로그램 기획에 이용할 최종 공간과 핵심 체험자원을 선택한다.

한편 체험농장에서 식농 체험프로그램 개발이나 참여를 요청할 수도 있다. 이때 대안 평가는 식농 체험프로그램 개발을 요청한 사업체의 경쟁력 분석을 위해 활용될 수 있다.

단계	내용
식농체험 기초자원 확인	식농체험 기초자원 인벤토리 검토 : 공간(체험농장 · 마을), 유 · 무형자원, 체험자원 등
데스크 리서치를 통한 잠정 대안자원 선택	온라인 조사, 경험 등을 바탕으로 체험프로그램 콘셉트에 적합한 장소, 자원들을 잠정 선택
자원 선택을 위한 현장 답사	식농 체험프로그램이 진행될 장소에 직접 방문하여 대안들의 이용 가능성 확인, 새로운 체험자원 및 스토리 발굴
데스크리서치/현장답사를 통해 수집된 대안 자원의 정리 [Activity 2]	수집된 핵심자원들을 중심으로 자원의 특징(매력성, 독특성, 흥미성 등)을 체험프로그램 주제 개발에 도움이 되는 방향으로 시사점을 정리
대안 평가를 통한 최종 활용 자원 선정 [Activity 3, 4]	대안 자원을 평가하여 체험프로그램에 포함할 최종 농장과 식재료, 미식자원을 선택. 체험 농작물의 계절별 가능 체험활동 조사표 작성
1차 체험상품 요약서 작성 [Activity 5]	결정된 주제와 선택 자원을 가지고 상품에 대한 1차 요약서 기술

그림 9-2 ▶ 주제에 맞는 핵심자원 발굴 및 평가 과정

Activity 2 자원 정리

데스크리서치/현장 답사를 통해 수집된 대안 자원을 정리해 본다.

식농 체험프로그램은 식재료를 생산하는 농장, 목장, 농산어촌의 체험 마을 등 체험프로그램을 진행할 공간자원이 필요하다. 따라서 앞서 결정한 식농체험 주제에 적합한 공간자원을 찾는 것이 무엇보다 중요하다.

구분	확인 사항	조사 내용
농장 이미지	농장에 들어왔을 때 느낌	
	농장 환경 상태	
	체험상품 주제와 농장 이미지의 적절성	
인적 자원	농업인의 정체성(자긍심 등)	
	농업 전문성(경력, 노하우, 작목 지식 등)	
	체험프로그램 운영 능력	
	체험프로그램 진행 경험	
	서비스 마인드	
농업자원과 규모	주작목은? 부작목은? 도입 예정 작목은?	
	체험프로그램 유무	
	체험프로그램 종류	
	체험프로그램 진행 인력 등	
시설자원 현황	실내 · 외 체험장 유무와 규모	
	조리시설 유무, 도구, 규모	
	안내시설: 이정표, 간판 등	
	접근성(진입로), 가까운 도시와의 거리(시간)	
	주차장: 주차 면적, 대형버스 주차 가능 여부	
	야외 체험장, 체험도구, 위생시설, 기타 시설 (위험시설 유무 체크)	
	응급약, 소화기, 보험, 비상연락망	
주변 환경자원	마을 축제, 특산물 등 주변 활용 가능 자원	
	농장 주변의 경관, 하천, 보호수, 문화재 등	

※ 자원 정리는 기획 주제나 내용에 맞게 여러 가지 분류로 변경하여 정리해 볼 수 있다.

Activity 3 대안평가서 작성

최종 공간 및 체험자원 선정을 위한 대안 평가와 선정 이유를 제시한다.

다음 대안 평가 사례를 참고한다.

지역	이천	
대안	대안 1. 이천자채방아마을	대안 2. 서경들마을
대안의 특징	세종대왕의 큰형인 양녕대군이 16년 동안 머물렀던 마을. 왕에게 진상했던 쌀인 자채벼를 경작해 왔고, 자채벼를 가꾸며 부르던 '자채방아 농요'가 아직도 이어져 내려오고 있는 곳. 농촌의 독특한 전통문화와 농사 체험 가능	전통장과 계절별 다양한 체험프로그램을 운영하는 마을. 체험프로그램 운영 경험이 많고, 직접 장을 판매하기도 함
예상 체험활동	마을 도슨트투어, 봄나물 캐기/게걸무심기 등, 봄나물 맛 체험/자채벼 맛 체험, (달래냉이김밥)팜피크닉 즐기기	농장 도슨트투어, 장류(간장 또는 된장) 맛 체험, (나물비빔밥)팜피크닉 즐기기
자원평가 기준 및 결과	〈평가 유형 1〉 접근성 ★★★☆☆ / 다양성 ★★★★☆ 편이성 ★★★★☆ / 흥미성 ★★★☆☆ 경관 매력성 ★★★★☆ / 스토리 ★★★★★	접근성 ★★★★☆ / 다양성 ★★★☆☆ 편이성 ★★★★☆ / 흥미성 ★★★☆☆ 경관 매력성 ★★★☆☆ / 스토리 ★★★☆☆
	〈평가 유형 2〉	
선정 여부	✓	×
선정 이유	이천 대표 미식자원인 쌀과 관련된 농사체험과 스토리, 편의시설 등이 잘 갖추어져 있고, 마을 주변 환경이 피크닉을 즐기기 좋음	

체험프로그램 기획 콘셉트에 적합한 장소(체험농장, 체험 마을 등)가 선정되고, 가능성 있는 주제 아이디어가 결정되면 체험프로그램의 소재로 활용할 농작물에 대한 추가 조사가 필요하다. 농작물별로 계절에 따라 체험이 가능한 농사 활동과 오감(미각) 활동, 요리 활동에는 어떤 것이 있는지 알아보고 조사표를 작성한다. 작성된 조사표는 계절에 따라 체험활동 구성에 변화를 주는 등 체험상품 다각화에 활용할 수 있다.

Activity 4 체험활동 조사표 작성

체험프로그램 구성에 활용할 수 있는 농작물의 계절별 가능 체험활동을 정리해 본다. 오감(미각) 활동은 6장 4단원의 맛 체험 운영 실무를 참고한다.

다음 표는 쌀의 계절별 가능 체험활동을 조사하여 작성한 사례이다.

구분	5월	8월	9월	10월
	모내기 때	이삭 팰 때	익을 때	수확할 때
농사 체험활동	논 생태 체험하기	논 생태 체험하기	논 생태 체험하기	벼 베기
	모내기	이삭 관찰하기	이삭 관찰하기	탈곡하기
오감(미각) 활동	품종별 쌀, 벼 모양 관찰하기			
	밥맛 경험하기 방법: 품종 비교, 햅쌀과 묵은쌀 비교, 도정 차이, 조리 도구(가마솥과 냄비 등)에 따른 맛의 차이 비교 등			
요리 활동	가마솥밥 짓기, 숭늉 만들기, 제철 재료를 넣은 다양한 비빔밥 만들기, 쌈밥, 김밥 만들기 등			
비고	• 쌀은 사계절 맛(미각)과 요리체험이 가능한 식재료임 • 밥과 제철 식재료를 활용해 다양한 음식을 만들고 맛보는 체험프로그램을 만들 수 있음			

Activity 5 상품요약서 작성

도출된 체험프로그램 콘셉트와 선택 자원에 대한 정리 자료를 바탕으로 1차 상품요약서를 작성하여 본격적인 개발에 앞서 전문가(교수)의 피드백을 받도록 한다.

체험주제(이름)				
체험 콘셉트				
장점(개발전략 및 가능성)				
체험자원	농사체험	맛체험	미식체험	현장관계자 해설
소요 시간				
예상 체험 순서				
예상 비용				

※ 체험자원은 주제에 따라 체험구성 요소가 달라질 수 있다.

(3) 식농 체험프로그램 기획

자원조사와 평가과정을 통해 체험프로그램에 활용될 핵심 자원이 결정되었다면 식농 체험자원에 대한 활용 방법, 프로그램 진행 스토리보드 개발 등의 프로그램 기획이 이루어져야 한다. 먼저 프로그램 개요와 프로그램 진행 단계별 체험활동 등을 구체적으로 기술한 체험프로그램 계획서를 작성한다. 계획서를 작성하였다면 어떤 장소에서 무엇을 보고, 또 무엇을 어떻게 체험할 것인가에 대한 전반의 내용과 분위기에 초점을 맞추어 스토리보드를 작성한다.

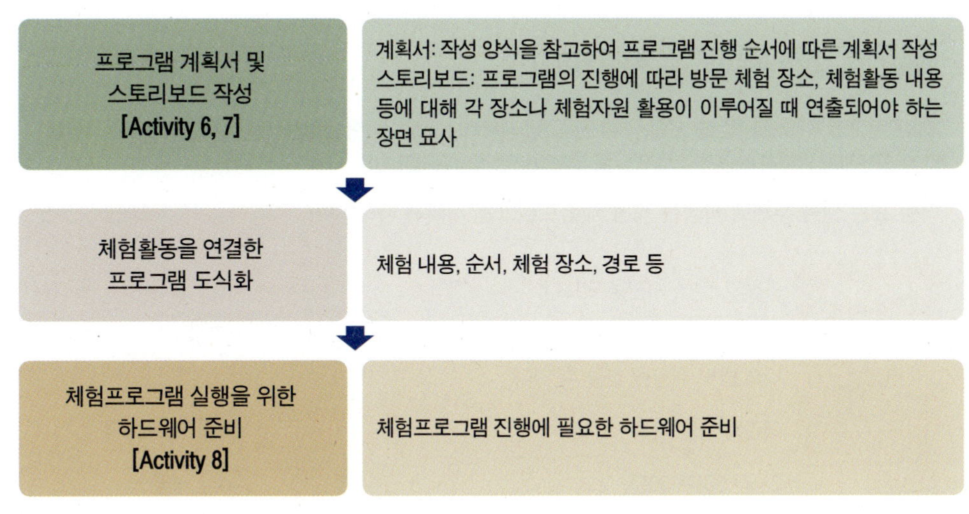

그림 9-3 ▶ 식농 체험프로그램 계획서 작성 절차

① 프로그램 계획서 작성

먼저 체험프로그램 콘셉트 및 주제와의 연결성을 고려하여 프로그램 계획서를 작성한다. 계획서는 프로그램 제목, 정보(대상, 인원, 일정, 시간 등), 프로그램 진행순서와 체험활동, 활동 시간 배분, 준비물 등을 구체적으로 작성한다. 또한 체험활동으로 농사활동(심기, 관리, 수확 또는 생태관찰 등)과 식재료 오감 맛(미각) 경험, 요리 활동을 포함하여 프로그램을 구성하고 구체적인 진행 계획을 작성한다.

Activity 6 체험프로그램 계획서 작성

체험프로그램 계획서를 작성해 본다. 체험프로그램 계획서는 프로그램의 운영방식과 참가자들이 어떤 경험을 할 수 있는지를 명확하게 그려낼 수 있도록 구체적으로 작성되어야 한다.

다음 표는 쌀을 주제로 작성한 식농 체험프로그램 계획서 사례이다.

프로그램	조선의 쌀밥, 시간을 맛보다.		
목표	자채벼의 맛을 다른 품종과 비교하여 설명할 수 있다. 나의 밥맛 취향을 찾을 수 있다.		
대상	어린이 동반 가족	인원	12~20명
시간	2시간 30분(150분)	운영인원	4명
체험비	일반_5만원, 6세 이하 어린이_2만원		

※ 체험 형태, 시간 등을 고려하여 활동을 선택하여 진행할 수 있음

진행순서 (소요시간)	활동 내용	장소	준비물
도입 (30분)	• 인사 나누기 • 마을 투어하기	마을 입구	활동지 수첩, 펜, 퀴즈 상품
전개 (20분)	• 논 생태 체험하기 벼의 한살이를 알아보아요!	논	장화, 모자 등
(20분)	• 오감활용 맛 체험 하기 품종이 다른 쌀밥의 맛을 체험하고 나의 쌀밥 취향을 찾아요! ① 자채벼와 해들벼 비교 ② 맛 비교: 자채쌀밥과 해들쌀밥의 외관, 향, 끈기 비교 ③ 나의 쌀밥 취향은?	교육장	맛체험 재료 테이스팅 노트
(20분)	• 함께하는 요리활동 가족과 함께 자채쌀밥과 제철 나물(냉이 또는 미나리)을 이용한 김밥 도시락을 만들어요.	교육장	요리 활동 재료 및 도구

(50분)	• 팜피크닉 김밥과 음료 피크닉 바구니를 가지고 가족과 함께 피크닉을 즐겨요. 미나리김밥은 어떤 맛일까요?	마을 강변	돗자리, 피크닉 바구니 등
정리 (10분)	• 소감 나누기 • 주변 정리하기, 끝인사	교육장	
유의사항	• 어린이의 안전교육을 철저히 한다.		
Tip	• 대상이나 여건에 따라 진행 시간을 조절할 수 있다. 어린이들이 집중할 수 있는 게임과 안전에 대비한 충분한 인력을 배치한다.		
장소	□실내 □실외 ■실내외	계절	■봄 □여름 □가을 □겨울

② 체험 진행 순서에 따른 스토리보드 작성

계획서에 따라 농장이나 마을 투어를 하며 특정 장소를 방문하거나 체험활동을 진행할 때, 어디에서 무엇을 보고 어떤 활동을 할 것인가에 대한 정보를 알아보기 쉽도록 체험 진행 순서에 따른 스토리보드를 작성한다.

Activity 7 스토리보드 작성

계획된 프로그램 진행 순서와 활동에 맞는 스토리보드를 작성한다.

스토리보드는 자유로운 형식으로 작성할 수 있으며, 다음 사례를 참고할 수 있다.

<table>
<tr>
<td>이천 자채방아마을
[물레방아와 연자방아]
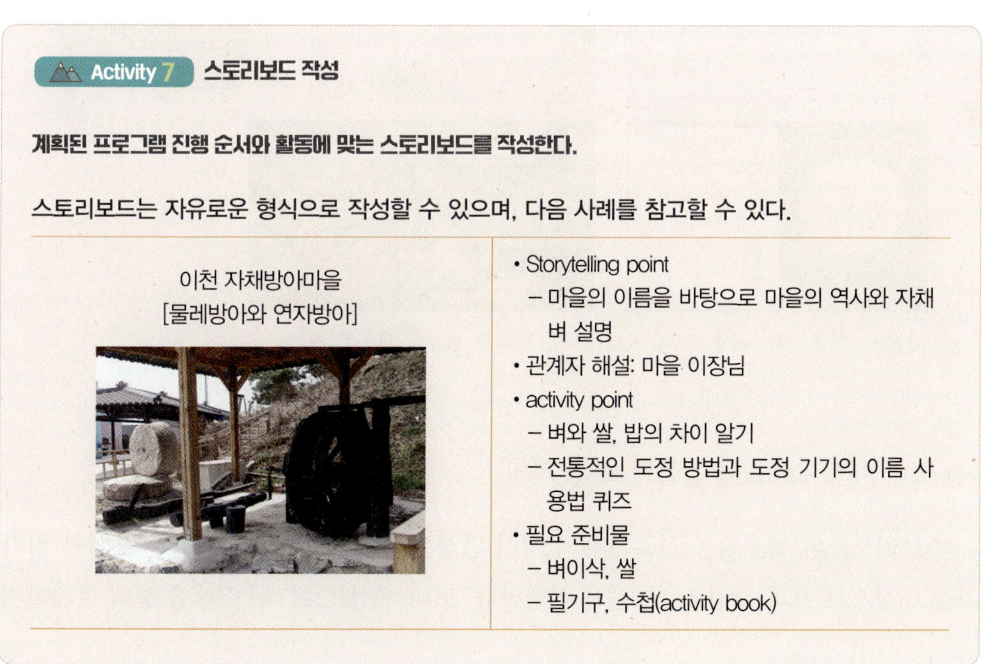</td>
<td>• Storytelling point
– 마을의 이름을 바탕으로 마을의 역사와 자채벼 설명
• 관계자 해설: 마을 이장님
• activity point
– 벼와 쌀, 밥의 차이 알기
– 전통적인 도정 방법과 도정 기기의 이름 사용법 퀴즈
• 필요 준비물
– 벼이삭, 쌀
– 필기구, 수첩(activity book)</td>
</tr>
</table>

③ 체험프로그램 도식화 및 하드웨어 요약

프로그램 계획서와 스토리보드를 작성했다면 다음으로 계획된 체험프로그램의 순서를 도식화하여 프로그램 구성을 한눈에 알아볼 수 있도록 완성한다. 프로그램 도식화는 8장을 참고한다. 마지막으로 원활한 체험프로그램 진행을 위해 필요한 각종 도구(설명지, 테이스팅 노트 등)나 물품 등 필요한 하드웨어를 준비한다.

Activity 8 체험프로그램 진행을 위한 하드웨어 계획

원활한 체험프로그램 진행을 위해 필요한 하드웨어를 요약하고, 제작이 필요한 것에 대해서는 미리 준비해 놓도록 한다.

※ 체험프로그램 참여자에게 제공할 포토북, 체험 참여증, 팸플릿, 활동지, 체험도구 사례

(4) 모의 체험프로그램 실행과 최종 기획

스토리보드와 체험활동 프로그램 구성이 완성된 후 실제 관광객 대상과 유사한 참가자를 대상으로 모의 체험프로그램을 실행한다. 모의 체험프로그램 실행을 통해 현재까지

개발된 기획 내용을 평가하고 부족한 점을 보강하여 기획을 마무리한다. 이때 홍보 방안을 함께 마련하여 최종기획서 작성에 활용하도록 한다.

구체적인 모의 프로그램 실행 및 상품보완, 광고 및 홍보계획, 인력 운영계획, 기획서 작성 요령 등은 2장 미식경험 상품기획과 운영을 참고한다.

2) 팜파티 상품 기획 실무

팜파티는 미식관광객들에게 지역의 매력을 오감으로 체험할 수 있는 최상의 미식경험 상품이라고 할 수 있다. 각 계절의 정취를 만끽할 수 있는 공간에서 제공되는 다양한 즐길거리와 함께, 제철 식재료를 활용한 미식을 통해 생산자와 소비자가 직접 만나 소통하고 경험을 나누는 자리가 된다. 팜파티 상품 기획과 진행은 참가자에게 잊을 수 없는 경험을 선사하며, 지역 농산물의 가치를 알리는 중요한 기회가 된다. 세심한 준비와 창의적인 아이디어로 멋진 팜파티를 만들어 보자.

다음 [그림 9-4]는 팜파티 상품을 체계적으로 기획할 수 있도록 주요 과정을 5단계로 구분하여 제시한 것이다. 각 단계에서 수행되어야 하는 내용을 확인하고, 세부 절차에 따라 팜파티 상품을 기획해 보자.

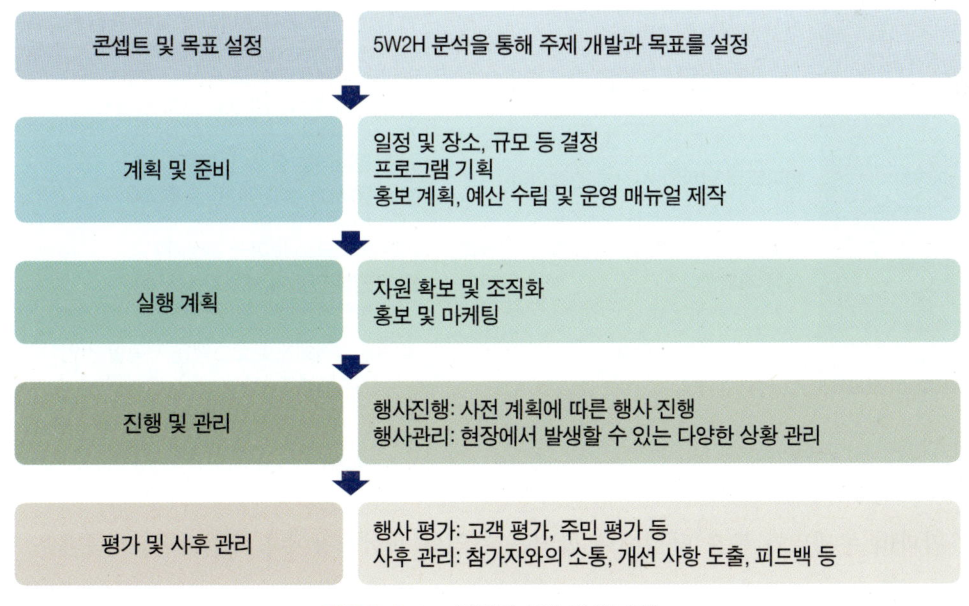

그림 9-4 ▶ 팜파티 상품 기획 과정

(1) 콘셉트 및 목표 설정

팜파티 기획의 시작점은 콘셉트를 결정하는 것이다. 콘셉트는 팜파티의 주제와 분위기를 결정짓고, 행사의 전반적인 방향성을 설정하는 핵심 단계이다. 또한, 이 과정에서 행사를 통해 달성하고자 하는 목표를 명확히 한다.

① 콘셉트 아이디어 도출

팜파티 상품의 콘셉트와 주제 개발, 목표 설정을 위한 아이디어 도출을 위해 5W2H 분석을 활용할 수 있다. 5W2H 분석은 팜파티 상품 기획의 명확성을 높이는 데 도움을 주며, 팜파티의 대략적인 모습을 예상할 수 있게 한다.

표 9-1 ▼ 팜파티 콘셉트 및 목표 설정을 위한 5W2H 분석

Who (누구에게)	팜파티의 대상 참가자를 정한다.	누구를 대상으로 할 것인가? 예 가족 단위 참가자, 40~50대 여성 등
What (무엇을)	팜파티의 주제(테마)를 결정한다.	무엇을 보여주려 하는가? 예 특색있는 농산물, 계절을 담은 농산어촌의 경관, 농촌의 문화나 전통 등
Why (왜)	해당 주제를 선택한 이유와 팜파티를 개최하는 목적을 명확히 한다.	왜 그곳을 보여주려 하는가? 예 지역 미식관광 경험 제공, 지역 농산물 홍보, 생산자와 도시 소비자의 교류 증진 등
Where (어디에서)	팜파티를 개최할 장소를 선정한다.	어디를 구체적으로 보여주려고 하는가? 예 과수원 한가운데, 사과나무 터널
When (언제)	팜파티의 날짜와 시간을 결정한다.	언제 팜파티를 할 것인가? 예 가을(사과 수확 시기), 오후 4시
How (어떻게)	프로그램 구성, 홍보, 모집 및 운영 방안 등을 계획한다.	어떤 형식으로 보여줄 것인가? 예 간단한 만들기 체험과 식사 등
How much (필요 예산)	필요 예산을 계획한다.	얼마에 고객에게 프로그램을 제공할 것인가?

② 환경 및 자원 조사

팜파티 콘셉트와 목표 달성에 부합되는 지역의 체험농장이나 체험마을, 아름다운 경

관자원 등이 있는지를 조사하고, 팜파티 프로그램을 진행할 적합한 환경과 체험자원을 갖추고 있는지를 검토한다. 현장 답사를 시행하여 정확한 정보와 활용할 수 있는 공간 및 시설자원, 체험자원, 스토리 등 정보를 수집하고, 활용 가능성을 평가하여 팜파티 프로그램 기획에 이용할 최종 장소와 핵심 체험자원을 선택한다.

Activity 1 환경 및 자원조사

데스크 리서치 등 사전 조사와 현지인 추천을 통해 팜파티 프로그램을 진행할 농장이나 마을, 아름다운 경관 등을 발굴한다. 후보지를 방문하여 콘셉트 개발에 필요한 자원과 공간 등을 점검한다. 현장 조사를 위한 체크리스트는 식농 체험프로그램 기획을 위한 환경 및 자원조사표를 활용한다.

(2) 프로그램 계획 및 준비

팜파티 상품 기획에는 일정 및 장소, 규모, 프로그램 내용, 예산, 홍보 등의 구체적인 계획이 포함되어야 한다. 일정 및 장소 선정은 장소와 공간의 특성(규모, 접근성 등)과 계절, 참가자의 편의 등을 고려해야 하며, 팜파티 콘셉트와 주제에 맞는 다양한 체험과 이벤트, 제철 농산물을 활용한 식사 메뉴 등에 대한 프로그램 기획이 이루어져야 한다. 특히 음식과 음료가 제공되는 경우 팜파티 콘셉트를 효과적으로 보여줄 수 있는 주제theme 개발과 식공간 연출 구성에 대한 고려가 필요하다.

① 콘셉트 및 핵심 주제 개발

파티 기획의 핵심으로 팜파티의 목적과 필요성을 중심으로 목적 달성을 위한 주제와 언제 어떻게 보여줄 것인지를 간단하게 소개한다. 주제의 경우 컬러 이미지, 제철 식재료 등을 활용할 수 있다.

그린 & 화이트, 차밭, 녹차

레드, 사과 과수원, 빨간 사과

② 상품 정보

팜파티의 개요를 나타내는 것으로 파티상품명, 일자, 시간, 장소, 예상 참석자 수, 주최자(호스트), 파티 주관자, 후원자, 유료 행사의 경우 참가 비용 등의 일반적인 개요를 작성한다.

③ 세부 운영 계획

팜파티에 대한 세부 운영 계획을 작성한다. 모든 세부적인 내용을 아주 자세하게 기록하는 부분으로 추상적 개념보다는 아주 구체적인 계획에 관계된 내용을 작성한다. 포함되어야 할 내용으로 전체 파티 시간 계획, 프로그램 계획, 하드웨어 계획, 스타일링 계획, 음식과 음료 등 식사 계획, 인력 운영 계획 등이 포함된다.

표 9-2 ▼ 세부 운영 계획서 작성 방법

구분	내용
전체 파티 시간 계획	• 준비 시간: 각종 물품의 반입, 인력의 도착 시간, 스타일링, 조명 등 설치, F&B 반입 시간, 리허설 시간 등 파티 준비에 이르는 사전 진행 시간에 대한 세부 계획 • 파티 시간: 본 행사 진행 시간 계획 • 정리 시간: 파티 후 철거, 정리, 청소 등에 관계된 일징 계획
프로그램	• 세부 콘텐츠 작성 체험, 행사 등 세부 프로그램에 대한 자세한 내용과 동선, 진행자 등에 대한 상세한 경력을 포함한 소개 등을 작성
F&B	• 팜파티 세부 계획에서 가장 중요 • 음식과 음료의 종류, 서빙 방법, 뷔페의 경우 음식 구성과 배치 등을 자세하게 작성

구분	내용
하드웨어	• 테이블/의자, 조명, 무대, 영상, 음향 등에 대한 계획을 작성 파티플래너의 파티 연출 의도를 직접적으로 전달할 수 있는 부분으로 사전 협의가 진행되어야 함
연출(스타일링)	• 파티장을 비롯하여 무대, 식공간 등에 대한 장치, 장식계획
인력 운영	• 파티 진행에 필요한 전 인력에 대해 작성 • 파티 연출 인력, 진행 인력, 의전 인력 등에 대해 구체적으로 기술, 편성 인력의 역할과 수를 정확히 작성하고 자격 요건을 기술해 인력의 전문성 확보
초청 계획	• 팜파티 참가자들에게 주요 파티 내용을 전달하고, 참가 여부를 확인하여 예상 참석자 수를 설정하는 중요한 과정으로 초청 계획에 대한 구체적인 계획을 작성 • 특히 선정된 드레스 코드(dress code)와 초청장 제작 계획 등은 비주얼(시안)을 통해 보여주어야 함

스타일링은 팜파티 기획의 중요한 부분으로 어떤 공간을 연출할 것인가? 어떤 이미지로 표현할 것인가?에 대한 고민이 필요하다. 팜파티 콘셉트가 결정되면 공간 구성 요소를 확인하고, 표현하고 싶은 이미지의 소재나 패턴, 형태 등을 조사한다. 조사한 내용을 공간 연출이나 테이블 연출에 반영하여 스타일링 연출을 완성한다.

Activity 2 팜파티 식공간 연출을 위한 아이디어 보드 작성

팜파티 콘셉트와 주제를 표현할 수 있는 색, 소재, 패턴, 식재료 등 시각적 이미지를 찾아 식공간 연출을 위한 아이디어 보드를 만들어 보자.

다음은 '사과밭' 팜파티 식공간 연출을 위한 아이디어 보드 사례이다.

④ 광고 및 운영 계획

광고 또는 홍보가 필요한 경우 구체적인 방법에 대한 계획을 작성해야 한다. 매체의 이름과 시점, 비용 등에 대해 기록해야 하며, 매체별 대상으로 하는 목표 고객과 예상되는 기대 효과에 대한 자세한 설명이 필요하다.

⑤ 일정 계획

기획서를 발표하는 시점부터 팜파티 당일 까지의 전반적인 일정표를 작성한다. 팜파티에 필요한 각종 물품의 계약이나 출연진 섭외 등 팜파티에 필요한 전반적인 상황에 대한 일정을 제시한다.

⑥ 예산 계획

팜파티 기획과 진행에 필요한 구체적인 비용을 작성한다. 가능한 항목을 세분하고 수량과 단가를 표시해서 편성된 예산 내용을 이해할 수 있도록 작성한다.

(3) 실행 계획

팜파티 실행은 앞서 계획한 자원을 확보하고 조직화하는 단계이다. 즉, 인력, 재료, 장비 등 필요한 자원을 확보하고, 역할 분담을 통해 조직화한다. 또한 SNS, 지역 커뮤니티, 협력 농가 등을 통해 행사를 홍보하고, 참가 신청을 받는다.

팜파티를 위해 준비해야 할 상항들이 많고 복잡하므로 실수를 줄이기 위해 팜파티 실행 점검표를 활용한다.

표 9-3 ▼ 팜파티 실행 점검표

구분	내용	확인
인쇄 및 제작물	• 신청자 명단 작성 • 초청장(입장권) 제작 및 상품 준비 • 행사장 현수막 제작, 기념품 준비 • 스테프 명찰 준비 등	☐ ☐ ☐ ☐
인원 확정	• 예상 참석자 확정	☐
교통	• 교통편 확인	☐

구분	내용	확인
팝파티 장소	• 파티장 선정, 파티장 공간연출 등 • 안내 요원 및 스태프 선정, 역할 부여 및 교육 • 제한 및 통제구역 설정과 표시, 안전 대책 수립(안전팀 배치 등)	□ □ □
식사, 음료, 다과	• 메뉴 선정 및 음식의 수량, 서비스 제공방식 결정(뷔페, 테이블 서비스 등) • 식음료 추가 제공 준비	□ □
기념품 및 상품	• 기념품 상품 선정 • 대상 및 수량 선정 계획 수립	□ □
광고 및 홍보	• 언론 기관, SNS 홍보를 위한 자료 준비, 보도 결과 모니터링 체계 구축	□
현장 방문 리허설	• 이동 경로 결정 및 안내 요원 배치/교육, 리허설 진행	□
프로그램	• 팝파티 순서, 프로그램 확정 • 파티 진행시 스태프 및 안내 요원 선정, 브리핑 및 교육 실시 • 파티진행 큐 시트 작성 • 자석 배치도 확정 등	□ □ □ □
비상대책 (우천시)	• 일기 예보 확인 • 행사 연기, 취소, 장소 변경에 따른 비상 계획 수립 • 파티 도중 불시사고에 대비한 비상사태 대응 계획 수립	□ □ □
보험	• 필요시 행사 관련 보험 가입	□

※ 필요에 따라 점검표의 내용은 추가 또는 삭제할 수 있다.

(4) 진행 및 관리

사전에 계획한 팝파티 프로그램과 일정에 따라 행사를 진행하고, 참가자 관리, 안전 관리, 프로그램 시간 조정 등 현장에서 발생할 수 있는 다양한 상황을 관리한다.

(5) 평가 및 사후 관리

팝파티 적용 프로그램에 대한 방문객들의 반응 및 만족도를 평가하고, 프로그램 진행 중의 문제점을 검토하여, 다음 팝파티 기획에 반영한다. 또한 사후 관리를 위해 참가자와의 소통을 지속하고, 다음 행사를 위한 개선 사항을 도출한다.

Part 5

미식관광 창업

CHAPTER

10

미식관광 창업과 마케팅

본 장에서는 미식관광을 주요 사업으로 하는 회사를 창업하고, 미식관광상품을 효율적으로 마케팅하기 위한 요소들을 다루고자 한다. 우선 미식관광 창업을 준비하는 이들은 사업체를 만들기 위한 준비과정부터 창업에 이르기까지 단계별로 필요한 업무를 한눈에 이해할 수 있도록 프레임워크framework를 만들어 보고 미식관광 관련 창업을 위해서 고려해야 할 사항과 효과적인 마케팅 방법에 대해서 살펴본다.

1. 미식관광 창업을 위한 고려 사항

1) 미식관광 이해관계자에 대한 이해

오늘날 미식관광이라는 단어는 일상에서 자주 들을 만큼 익숙한 단어가 되었다. 미식관광을 그대로 해석하자면 '미식을 즐기기 위해 여행을 하는 것 또는 여행하면서 틈틈이 미식을 즐기는 행위'로 이해할 수 있다. 모든 창업이 그렇듯이 미식관광 역시 선보이고자 하는 상품을 누가 소비하고 구매할 것인지에 대한 고민과 분석이 필요하다. 다시 말해 미식관광의 수요처 또는 소비자 역할을 하는 '관계자'가 누구인지 파악하는 것은 매우 중요하다.

① 미식관광 관계자는 크게 민간과 공공기관으로 구분해서 생각할 수 있다. 공공기관 관계자로는 지방자치단체나 국가와 같이 다양한 국가기관과 관광, 문화, 농업, 상업, 외교 등 다양한 분야의 공공 행정 담당자도 포함된다. 이들은 미식관광 개발정책을 만드는 공급자인 동시에 수요자이기도 하다.

② 미식관광의 성공적 창업을 위해서는 많은 관계자의 참여와 도움이 필요하다. 다양한 부문의 기업, 지역사회와 미식관광에 관심 있는 잠재 수요자 등 다양한 사람들이 참여해서 만든 콘텐츠는 창업의 가장 큰 위협요소인 시행착오를 줄이는 데 도움이 된다.

③ 미식관광 관계자가 누구인지 파악하는 것은 결코 쉬운 일이 아니다. 관계자라고 간주한 사람들이라도 그들이 처한 상황이나 직종에 따라서 일부 관계자는 미식관광 전반에 대한 이해 없이 방문객의 수를 늘리는 것을 목표로 하며, 다른 관계자는 자신이 판매하는 제품의 홍보와 판매에만 관심이 있을 뿐 자신을 미식관광 상품과 관계있다고 여기지 않는 경우가 많다. 와이너리 또는 지역에서 전통주 체험과 판매를 하는 양조장이나 지역 특산물 생산업체가 그 좋은 예이며 이들은 대체로 미식관광이 목적이 아닌 제품의 현장 판매나 인지도 향상이 주요 관심사다.

④ 음식점, 지역식품 생산업체나 체험농가와 같은 곳은 미식관광을 실행 할 수 있는 곳이지만 관광객을 위한 마케팅, 미식관련 자원에 대한 해설 서비스 또는 방문객의

요구를 지원하는 데 필요한 인프라에 투자할 여력이 없는 소규모 지역 기업인 경우가 많다. 또한 대부분의 기업이나 기관은 미식관광 관련 예산이 부족하거나 거의 없다시피 해 많은 관계자들이 미식관광 상품의 가능성을 과소평가하는 경우가 많다. 이러한 현상은 미식관광 전반에 대한 이해의 부족으로 시장의 잠재력을 가늠할 수 없고, 그 안에서 자신의 역할이 무엇인지 모르는 경우도 있다. 예를 들어, 식품 및 음료 산업은 미식관광에서 중요 자원임에도 관련 담당자나 관계자는 관광에 관한 이해가 전반적으로 부족하다. 일반 관광객의 니즈needs는 알지만 미식관광객이 어떤 서비스를 필요로 하는지 잘 모르는 경우가 많다. 따라서 이들이 미식관광에서 어떤 역할을 하면 좋은지 세심한 기획과 교육, 그리고 구체적인 실천안이 필요하다.

2) 세분화되는 미식관광 시장

한국을 방문하는 외래 관광객 및 국내 체류 외국인의 증가, 내국인의 국내 여행문화 확산으로 인해 국내의 많은 지역이 관광지가 되었으며, 이런 곳 중 상당수가 미식관광지로 부상하고 있다. 따라서 지역 간의 경쟁도 심해지고 있으며 단순히 맛집 탐방 수준의 미식관광으로는 소비자의 다양한 니즈와 눈높이를 맞출 수 없다.

미식관광은 목적에 따라서 크게 한류 미식투어, 럭셔리 미식투어, 비즈니스 미식투어와 로컬 미식투어로 구분할 수 있다. 현재 판매 중인 미식관광 상품은 현지 관광지 탐방과 맛집에서의 식사 정도로 판매되고 있다. 그러나 미식관광시장은 점점 세분화되고 있으며 창업 시점부터 어떤 미식관광에 초점을 맞추어 상품개발을 할 것인가를 정하는 것은 경쟁력 있는 미식관광 업체를 만드는 데 매우 중요한 사안이라고 할 수 있다.

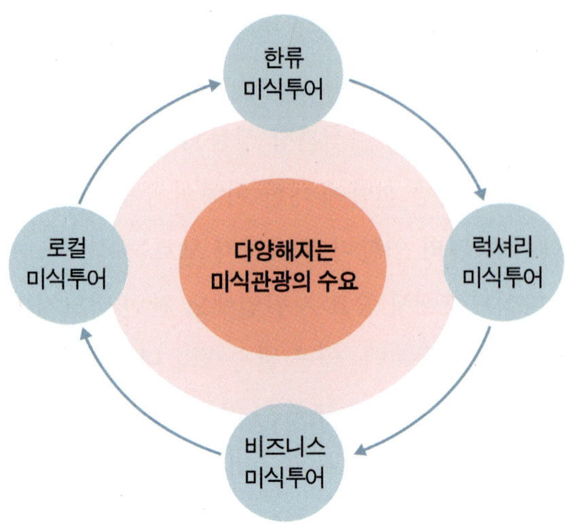

그림 10-1 ▶ 세분화되는 미식관광 시장

(1) 한류미식투어

한류미식투어의 주요고객은 방한 외국인이므로 이들을 대상으로 한 흥미롭고 교육적인 투어를 기획하는 것이 관건이다. 한국인의 식문화는 물론 라이프스타일, 트렌드 등을 두루 담은 스토리텔링과 장소를 선택하면 좋다. 예를 들어 광장시장이나 인사동, 익선동과 같은 관광특구에 있는 주점, 한식당, 분식집, 고깃집, 포장마차, 길거리음식을 파는 노점 등이 주요 방문장소라고 할 수 있다. 한류미식투어 소비자는 연령대나 성별로는 구분하기 어렵다. 한국문화 전반에 관심이 있고 한식을 좋아하는 사람들이 어떤 체험을 기대하고 한류미식투어를 선택할 것인지 예상해 소비자의 입장에서 상품을 기획하도록 한다.

(2) 로컬미식투어

지역 식문화와 미식을 주제로 한 미식투어는 내외국인 모두가 관심을 갖는 상품이다. 특히 최근들어 국내 소비자들의 우리 음식문화에 대한 관심은 미식관광 시장의 잠재력이 얼마나 큰지 보여준다고 할 수 있다. 소비자들의 로컬 식재료와 지역음식에 대한 관심은 농촌 식자원에 대한 매력을 증대시킨다. 그 지역에 가야만 먹을 수 있고 경험할 수 있는 미식관광자원의 발굴과 현지인이 함께하는 미식투어는 도시에서 체험하는 미식투어와는 차별화된 미식관광을 기대해 볼 수 있다.

(3) 비즈니스 푸드투어

비즈니스 푸드투어는 선진화 기술을 적용한 농업이나 최첨단 식품산업을 배우려는 교육적 목적을 가진 미식관광이라고 할 수 있다. 예를 들어 한국산 딸기는 맛있기로 유명하다. 딸기의 맛은 물론 비교적 오랫동안 딸기의 신선도가 유지된다는 점, 향, 색 등이 우수한 것으로 알려지면서 외국에서 한국식 딸기 농법을 배우려는 수요가 점차 늘어나고 있다. 비즈니스 푸드투어는 미식보다 특정 작물이나 식품을 만드는 데 필요한 기술을 배우고자 하는 경우가 많다. 따라서 비즈니스 미식투어를 진행하기 위해서는 기획자와 운영자가 투어 주제에 대해서 상당히 높은 수준의 전문지식을 갖추고 있어야 한다.

(4) 럭셔리 미식투어

최근 들어 부유층 외국인의 방한이 증가 추세다. 이들은 철저하게 개인의 취향과 니즈에 부합하는 미식투어를 선호한다. 예를 들어 유명한 레스토랑에서의 식사보다 멋진 한옥에서 맛보는 전통 한식 또는 최고급 차를 전문가의 설명을 들으며 마시기, 전문지식이 있는 해설사와 함께하는 전통시장투어와 같이 세련된 기획과 프라이빗한 경험을 선호한다. 따라서 럭셔리 미식투어를 전문으로 하는 창업의 경우 고객이 푸드투어에서 무엇을 기대하는지, 어떤 체험을 선호하는지, 특이식단 여부 등에 대해 손님과 충분히 소통하며 손님의 눈높이와 취향에 맞는 미식투어를 기획하고 실행하도록 한다.

3) 미식관광 협력 네트워크 구축

미식관광은 지역 식문화, 상권, 주민들의 특성과 라이프스타일 등 다양한 요소를 참고해야 하는, 융복합적 특성을 띤다. 따라서 다양한 직종의 사람들과 협업을 얼마나 효과적으로 잘 하는지는 창업에 큰 도움을 줄 수 있다. 미식관광업체의 창업은 관련자들이 상품개발에 참여해, 각자 자신의 업종에서 실행할 수 있는 서비스를 표명하고 그들이 기대하는 바가 반영될 수 있도록 프로그램을 기획하도록 한다. 서비스 공급자와 수요자 간의 니즈를 충족하는 요소들을 미식관광이라는 틀에 맞게 짰을 때 미식관광 창업의 성공 확률은 높아진다. 이를 위해 관계자들 간의 협업 네트워크를 만들고 그에 맞는 적절한 기획을 할 수 있다면 미식관광의 성공적 창업은 물론 지속가능한 발전과 선순환이 될 수 있는 시스템 구축을 기대해 볼 수 있을 것이다.

미식관광 협업 네트워크의 장점

- 다양한 자원을 효과적으로 통합하고 관리할 수 있다.
- 방향성 있는 전략은 창업 회사의 콘셉트, 이미지를 강화한다.
- 다양한 형태의 협업은, 참여자들에게 새로운 동기부여를 한다.
- 참여자 등은 각기 다른 전문성을 발휘함으로써 새로운 경쟁력 있는 상품을 만들 수 있게 된다.

2. 미식관광 창업 실전

미식관광 회사는 역사가 그다지 오래되지 않은 산업군이다. 그러나 창업을 꿈꾸는 사람이라면 1인 창업을 시도해 볼 만하다. 회사를 차리기 위해서는 우선 설립요건을 갖추어야 한다. 우선 창업을 여행사로 할지 연구나 컨설팅과 같이 다른 목적으로 설립할지를 정해야 한다. 여행업과 같이 내외국인을 모객하고 미식관광 관련 상품을 판매하기 위해서는 일반 여행업과 같은 절차를 밟으면 된다.

1) 여행업 등록

미식투어나 체험을 제공할 경우 여행업 등록을 해야 한다. 미식이라는 행위 자체는 관광과 직결되지 않을 수도 있다. 그러나 미식을 즐기기 위해 타지역을 방문하거나 지역의 미식관련 체험을 위해 관광지를 방문하는 행위는 관광이라고 볼 수 있다. 따라서 미식관광상품을 판매하는 업체를 창업하려면 해당 구청에 여행업 등록을 해야 하는 정부 허가제 사업이다. 회사를 차리기 위해서는 우선 설립요건을 갖추고 사업자등록을 해야 한다. 여기서 설립요건이란 자본금을 말한다. 여행업은 관광진흥법에 따라 국내 여행업, 국내외 여행업과 종합여행업으로 구분된다.

• 국내여행업: 국내를 여행하는 내국인 대상 여행업. 자본금 1,500만원 이상
• 국외여행업: 국내외를 여행하는 내국인 대상 여행업, 자본금 3,000만원 이상
• 종합여행업: 국내외를 여행하는 내국인 및 외국인을 대상으로 하는 여행업. 자본금 5,000만원 이상

※ 위의 금액은 여행사를 설립할 때의 조건이지 계속 잔고로 해당 금액이 남아있지 않아도 된다.

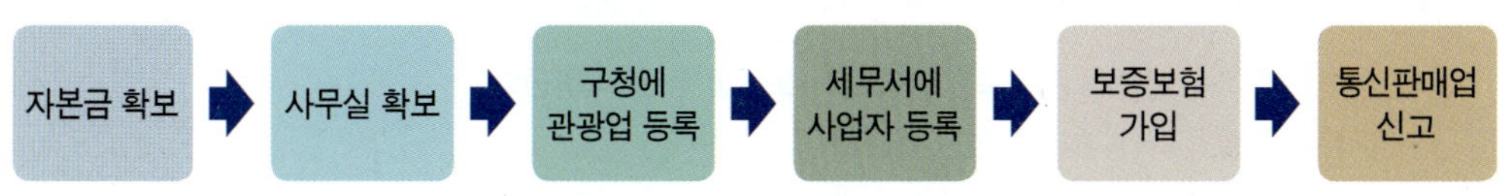

그림 10-2 ▶ 여행업 등록과정

2) 여행중개 플랫폼 활용하기

여행중개 플랫폼은 서비스 판매자와 구매자간을 중간 매체 없이 직접 연결하는 방식으로 운영된다. 고객은 보다 다양하고 정확한 여행 정보를 접하고 거래할 수 있으며 서비스 제공자는 전문적 홍보 마케팅을 하지 않고도 자사 상품을 손쉽게 홍보할 수 있고 더 높은 수익창출 기회를 제공받게 된다. 지난 몇 년 동안 여행의 수요가 증가하면서 세계적으로 여행중개 플랫폼을 이용하고자 하는 니즈 또한 늘어나고 있다. 이러한 현상은 언택트 untact 환경이었던 2019년부터 2023년까지 새로운 현상으로 빠르게 자리잡았다.

그림 10-3 ▶ 여행중개 플랫폼 사례

파트너, 호스트 등 여행중개 플랫폼에서 상품 판매자를 부르는 호칭은 다양하다. 최근 들어 플랫폼 시장은 급성장했으며 그 종류도 다양하다. 1인 창업자의 경우 판매하고자 하는 상품의 특성을 가장 잘 판매해 줄 수 있는 플랫폼과 파트너십을 맺으면 효과적으로 홍보·미케팅은 물론 상품을 판매할 수 있다.

온라인 플랫폼에 성공적으로 상품등록하고 판매하기 위한 팁

- 판매하고자 하는 상품의 콘셉트를 정확하게 표현할 수 있어야 한다.
- 판매상품을 잘 나타낸 퀄리티 높은 이미지를 준비한다.
- 다른 여행사나 체험을 제공하는 곳과 차별화된 서비스를 강조한다.
- 온라인 플랫폼의 수수료를 감안해서 경쟁력 있고 판매가 지속가능한 가격을 제시한다.

다음은 다양한 체험상품을 판매하는 플랫폼인 마이리얼트립 홈페이지에서 비즈니스 파트너로 등록하고 자신이 판매하고자 하는 상품을 올리는 과정을 보여주는 사례다.

사례 1 온라인 플랫폼의 상품등록 사례

화면 예시	내용
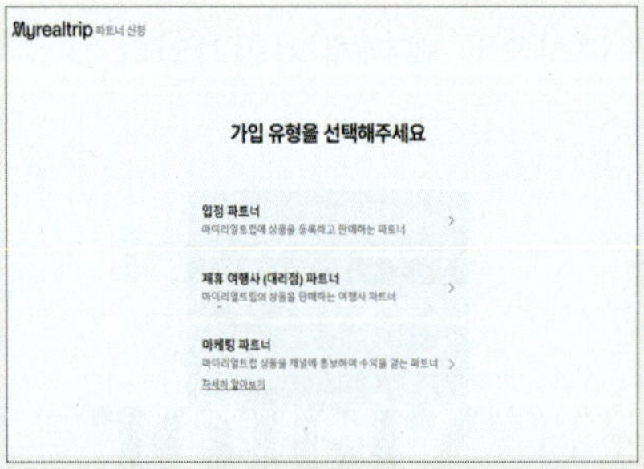 Myrealtrip 파트너 신청 가입 유형을 선택해주세요 입점 파트너 마이리얼트립에 상품을 등록하고 판매하는 파트너 제휴 여행사 (대리점) 파트너 마이리얼트립의 상품을 판매하는 여행사 파트너 마케팅 파트너 마이리얼트립 상품을 채널에 홍보하여 수익을 얻는 파트너 자세히 알아보기	• 창업 아이템에 맞는 플랫폼을 선택한다. • 해외 플랫폼은 대부분 국문 외에 영문과 중국어 서비스를 포함한다. 판매 상품의 주요 고객층에 가장 쉽게 노출되고 선택이 가능한 플랫폼을 신중하게 검토한다. • 대다수의 여행 플랫폼은 개인보다 회사 가입을 선호한다. 따라서 회사 아이디로 하는 회원가입은 여러모로 유리하다.
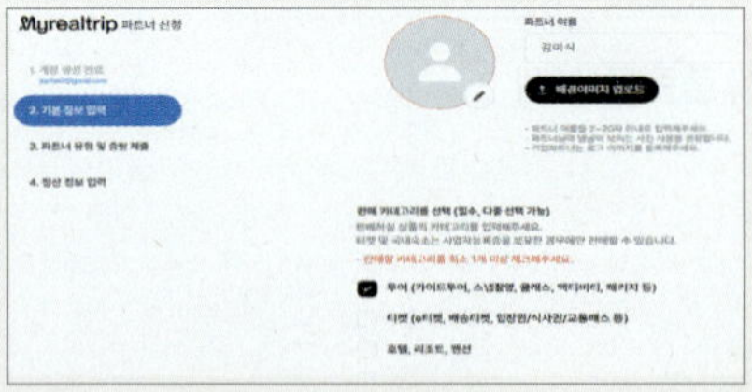 Myrealtrip 파트너 신청	• 가입유형은 플랫폼마다 제시하는 기준이 다르다. 홍보하고자 하는 상품의 특성에 맞게 등록을 진행한다.

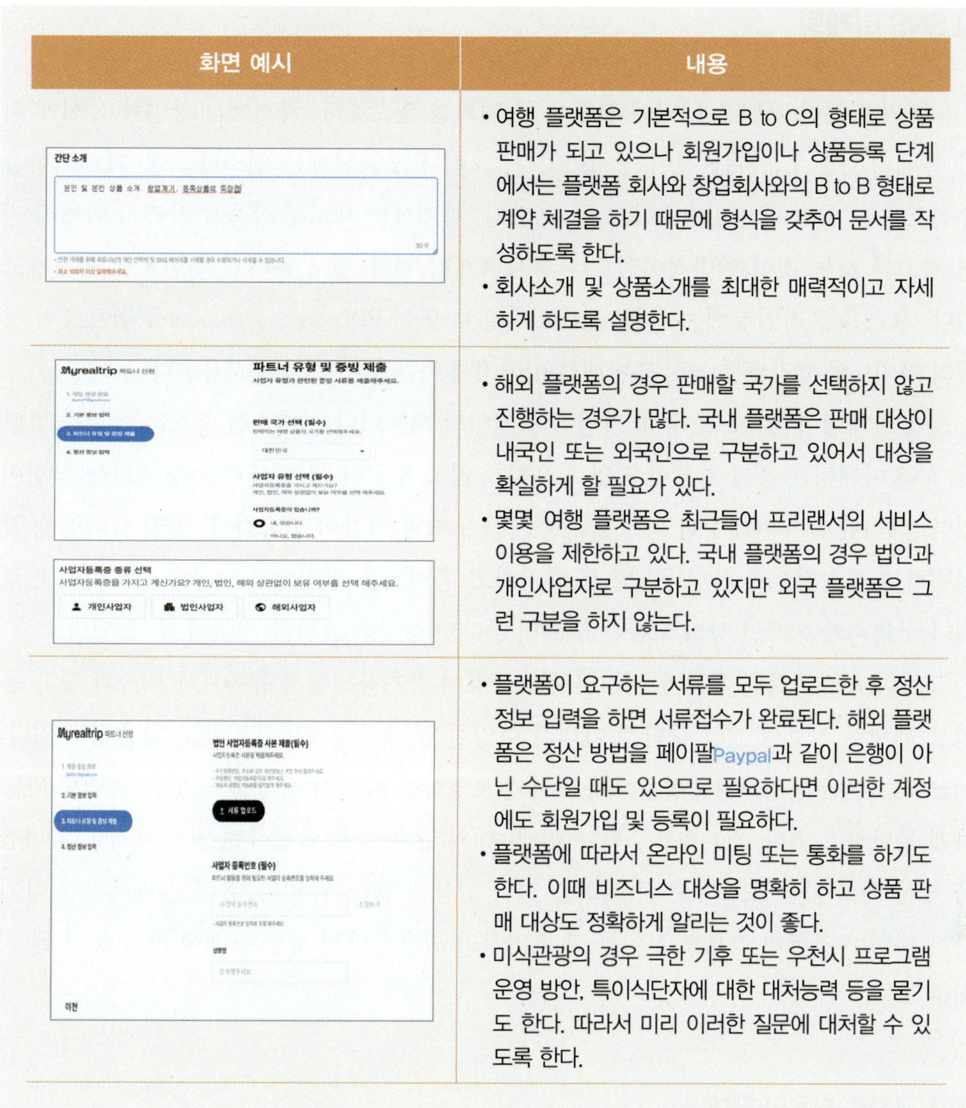

화면 예시	내용
간단 소개	• 여행 플랫폼은 기본적으로 B to C의 형태로 상품 판매가 되고 있으나 회원가입이나 상품등록 단계에서는 플랫폼 회사와 창업회사와의 B to B 형태로 계약 체결을 하기 때문에 형식을 갖추어 문서를 작성하도록 한다. • 회사소개 및 상품소개를 최대한 매력적이고 자세하게 하도록 설명한다.
Myrealtrip 파트너 신청 파트너 유형 및 증빙 제출 판매 국가 선택 (필수) 사업자 유형 선택 (필수) 사업자등록증 종류 선택 개인사업자 / 법인사업자 / 해외사업자	• 해외 플랫폼의 경우 판매할 국가를 선택하지 않고 진행하는 경우가 많다. 국내 플랫폼은 판매 대상이 내국인 또는 외국인으로 구분하고 있어서 대상을 확실하게 할 필요가 있다. • 몇몇 여행 플랫폼은 최근들어 프리랜서의 서비스 이용을 제한하고 있다. 국내 플랫폼의 경우 법인과 개인사업자로 구분하고 있지만 외국 플랫폼은 그런 구분을 하지 않는다.
Myrealtrip 파트너 신청 법인 사업자등록증 사본 제출(필수) 서류 업로드 사업자 등록번호 (필수) 이전	• 플랫폼이 요구하는 서류를 모두 업로드한 후 정산 정보 입력을 하면 서류접수가 완료된다. 해외 플랫폼은 정산 방법을 페이팔Paypal과 같이 은행이 아닌 수단일 때도 있으므로 필요하다면 이러한 계정에도 회원가입 및 등록이 필요하다. • 플랫폼에 따라서 온라인 미팅 또는 통화를 하기도 한다. 이때 비즈니스 대상을 명확히 하고 상품 판매 대상도 정확하게 알리는 것이 좋다. • 미식관광의 경우 극한 기후 또는 우천시 프로그램 운영 방안, 특이식단자에 대한 대처능력 등을 묻기도 한다. 따라서 미리 이러한 질문에 대처할 수 있도록 한다.

온라인 비즈니스의 중요성은 앞으로도 더 높아질 것이고 각자의 상품에 맞는 플랫폼을 선택하는 것은 좋은 사업파트너와 일하는 것과도 같다.

3) SNS 마케팅

SNS의 다양한 채널은 미디어 환경에 큰 변화를 일으켰다. 과거에는 창업과 동시에 회사 홈페이지를 오픈하는 것이 상식이었다. 그러나 오늘날에는 인스타그램, 페이스북을 중심으로 한 SNS 개설이 필수라고 할 수 있다. 과거에는 새로운 상품을 알리기 위해서 지면 광고를 하는 것이 일반적이었으나 홍보마케팅 전략 역시 온라인 중심으로 옮겨가고 있다. 요즈음 온라인상에는 상품 광고보다 홍보 또는 PPLproduct placement을 함으로써 상품의 인지도와 호감도를 높이고 판매로 이어지게 하는 전략을 많이 사용한다.

SNS 마케팅이란 SNS를 통해 기업이나 개인의 제품이나 서비스를 홍보하는 것을 말한다. SNS 마케팅은 초기 자본이 거의 필요하지 않고 누구나 쉽게 시작할 수 있다는 장점이 있다. 그러나 SNS 마케팅의 특성상 지속적인 노력과 시간이 필요하다. 창업 아이템을 잘 선택하고 지속적으로 관련 콘텐츠를 다양하고 흥미로운 방법으로 SNS에 선보이고 팔로워나 구독자와 온라인 상의 교류를 꾸준히 한다면 상당한 효과를 기대해 볼 수 있다.

코로나로 오프라인 홍보가 어려워지는 상황이 장기화되면서 유튜브나 틱톡과 같은 동영상 매체도 정보의 전달 수단뿐 아니라 다양한 분야의 홍보마케팅에도 활용되고 있다. 최근에는 간단한 영상템플릿을 이용해서 홍보영상을 빠르게 제작할 수 있는 방법도 다양하게 등장하고 있다. 비디오몬스터나 비타VITA와 같은 툴을 활용하면 영상 제작이나 편집을 해본 적이 없는 초보자도 큰 어려움 없이 영상을 만들 수 있다. 온라인 매체마다 각기 다른 특성이 조금씩 있으므로 이를 잘 파악하고 활용한다면 상품 판매에 큰 도움이 될 것이다.

① 시각자료 활용의 극대화

트위터, 페이스북, 인스타그램이나 틱톡과 같은 플랫폼은 미식관광에 관심이 있는 이들에게 상품을 노출하고 홍보할 수 있는 빠르고 효과적인 수단이다. 플랫폼의 특성상 시각적 자료가 매우 중요하므로 직접 레스토랑을 방문하거나 투어 중 고품질의 음식 사진을 찍어서 올리는 등 소소하고 재미있는 일상을 보는 듯한 사진으로 홍보하고자 하는 분야나 상품을 소개해 본다.

② 스토리가 있는 콘텐츠의 게시

스토리가 있는 콘텐츠란 독자에게 의미 있는 가치를 제공하는 것을 말한다. 사진 한 장이라도 그 배경에 기억에 남을만한 이야기가 깃들어 있다면 이를 보는 사람들이 좀 더 오래 기억할 것이다. 이는 구독자는 물론 해당 사이트 트래픽traffic을 늘리는 데도 기여할 것이며 회사로서는 신뢰도를 높일 수 있는 좋은 방법이다. 이러한 콘텐츠를 만들기 위해서는 미식관광 시장을 조사하고 어떤 요소에 사람들이 관심을 보이고 반응하는지 살펴보는 노력이 필요하다.

③ SEO의 효과적 활용

SEOSearch Engine Optimization는 검색 엔진 최적화의 약자로 이를 잘 활용하면 구글 등 검색엔진에서 홍보하고자 하는 상품을 효과적으로 잘 노출시킬 수 있다. 여기서 검색어는 사람들이 잘 떠올릴만한 단어를 선택하는 것이 중요하다. 예를 들어 서울에서 미식 관련 단어를 검색할 경우, street food길거리 음식, Korean Style Chicken코리안 스타일 치킨, Barbecue바비큐 등의 단어를 압도적으로 많이 검색한다. 따라서 이런 단어가 들어간 미식 상품을 선보인다면 온라인 시장에서 높은 홍보 효과를 기대해 볼 수 있다. 국제적으로 널리 사용되는 방법으로는 구글 애드워즈Google Adwords를 통한 키워드 검색을 들 수 있다.

④ 다양한 프로모션의 기획과 실행

특정 주제로 진행하는 기간제 프로모션은 기존 고객이나 온라인채널 구독자 외에도 잠재고객에게 비즈니스를 알릴 수 있는 효과적인 수단이다. 예를 들어 딸기 시즌에 딸기를 테마로 한 미식투어에서 '지금 당장 떠나고 싶은 딸기투어'를 잘 표현한 사진을 찍는 콘테스트는 많은 이들이 미식투어에 참여하고 싶게 하는 이벤트다. 주최측의 콘테스트 기획의도를 잘 파악하여 매력적인 사진을 찍은 당첨자에게는 '지역으로 떠나는 2박3일 미식관광'을 포상으로 준다면 콘테스트 참가자를 늘리고 홍보에도 도움이 될 것이다. 그 밖에 해당 콘테스트에 대해 인스타그램에서 가장 많은 '좋아요'나 공유를 얻은 사람에게도 경품을 주는 등 가급적 많은 화젯거리를 만들면 좋다. 자신만의 이벤트를 창의적으로 기획하기 위해서 다른 이들의 이벤트에 참석하는 것도 도움이 된다.

4) 미식관광 관련 기관과의 협업

국내에 미식관광을 실행하는 데 직접적인 도움을 줄 수 있는 지역 또는 자치단체가 많지 않다. 그러나 미식관광이 지역을 홍보하는 데 매우 효과적인 방법이라는 것에 공감대가 형성되면서 관광 및 농식품 관련 기관이나 지자체에서 미식관광 프로그램을 도입하려는 시도가 잇따르고 있다. 이는 미식관광 창업자와 함께 할 수 있는 프로그램이나 연구가 점차 많아질 것이라고 짐작해 볼 수 있다. (사)한국미식관광협회KoCTA는 미식관광 전문가를 양성하고, 미식관광 관련 전문가와 기업, 정부와 지자체를 서로 연결하는 미식관광 네트워크 구축과 이들 간의 교류를 핵심사업으로 하는 비영리단체로서 국내에서는 유일하게 미식관광 전문가로 구성된 전문기관이다. 푸드큐레이터, 한식해설사, 지역자치단체 미식관광 컨설팅 등 관련 교육과 사업을 활발하게 진행하고 있다. 한국미식관광협회는 미식관광에 관심 있는 셰프, 농민, 사업가, 교육자 등 다양한 사람들과의 교류와 협업을 하고 있다.

부록

1. 한국미식관광협회 소개 및 자격시험 관련 정보
2. 맛 표현 및 향미분류표

1. 한국미식관광협회 소개 및 자격시험 관련 정보

1) (사)한국미식관광협회

(1) 미션

"팜투테이블farm-to-table 가치 기반의 미식관광 콘텐츠를 매개로 내외국인들에게 독특하고 즐거운 지역 식문화 경험을 제공하고, 지속가능성을 추구하는 책임 있는 미식관광 활동을 실천하도록 지원한다."

(2) 협회 발전 역사

한국미식관광협회전) 한국컬리너리투어리즘협회, Korean Culinary Tourism Association는 지난 2011년 8월 민간국제기구인 World Food Travel Association구) International Culinary Tourism Association의 아시아 첫 공식 한국 지부 협회로 설립되었으며, 2012년 2월 농림축산식품부 산하 사단법인 설립 승인을 받아 지난 10년 동안 국내 음식관광 발전을 위해 노력해 왔습니다.

연도	내용
2023	• 일본 간사이 미식관광여행 협업 • 제1회 미식관광포럼 개최
2022	• 사단법인 [한국미식관광협회]로 명칭 변경 • 홈페이지 전면 개편
2021	• 사단법인 한국컬리너리투어리즘협회 4대 회장 선출(김태희 교수)
2019	• 시단법인 한국컬리너리투어리즘협회 3대 회장 선출(윤지영 교수)
2017	• 사단법인 한국컬리너리투어리즘협회 2대 회장 선출(안은금주 대표)
2016	• 안동시와 MOU 체결 • 한식해설사 양성과정_고급과정 운영관리(한식재단) • 팔도음식지리지 DB 구축 용역(한식재단)

연도	내용
2015	• 민간단체 한식협의회 구성/운영을 위한 한식진흥 공동협약(한식재단) • 협회장 국무총리상 표창장 수상(외식산업진흥 공로) • 한식해설사 민간자격증 등록 승인(제2015-004166호)
2014	• K-Mom Food(테라푸드) 국제엑스포 전략사업 타당성 연구(안동시 농업기술센터) • 향토음식자원을 활용한 음식관광활성화를 위한 조사연구(농림축산식품부) • 방한 외국인을 위한 한식해설 교육과정 및 해설서 개발(한식재단)
2013	• 하계 포럼 개최 • 단양 아로니아 국제 심포지엄 개최 • 푸드큐레이터 민간자격증 등록 승인(제2013-1025호) • World Food Travel Association(WFTA) Erik Wolf 회장 초청 간담회
2012	• (사)한국컬리너리투어리즘협회 법인 설립(농림축산식품부 인가) • 춘계와 추계 포럼 개최
2011	• 한국컬리너리투어리즘협회 초대 회장 선출(최지아 대표) • 8월 30일 한국컬리너리투어리즘협회 출범(창립 멤버 : 최지아, 안은금주, 김태희)

(3) 주요 활동 영역

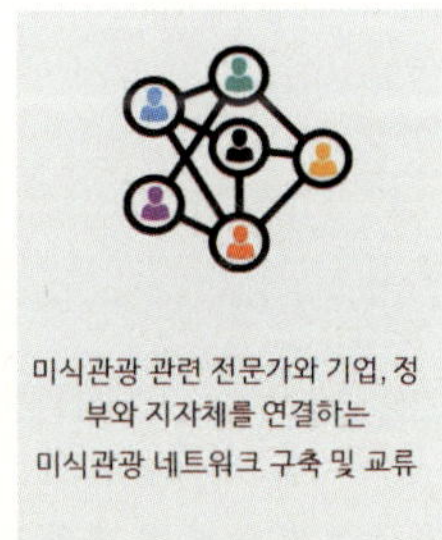

2) 푸드큐레이터 자격증 취득 절차

(1) 푸드큐레이터 자격시험

협회의 주관하에 푸드큐레이터 자격시험이 연 1~2회 실시되며, 푸드큐레이터 자격시험 합격자에게는『자격기본법』제17조 제2항과 같은 법 시행령 제23조 제3항에 의거하여 민간자격 푸드큐레이터 자격증을 발급합니다.

푸드큐레이터 자격검정 방법은 2급 · 1급 등급체계를 갖추고 있습니다.

2급 자격시험은 객관식 60점(4지선다형 60문항), 주관식 40점(4문항)으로 100점 만점에 70점 이상 획득해야 합격할 수 있습니다. 실기시험은 작업형으로 미식투어 상품 기획서 제출을 통해 실무 능력을 평가하는 것으로, 100점 만점에 70점 이상 획득해야 합니다. 1급 자격시험은 회원사(관련 업체)와 연계하여 현장실습을 통해 검정위원의 지도 감독하에 실무능력을 평가받고 최종으로 면접시험에 응시하여 각각 100점 만점에 70점 이상을 획득해야 합니다.

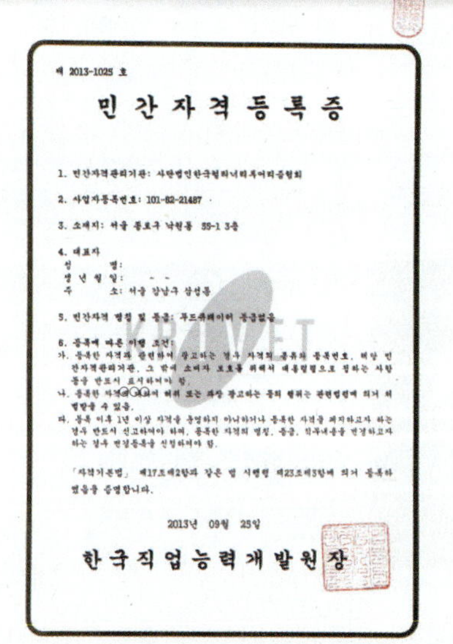

제 2013-1025 호

민 간 자 격 등 록 증

1. 민간자격관리기관: 사단법인한국컬리너리투어리즘협회

2. 사업자등록번호: 101-82-21487

3. 소재지: 서울 종로구 낙원동 55-1 3층

4. 대표자
성 명:
생 년 월 일: - -
주 소: 서울 강남구 삼성동

5. 민간자격 명칭 및 등급: 푸드큐레이터 등급없음

6. 등록에 따른 이행 조건:
가. 등록한 자격과 관련하여 광고하는 경우 자격의 종류와 등록번호, 해당 민간자격관리기관, 그 밖에 소비자 보호를 위해서 대통령령으로 정하는 사항 등을 반드시 표시하여야 함.
나. 등록한 자격의 ○○에 허위 또는 과장 광고하는 등의 행위는 관련법령에 의거 처벌받을 수 있음.
다. 등록 이후 1년 이상 자격을 운영하지 아니하거나 등록한 자격을 폐지하고자 하는 경우 반드시 신고하여야 하며, 등록한 자격의 명칭, 등급, 직무내용을 변경하고자 하는 경우 변경등록을 신청하여야 함.

「자격기본법」 제17조제2항과 같은 법 시행령 제23조제3항에 의거 등록하였음을 증명합니다.

2013년 09월 25일

한 국 직 업 능 력 개 발 원 장

푸드큐레이터 민간자격등록증

FC2-00000

Certificate of Qualification

푸드큐레이터[2급]
FOOD CURATOR(Level 2)

홍길동
Hong Gildong

사단법인 한국미식관광협회가 시행하는 푸드큐레이터(2급) 자격시험에 합격하여 자격검정위원회 규정에 의거 자격을 인정합니다.

This certifies that the above mentioned person has successfully passed the qualifying examination accredited by the Korean Culinary Tourism Association.

October 25, 2023

사단법인 한국미식관광협회장
President of the Korean Culinary Tourism Association

푸드큐레이터 자격증 견본

(2) 자격증 종류 및 내용

<table>
<tr><th>구분</th><th colspan="2">내용</th></tr>
<tr><td>자격종목</td><td colspan="2">푸드큐레이터</td></tr>
<tr><td>자격등급</td><td colspan="2">푸드큐레이터 2급/푸드큐레이터 1급</td></tr>
<tr><td>자격취득요건</td><td colspan="2">(사)한국미식관광협회가 실시하는 자격시험에 합격하여야 한다.</td></tr>
<tr><td>응시자격</td><td colspan="2">• 국적, 학력, 성별, 나이 등에 제한을 두지 않음
• 푸드큐레이터 교육을 이수한 자</td></tr>
<tr><td>시행기관</td><td colspan="2">(사)한국미식관광협회</td></tr>
<tr><td rowspan="2">검정방법
및
검정과목</td><td>푸드큐레이터
2급</td><td>제1차 시험: 필기(객관식 60문항, 주관식 4문항)
제2차 시험: 실기(작업형)
▶ 필기시험
1. 미식관광과 상품기획의 이해
2. 미식관광 자원론
3. 미식관광 상품 기획 실무
4. 미식관광 해설과 스토리텔링
5. 미식관광 창업과 미래
▶ 실기시험
미식투어 상품 기획 및 실무</td></tr>
<tr><td>푸드큐레이터
1급</td><td>제1차 시험: 실기(현장실습)
제2차 시험: 면접(구술면접)
▶ 실기시험
관련 업체와 연계하여 실무 현장 실습 평가
▶ 면접시험
미식투어 상품 기획 및 실무 능력 평가</td></tr>
<tr><td>합격기준</td><td colspan="2">실기시험: 100점 만점으로 하여 70점 이상
필기시험: 100점 만점으로 하여 70점 이상
면접시험: 100점 만점으로 하여 70점 이상</td></tr>
<tr><td>검정일시</td><td colspan="2">푸드큐레이터 2급: 연 2회 실시
푸드큐레이터 1급: 수시</td></tr>
<tr><td>검정료</td><td colspan="2">(2급) 필기시험: 5만원/(2급) 실기시험: 5만원
(1급) 필기시험: 10만원/(1급) 실기시험: 5만원(현장실습비 30만원 별도)</td></tr>
<tr><td>자격취득자의
진로</td><td colspan="2">정부나 지자체 행사 VIP/Private 미식관광해설 프리랜서, 음식박물관 또는 전시관 학예사, 푸드큐레이팅 강사, 미식관광교육 컨설턴트, 여행사 미식관광상품 개발자, 미식관광 관련 사업 창업, 지자체 식품/향토음식 홍보 담당, 음식체험 관련 사업체, 백화점 및 호텔 F&B 마케팅/홍보 담당 등</td></tr>
</table>

(3) 교육 과정 예시

– 수료 조건: 총 교육 시간의 80% 이상 이수한 자

– 교육 방법: 이론과 실습, 현장학습으로 구성

강의명	주요 내용
미식관광 개론 & 미식투어 상품 기획론	미식관광의 이해 및 미식관광전문가의 역할과 비전을 발견하고, 상품기획의 기초 이론에 대해 배웁니다.
[현장체험학습]	도심 미식투어 1
미식관광 자원론	미식관광 자원의 유형을 분류 · 평가하고, 관심있는 지역의 미식자원을 발굴하여 인벤토리를 작성해 봅니다.
미식관광 기획 실무론 I	로컬 미식자원을 활용한 도심미식투어 상품기획 및 팜투테이블 체험프로그램 기획 사례를 통해 실무감각을 익힙니다.
[현장체험학습]	도심 미식투어 2
미식관광 기획실무론 II	로컬 미식자원을 활용한 팜다이닝(팜파티) 기획 실무를 배웁니다.
미식관광 해설론 I	미식자원 해설을 위해 음식문화가 가진 기호와 스토리를 찾아 테마가 있는 스토리텔링을 실습합니다.
미식관광 해설론 II	공감각을 활용해 음식의 새로운 맛 경험을 학습하고, 미식자원 해설에 적용해 봅니다.
[현장체험학습]	도심 미식투어 3
푸드 콘텐츠 비즈 스타트업	미식 콘텐츠 관련 스타트업 창업 기회를 알아봅니다.
기획서 발표 및 수료식	미식투어상품 기획서에 대한 전문가의 피드백을 받아 첫 번째 미식투어상품을 완성하고, 관광 액티비티 플랫폼에 판매를 준비합니다.

한국미식관광협회, 음식문화관광을 이끌 푸드큐레이터를 양성합니다.

한국미식관광협회는 국내 최초로 만든 '푸드큐레이터' 과정을 개설하였습니다. 미술전시를 기획하는 큐레이터는 들어봤지만 푸드큐레이터는 생소할 수 있습니다. 협회가 만든 용어이니 생소한 것은 당연합니다. 박물관과 미술관의 큐레이터처럼 미술 대신 음식을 활용한 관광상품을 기획하고 진행하는 일입니다.

협회는 전문인력을 양성하는 것이 무엇보다 시급하다는 생각에 '푸드큐레이터'라는 새로운 직종을 만들고 2012년 2월 초 처음으로 교육을 시작했습니다. 1기를 시작으로 현재까지 외식업 종사자, 관광업 종사자, 방송인, 학계, 농업인 등 400여 명이 교육을 이수하였습니다. 배출한 수료생들은 새로운 영역에 도전하는 만큼 열의도 높고, 참신한 아이디어도 많았습니다. 본 교육을 통해 배운 푸드큐레이팅을 활용하여 식음료 관련 업계에서 음식을 매력적으로 전달하고, 식품산업의 새로운 비즈니스 모델을 제안하고 있습니다.

미식관광 분야는 음식문화와 관광을 접목한 6차 산업으로서 푸드큐레이터와 같은 전문인력의 육성과 활동이 매우 필요한 때입니다. 미식관광 선진국으로 가는 길, 이들이 그 한 축에서 당당하게 활동하는 날을 기대해 봅니다.

2. 맛 표현 및 향미분류표

1) 감각형용사를 이용한 맛 표현의 예

오감	감각형용사	
후각	향내	향기롭다, 향긋하다, 훈감하다, 상큼하다, 싱그럽다
	고린내	고리다, 고리타분하다, 고리탑탑하다, 고탑지근하다, 구리다
		구리터분하다, 구리텁텁하다, 구텁지근하다, 코리다, 코리타분하다
		쾨쾨하다, 쿠리다, 쿠리터븐하다, 쿠리텁텁하다, 퀴퀴하다
	노린내	노리다, 노리착지근하다, 노릿하다, 누리다
		누리척지근하다, 누릿하다, 뉘척지근하다
	비린내	비리다, 비리척지근하다, 비릿하다, 비릿비릿하다
	고소한내	배리다, 배리착지근하다, 배릿하다, 배릿배릿하다
		고소하다, 구수하다
	지린내	지리다
	매운내	매캐하다, 메케하다, 매콤하다, 매큼하다
촉각	시원한 맛이다, 상쾌한 맛이다, 쏘는 맛이 난다, 부드러운 맛이 난다	
	개운한 맛이 난다, 화끈한 맛이 난다, 순한 맛이 난다, 쫄깃쫄깃한 맛이 난다	
	감칠맛이 있다, 싸한 맛이 난다, 연한 맛이 있다, 질긴 맛이 난다	
시각	깔끔한 맛이 난다, 싱싱한 맛이다, 싼뜻한 맛이 난다, 깨끗한 맛이 난다, 신선한 맛이 난다	
청각	아삭한 맛, 바삭한 맛, 쨍하는 맛	

2) 오미와 관련된 맛 표현 형용사의 예

오미	대표 어휘	감각형용사
단맛	달콤하다	달콤하다, 달착지근하다, 달디달다, 달다
		달착지근하다, 달큼하다, 달달하다, 다디달다
	달짜근하다	달짜근하다, 달보레하다, 달짝지근하다, 달치근하다
		달착지근하다, 들큼하다, 들큰하다, 들부레하다
		들쩍지근하다, 들치근하다
	달콤쌉쌀하다	달곰쌉쌀하다, 달곰씁쓸하다, 달콤삼삼하다
		달콤쌉살하다, 달곰새금하다, 달콤씁슬하다
		달콤매콤하다, 달콤새콤하다, 달콤새끔하다
짠맛	짜다	짜다, 짜디짜다, 짭짤하다
		짜다, 짭짜름하다, 짭쪼름하다, 짭짜래하다
매운맛	매콤하다	간간하다, 건건하다, 간간짭짭하다, 건건짭짤하다
		매콤짭짤하다, 매콤하다, 매큼하다, 매콤달콤하다
	알큰하다	알큰하다, 얼큰하다
	맵다	맵다, 맵싸하다, 맵짜다, 맵디맵다
		매움하다, 매콤하다, 매큼하다
	얼얼하다	얼얼하다, 알싸하다
	칼칼하다	칼칼하다

오미	대표 어휘	감각형용사
신맛	새콤달콤하다	새콤달콤하다, 새콤새콤하다, 달콤새큼하다, 새콤달큼하다
	시큼하다	시쿰하다, 시큼씁쓸하다, 시큼하다, 시큼시큼하다
	시다	시다, 새큼하다, 새콤하다, 시디시다, 시큼떨떨하다
쓴맛	쓰다	쓰디쓰다, 쓰다, 씁쓰름하다
		씁쓸하다, 쌉쌀하다, 쓰디쓰다
	쌉싸름하다	쌉싸름하다, 쌉쌀하다, 씁쓰레하다, 쌉싸래하다
기타	구수하다	구수하다, 고소하다
	담백하다	담백하다, 감미롭다
	맛있다	맛있다, 맛나다, 먹음직하다
	떫더름하다	떫더름하다, 떫다, 떨떠름하다, 텁텁하다, 떫디떫다
	비리다	비리다, 비릿하다, 비릿비릿하다
	고약하다	고약하다
	느끼하다	느끼하다
	밍밍하다	밍밍하다, 맹맹하다, 심심하다, 삼삼하다
	개운하다	개운하다, 상큼하다, 깔끔하다

3) 향분류표Aroma wheel에 의한 향 분류

구분		향
인과류	사과	딸기, 라즈베리, 와인, 꽃, 아니스, 파인애플, 바나나, 아몬드, 육두구 등
	감	호박
핵과류	살구	아몬드, 꽃, 감귤
	체리	아몬드, 꽃, 정향
	복숭아	아몬드, 크림
	자두	아몬드, 꽃, 향신료
감귤류	오렌지	꽃, 사향(유향), 향신료
	자몽	사향, 녹채, 고기, 금속
	레몬	꽃, 소나무
	라임	꽃, 소나무, 향신료
장과류	포도	풋내, 꽃, 감귤
	딸기	풋내, 캐러멜, 파인애플 정향
과채류	수박	풋내, 오이
	토마토	풋내, 사향, 캐러멜

출처: 1. Specialty Coffee Association of America.(1955). Coffee Taster's Flavor Wheel.
2. U.C.Davis.(1987). Wine Aroma Wheel.

참고문헌

광양시 · 순천시 · 보성군(2020). 남도바닷길 미식관광 콘텐츠 개발 및 상품 운영.

김열규(2008). 기호로 읽는 한국문화. 서강대학교 출판부.

김열규(2013). 상징으로 말하는 한국인. 한국문화. 일조각.

김태희 · 윤지영 · 서선희(2022). 외식서비스 마케팅. 파워북.

농림축산식품부(2014). 향토음식자원을 활용한 음식관광 활성화를 위한 조사연구.

동아일보사 한식문화연구팀(2012). 우리는 왜 비벼먹고 쌈 싸먹고 말아먹는가. 동아일보사.

동아일보. 일본은 지금 '가스트로노미 여행' https://www.donga.com/news/Inter/article/all/20221217/117037743/1

미래상상연구소(2012). 문화관광 스토리텔링 시각화사업. 누군가와 함께하는 하동.

박의서(2014). 관광상품 기획관리. 학현사.

서동철(2022). 찰지고 윤기가 좔좔! 밥맛 좋은 우리 쌀 품종. 한식 읽기 좋은 날 Vol.56. http://www.hansikmagazine.org/official.php/home/info/3411

서명숙(2012). 식탐. 시사인북.

서울의 자랑스러운 한국음식점. https://ebook.seoul.go.kr/Viewer/23EL6PTH5EIM

송영애(2012). 맛있는 스토리텔링의 기술. 2012 한국외식산업학회 추계학술대회발표.

송영애(2013). 음식 스토리텔링의 콘텐츠 구성 전략. 한국콘텐츠학회논문지. 13(7), 120-130.

숀홀(2009). 기호학 입문-의미와 맥락, 비즈앤비즈.

이경모(2005). SIT 미래관광의 대안모색. 대왕사.

이덕영 · 이은주 · 김태희(2012). 한식의 기호학적 특성에 관한 연구. 한국식생활문화학회지 28(2), 135-144.

정보상 · 이동미 · 윤규식 · 정철훈 · 문일식(2010). 맛있는 경북여행. 상상출판.

최정숙 · 박한식(2009). 향토음식의 스토리텔링 적용 사례연구. 한국식생활문화학회지, 24(2): 137-145.

한국관광공사(2023). 2024년 관광트렌드 전망 및 분석 보고서.

한국문화관광연구원(2019). 2020−2024 관광트렌드 키워드.

한국문화관광연구원(2022). 2023−2025 관광트렌드 분석 및 전망.

한국미식관광협회(구, 한국컬리너리투어리즘협회 2011). 컬리너리투어리즘 '숨겨진 보물을 찾아서' 비매품.

한국미식관광협회(구, 한국컬리너리투어리즘협회 2014). 향토음식자원을 활용한 음식관광 활성화를 위한 조사연구(농림부 연구용역 최종보고서).

한식재단(2014). 맛있는 한국여행 − 관광통역안내사를 위한 한식 해설서.

한식재단(2015). 한국, 맛을 찾아 떠나는 여행.

한식재단(2016). 맛있는 한식여행 − 다섯 가지 도시 다섯 개의 맛.

한식진흥원(2020). 한식 아는 즐거움 - 한식과 한국 술 이야기. 한림출판사.

Bernd Schmitt.(1999). Experimential Marketing: How To Get Customers To Sense. Think, Act, Relate.

Erik Wolf.(2014). Have Fork Will Travel: A Practical Handbook For Food & Drink Tourism Professionals, 85−105.

Hall, C.M. & Mitchell, R.(2001). Wine and food tourism. In: Douglas, N., Derrett, R.(Eds.), Special Interest Tourism: Context and Cases. John Wiley, Brisbane, 307−329.

Hall, M., Sharples, L., Mitchell, R., Macionis, N., & Camboume, B.(2003). Food Tourism Around the World: Development, Management and Markets, Butterworth−Heinemann.

Levi−Strauss C.(1997). The Culinary Triangle: In Food and culture, a reader. C. Counihan and P. Van Esterik, eds. New York: Routledge.

Ritchie. J. R. B,, Grouch. G. I.(2010). A model of destination competitiveness/ sustainability: Brazilian perspectives. Rev. Adm. Pública 44 (5): 1049−1066. https://doi.org/10.1590/S0034−76122010000500003

Specialty Coffee Association of America.(1955). Coffee Taster's Flavor Wheel.

U. C. Davis.(1987). Wine Aroma Wheel.

UGS University Faculty Members(2018). Pollenzo Manifesto.

Wolf, E.(2014). Have Fork Will Travel: A Practical Handbook for Food & Drink Tourism Professionals, World Food Travel Association.

aTKAMIS. https://www.kamis.or.kr/customer/archive/archive.do?action=detail&archiveNo=2 https://www.kamis.or.kr/customer/archive/archive.do?action=detail&archiveNo=161

Careet. https://www.careet.net/1241

GRAZ. https://www.graztourismus.at/en/events/event-calendar/long-table-of-graz_evt_1334

Into the food. https://www.intothefood.eu/en/food-eating-design/what-is-food-design/

K-Food Archive. http://www.lampcook.com/

Long table of graz. https://www.graztourismus.at/en/events/event-calendar/long-table-of-graz_evt_1334

Memphis in May International Festival. https://memphisinmay.org/

sometrend. https://some.co.kr/

관광지식정보시스템. https://know.tour.go.kr/

국가인증농식품 블로그 우리가족 건강식탁. https://blog.naver.com/k-goodfood/223183556857

국립농산물품질관리원. https://www.naqs.go.kr/

국립수산물품질관리원. https://www.nfqs.go.kr/hpmg/

국제슬로푸드한국협회. https://www.slowfood.or.kr/

국제슬로푸드협회. https://www.slowfood.com/

남도음식명가. https://m.xn--o39a81gi2cv0je9ktug.kr/

네이버데이터랩. https://datalab.naver.com/

농사로. https://www.nongsaro.go.kr/portal/ps/psa/psab/psabc/openApiCropsCtvtLst.ps?menuId=PS03327

http://www.lampcook.com/food_story/taste_story_view.php?idx_no=10-5

농산물품질관리원. https://www.naqs.go.kr/contents/relicDetail.do

농어촌알리미. https://www.alimi.or.kr/dataview/a/selectApiProgram.do

농촌진흥청 농사로. https://url.kr/c1euhn

농촌진흥청 농사로. https://url.kr/p4sl9q

농촌진흥청 농사로. https://www.nongsaro.go.kr/portal/portalMain.ps?menuId=PS00001

농촌진흥청 블로그. https://blog.naver.com/rda2448/221663941196

다이닝코드. https://m.diningcode.com/

다자요. https://dazayo.com/

대구치맥페스티벌. https://www.chimacfestival.com/

대한민국 구석구석 한국관광품질인증. https://korean.visitkorea.or.kr/other/otherService.do?otdid=456a84d1-84c4-11e8-8165-020027310001

대한민국 구석구석. https://korean.visitkorea.or.kr/kfes/main/main.do

대한민국 식품명인협회. http://www.kfgm.co.kr/

더술닷컴. https://thesool.com/

램프쿡. http://www.lampcook.com/food_story/taste_story_view.php?idx_no=9-6

문화관광부 지역축제. https://www.mcst.go.kr/kor/s_culture/festival/festivalList.jsp

매일경제(2019.04.19.). 한끼 먹더라도 제대로-...밥맛에 힘을 주다 https://www.mk.co.kr/news/business/8782322

미쉐린가이드. https://guide.michelin.com/kr/ko/selection/south-korea/restaurants

백년가게/소공인. https://www.sbiz.or.kr/hdst/main/mainPage.do

부킹닷컴. https://news.booking.com/ko-ko/

부킹닷컴. https://news.booking.com/ko-ko/instagrammable-stays-kr/

블루리본서베이. https://www.bluer.co.kr/

산림청. https://www.forest.go.kr/

서울한옥포털. https://hanok.seoul.go.kr/front/kor/exp/expStay.do

세계미식여행협회. https://www.worldfoodtravel.org/

서울관광재단. https://www.sto.or.kr/index

안동하회마을. http://www.hahoe.or.kr/coding/sub5/sub9.asp

에어비앤비. https://www.airbnb.co.kr/

aT센터. https://www.at.or.kr/ac/event/acko311300/calendarList.action

온고푸드커뮤니케이션. www.ongofood.com/

웰촌. https://www.welchon.com/web/index.do?menuIdx=1

위키피디아. https://ko.wikipedia.org/

정책공감. https://blog.naver.com/hellopolicy/220034835984

캐치테이블. https://app.catchtable.co.kr/

코엑스. https://www.coex.co.kr/event-performance/total-schedule

통합데이터지도. https://www.bigdata-map.kr/search/theme?searchKey=%ED%96%A5%ED%86%A0%EC%9D%8C%EC%8B%9D%EC%A0%90

트립어드바이저. https://www.tripadvisor.co.kr/Attractions-g294197-Activities-c41-Seoul.html

팜파티. https://www.farmpartia.co.kr/

한국관광공사 사진 갤러리. http://tong.visitkorea.or.kr/cms/resource_photo/76/2563876_image2_1.jpg

한국미식관광협회. https://kocta.org/

한국사찰음식. https://koreatemplefood.com/templefood/about/specialized_temple.html

한국지리적표시특산품연합회. http://kpgi.co.kr/

한식진흥원. https://www.hansik.or.kr/

찾아보기

ㄱ

ㅁ

ㅂ

ㅅ

ㅇ

ㅈ

저자 소개

김태희

경희대학교 호텔관광대학 교수

한국미식관광협회 회장

농림축산식품부 식품산업진흥심의회 위원

윤지영

숙명여대 문화관광외식학부 교수

한국미식관광협회 부회장

한식진흥원 비상임이사

최지아

온고푸드커뮤니케이션 대표

한국미식관광협회 초대 회장

이화여대 식품영양학과 겸임교수 역임

정희선

숙명여대 문화예술대학원 전통식생활문화전공 부교수

한국미식관광협회 이사

한국발효식문화협회, 전통식문화협회 고문

이인옥

내일의식탁 원장

한국미식관광협회 사무국장

원광디지털대학교 웰니스문화관광학과 외래교수

미식관광론

2024년 5월 24일 초판 인쇄
2024년 5월 30일 초판 발행

지은이 | 김태희 · 윤지영 · 최지아 · 정희선 · 이인옥
발행인 | 유제구
발행처 | 도서출판 파워북
주 소 | 경기도 고양시 일산동구 호수로 358-25
동문타워2차 529호
전 화 | (02) 730-1412
F A X | (031) 908-1410
등 록 | 1997. 1. 31 제 2014-000067호

정가 22,000원
ISBN 978-89-8160-519-3 (93590)